Darlene Bregman Ehrenberg

JENSEITS DER WÖRTER

Zur Erweiterung der psychoanalytischen Interaktion

Aus dem Amerikanischen
von Brigitte Milkau

Klett-Cotta

Klett-Cotta
Die Originalausgabe erschien
unter dem Titel „The Intimate Edge. Extending the Reach
of Psychoanalytic Interaction"
im Verlag W. W. Norton & Company, New York
© 1992 by Darlene Bregman Ehrenberg
Für die deutsche Ausgabe
© J. G. Cotta'sche Buchhandlung Nachfolger GmbH, gegr. 1659,
Stuttgart 1996
Alle Rechte vorbehalten
Fotomechanische Wiedergabe nur mit Genehmigung des Verlages
Printed in Germany
Schutzumschlag: Klett-Cotta Design
Gesetzt aus der 10 Punkt Sabon und 10 Punkt Optima
von Jung Satzcentrum GmbH, Lahnau
Auf säure- und holzfreiem Werkdruckpapier gedruckt
und in Fadenheftung gebunden von
Freiburger Graphische Betriebe, Freiburg/Br.
Einbandstoff: Garant-Leinen

Die Deutsche Bibliothek – CIP-Einheitsaufnahme
Ehrenberg, Darlene Bregman:
Jenseits der Wörter : zur Erweiterung der psychoanalytischen
Interaktion / Darlene Bregman Ehrenberg. Aus dem Amerikan.
übers. von Brigitte Milkau. – 1. Aufl. – Stuttgart : Klett-Cotta, 1996
Einheitssacht.: The intimate edge <dt.>
ISBN 3–608–91757–8

Für Jonathan und Erica

INHALT

our can'ts were born to happen
our mosts have died in more

e. e. cummings

DANKSAGUNG

Die psychoanalytische Beziehung ist ein Medium für Wachstum und ein endloses Abenteuer, nicht nur für unsere Patienten, sondern auch für uns Psychoanalytiker. Ich möchte meinen Patienten meine tiefe Dankbarkeit dafür zum Ausdruck bringen, daß ich die Möglichkeit hatte, diese einzigartige, intime Erfahrung mit ihnen zu teilen, durch die ich sicher ebenso gereift bin wie sie. Ich möchte ihnen auch für ihre Großzügigkeit danken, mir zu erlauben, über unsere gemeinsame Arbeit ein Buch zu schreiben.

Meine Wertschätzung möchte ich Dr. Bernard Ehrenberg ausdrücken, der mich immer herausforderte, mein Denken weiterzuentwickeln, und dessen scharfsinnige Kommentare mich oft dazu befähigten. Auch Dr. Arthur Feiner, Edgar Levenson und Perl Ellen Gordon, die meine Manuskripte viele Jahre lang aufmerksam lasen, danke ich herzlich für ihre wertvollen Kommentare und Anregungen sowie für die Ermutigung und Unterstützung. Dr. Arthur Feiner, Herausgeber der Zeitschrift *Contemporary Psychoanalysis*, in der viele meiner Aufsätze veröffentlicht wurden, half besonders großzügig mit seiner redaktionellen Sachkenntnis.

Mein Dank gilt auch Dr. Irwin Hoffman, Dr. Joyce McDougall und Dr. Christopher Bollas, die mir viele Jahre lang in vielerlei Hinsicht geholfen haben.

Ich danke Samuel Bregman, Pauline Bregman, Dr. Alvin Bregman und Reva Wolf.

Ich danke Susan Barrows Munro, von deren elegantem Stil ich viel gelernt habe.

Ich möchte Dr. Frank Lachmann, Dr. Ernst Prelinger, Dr. Anni Bergmann und Dr. Jörg Bose für ihre Hilfe bei der Auswahl des deutschen Titels danken.

Ich bin auch vielen anderen Freunden und Kollegen dankbar für ihre anregenden Kommentare zu meiner Arbeit und für ihr Interesse und ihre Ermutigung. Das William Alanson White Institute war eine einzigartige Umgebung für analytisches Wachstum, und die Abteilung 39 der Division of Psychoanalysis of the American Psychological Association gab mir Gelegenheit, mit Analytikern der unterschiedlichsten Richtungen in Dialog zu treten.

Mein Dank gilt auch Dorothy Bender, Dr. Jay Kwawer, Dr. Jonathan

Slavin, Pascale und David Henrickson und Dr. Marc Siegert für ihre großzügige Unterstützung am Computer.

Ganz besonders freue ich mich, daß mein Buch nun auch für die deutschsprachigen Leser zugänglich ist.

Die klinischen Daten, die ich präsentiere, umfassen einen Zeitraum von zweiundzwanzig Jahren Erfahrung in einer privaten Praxis, und sie reflektieren die Entwicklung meiner Arbeitsweise und meines Denkens während dieser zwei Jahrzehnte.

Einige der folgenden Kapitel sind überarbeitete und ergänzte Versionen von Aufsätzen, die bereits in der Zeitschrift *Contemporary Psychoanalysis* veröffentlicht wurden. Die Veränderungen in den beiden ersten Kapiteln dieses Buches zeigen, wie sich mein Denken entwickelt hat, nachdem ich diese Aufsätze geschrieben hatte.

Kapitel 3, „Die intime Grenze", basiert auf „The ‚intimate edge' in therapeutic relatedness", *Contemporary Psychoanalysis*, 1974, 10: 423–437.

Kapitel 6, „Gefahren des Widerstands in der Gegenübertragung", beruht auf „Countertransference resistance", *Contemporary Psychoanalysis*, 1990, 26: 74–95.

Kapitel 10, „Mißbrauch und Begehren", ist eine stark erweiterte Version eines Aufsatzes mit dem Titel „Mißbrauch und Begehren: Ein Fall von Vater-Tochter-Inzest", *Contemporary Psychoanalysis*, 23 : 593–604. 1987. In diesem Kapitel ist eine ausführliche Beschreibung meiner Arbeit mit einem männlichen Opfer von sexuellem Mißbrauch enthalten, die hier zum erstenmal veröffentlicht wird.

Material aus verschiedenen anderen Aufsätzen von mir, die in der Bibliographie aufgelistet sind, wurde in allen Kapiteln dieses Buches verwendet.

EINFÜHRUNG

Psychoanalytiker der verschiedenen Richtungen erkennen zunehmend, daß Patient und Analytiker sich ständig gegenseitig auf eine dialektische Weise beeinflussen – häufig ohne sich dessen bewußt zu sein. Diese Erkenntnis hat fundamentalen Einfluß auf die Theorie der psychoanalytischen Technik. Die Psychoanalytiker der verschiedenen Schulen weichen lediglich in ihrer Meinung darüber voneinander ab, welche spezifischen Auswirkungen eine interaktive Sichtweise auf die psychoanalytische Praxis hat.

Trotz dieser Differenzen, die sowohl zwischen den verschiedenen psychoanalytischen Traditionen als auch innerhalb der einzelnen Gruppierungen bestehen[1], glaube ich, daß eine Betrachtung der psychoanalytischen Praxis aus der Perspektive der Interaktion einige theoretische und behandlungstechnische Konsequenzen hat, die alle psychoanalytischen Richtungen verbinden. In diesem Buch möchte ich meine Sichtweise dieser Themen darstellen und die Ergebnisse meiner klinischen Untersuchungen mit dem Schwerpunkt auf spezifischen Möglichkeiten präsentieren, wie wir unsere Arbeitstechnik verfeinern können, wenn wir die Interaktion in der Psychoanalyse bewußt beachten.

Meine Prämisse lautet, daß Psychoanalytiker und Patient einfach nicht vermeiden können, sich gegenseitig zu beeinflussen – auch dann nicht, wenn beide schweigen. Davon ausgehend müssen wir uns darüber im klaren sein, daß wir auch bei einem erfolgreichen oder produktiven psychoanalytischen Prozeß nicht genau wissen können, ob wir dies unseren bewußten technischen Interventionen verdanken oder Aspekten der Interaktion, die unserer Aufmerksamkeit entgangen sind.

Ich halte es daher für sinnvoll und notwendig, *zwischen einer Theorie der Technik zu unterscheiden, die sich auf unser bewußtes und absichtsvolles Handeln bezieht, und einer Theorie des therapeutischen Handelns, die sich damit beschäftigt, was in der psychoanalytischen Interaktion*

---

[1] Da jede psychoanalytische Schule eine Spannbreite von Perspektiven umfaßt, existieren häufig quer durch die Orientierungen ähnliche Ansichten in bezug auf die Konzeption dessen, wie sich die Überlegungen zur Interaktion auf die Technik auswirken, die innerhalb der einzelnen Gruppierungen vielleicht nicht bestehen.

heilend wirkt – gleichgültig, ob dies der Technik zu verdanken ist oder nicht.[2]

Ich glaube, daß wir unser Wissen über die komplexen und subtilen Faktoren des therapeutischen Handelns erweitern können, wenn wir diese Unterscheidung anerkennen. Dadurch können wir eine fruchtbare Basis für ein genaueres Verständnis der Möglichkeiten schaffen, wie wir uns selbst am besten für die Weiterentwicklung der psychoanalytischen Therapie nutzen können und wie wir präziser und tiefgreifender arbeiten können – unabhängig davon, welcher theoretischen Schule wir uns verpflichtet fühlen.

Wenn wir die Macht der interaktiven Kräfte in der psychoanalytischen Praxis anerkennen, werden nicht nur viele traditionelle Glaubenssätze über therapeutisches Handeln in Frage gestellt, sondern wir müssen auch einsehen, wie unhaltbar die traditionelle Auffassung ist, die den Psychoanalytiker für einen objektiven Teilnehmer des analytischen Prozesses hält. Dann können wir auch das Ausmaß besser begreifen, in dem psychoanalytische Interpretationen beispielsweise von den Patienten möglicherweise als quälend, erniedrigend, herablassend, beeinflussend, eindringend und verletzend empfunden werden oder auch als befriedigend, unterstützend und stimmig (um nur einige Möglichkeiten zu nennen). Wenn Patient und Analytiker davon ausgehen, daß der Analytiker in der Position eines objektiven Interpreten der Erfahrung seines Patienten ist, kann dies in Wirklichkeit eine Form von Kollusion und ein Übereinstimmen des Bedürfnisses beider sein, den Analytiker als Autorität zu betrachten. Wenn beide, Patient und Analytiker, das Bedürfnis haben zu glauben, der Analytiker sei der Allwissende oder die gütige Autorität, der man sich vertrauensvoll überantworten kann, könnte diese Struktur der Beziehung das Erkennen des Spiels verhindern, das dabei inszeniert wird. Bezogen darauf hat Winnicott (1969/1987) bemerkt, daß es Fälle gibt, in denen „Analysen" lediglich eine *holding function* haben und unendlich werden, ohne daß wirkliches psychisches Wachstum stattfindet[3].

---

[2] Dies ist vielleicht die Grundlage für die weitverbreitete Beobachtung, daß es bei Analytikern häufig eine Diskrepanz gibt zwischen ihrer praktischen Arbeit und ihrer Vorstellung davon.

[3] A.d.Ü.: Darlene B. Ehrenberg bezieht sich hier auf den Aufsatz „Objektverwendung und Identifizierung". Dort heißt es: „In solche Fällen kann der Psychoanalytiker jahrelang mit dem Bedürfnis des Patienten [zusammenarbeiten]. Die Analyse

Eine interaktive Perspektive kann helfen zu klären, warum in manchen Fällen die *Abstinenz* des Psychoanalytikers ebenso sehr das Risiko negativer iatrogener Konsequenzen birgt wie eine aktive Intervention. Gewiß kann Schweigen in manchen Situationen respektvoll und ermutigend sein, aber es kann in anderen Situationen grausam und sadistisch sein. Es gibt viele Gründe für die Abstinenz des Psychoanalytikers, sie kann aber auch auf seiner Angst beruhen, sich auf die Situation einzulassen.

Die Bedeutungen der freien Assoziationen der Patienten müssen ebenfalls aus dieser Perspektive überprüft werden. Die freie Assoziation, die gewöhnlich als Medium der psychoanalytischen Praxis gilt, kann in bestimmten Situationen eine tiefgründige Form des Widerstands sein und sich so eher als Mittel erweisen, den psychoanalytischen Prozeß zu umgehen, statt sich auf ihn einzulassen. Sie kann auch Ausdruck von Unterwürfigkeit oder – bewußter oder unbewußter – Kollusion mit den Bedürfnissen, Ängsten und Widerständen des Analytikers sein.

Wenn man den Einfluß der Interaktion im analytischen Prozeß berücksichtigt, wird ebenfalls deutlich, daß es notwendig ist, die Bedeutung der *Übertragung* auch im Hinblick auf die Situation zu klären und zu untersuchen, was ihr Ziel ist, was sie vielleicht ausschließen oder vermeiden will. Sich auf den Analytiker eher auf der Basis vorgefaßter Phantasien zu beziehen als auf die reale Person, die er ist, kann zum Beispiel die Funktion haben zu verhindern, daß der Patient sich tiefer auf den Prozeß einläßt; dadurch kann vermieden werden, daß Ängste in Verbindung mit einem beidseitigen und intimen Engagement auftauchen.

Wenn wir die Wirksamkeit der interaktiven Faktoren anerkennen, können wir uns auch damit befassen, inwieweit die Wahrnehmung des Psychoanalytikers durch den Patienten, so glaubhaft und stichhaltig sie auch sein mag (siehe Ferenczi, 1933; Little, 1951; Levenson, 1972; Searles, 1975; Gill, 1982a; Hoffman, 1983), auf der Geschicklichkeit des Patienten beruht, eine ganz bestimmte Art der Reaktion beim Analytiker zu stimulieren. Umgekehrt gilt natürlich das gleiche. Entsprechend müssen wir über-

---

läuft gut, und alle sind zufrieden. Der einzige Nachteil ist, daß die Analyse kein Ende hat... In Wirklichkeit weiß er aber, daß es zu keiner Veränderung gekommen ist und daß der Analytiker und der Patient erfolgreich zusammengearbeitet haben, damit dieser Mißerfolg zustande kam." (1969/1987, S. 102) legen, warum bestimmte Eigenschaften oder Reaktionen des Patienten oder Analytikers in einem bestimmten Moment aktiviert werden und in einem anderen nicht, obwohl beide jeweils einzigartige Schwächen, Empfindlichkeiten, Stärken und Bedürfnisse haben. Patient und Analytiker können jederzeit in irgendein kollusives Spiel verwickelt sein (siehe Racker, 1957, 1968; Levenson, 1972, 1983; Sandler, 1976; die Literatur über projektive Identifikation einschließlich der Arbeiten von Bion, 1967, 1983; Ogden, 1979, Grotstein, 1981 unter anderen sowie McDougall, 1979 über primitive Formen der Kommunikation). Diese Überlegungen helfen zu erklären, warum Kliniker oft in einer Weise praktizieren, die ihren ausdrücklichen Glaubenssätzen und theoretischen Positionen widerspricht.

Der machtvolle Einfluß unbewußter Kommunikation zwischen Patient und Analytiker ist natürlich einer der Gründe dafür, daß die bewußt erlebte *Gegenübertragung* des Analytikers eine Quelle lebendiger Informationen über den Patienten sein kann. Die Gegenübertragung kann der Schlüssel zum Verständnis von Aspekten der Interaktion werden, die andernfalls möglicherweise unerforschbar blieben (siehe Heimann, 1950).

Wenn wir die Wirksamkeit der interaktiven Faktoren anerkennen, müssen wir uns auch neu überlegen, wie analytische „Fehler" entstehen. Zu diesen „Fehlern" hat Winnicott (1956, 1963a) die Ansicht vertreten, daß unsere Patienten manchmal unsere Fehler *brauchen*.

„Am Ende benützt der Patient die Punkte, in denen der Analytiker versagt, oft in ganz geringem Maß, vielleicht sogar vom Patienten manövriert ... Der wirksame Faktor ist der, daß der Patient nun den Analytiker wegen des Versagens haßt, das ursprünglich ein Umweltfaktor war, außerhalb der omnipotenten Steuerungsfähigkeit des Säuglings, das aber jetzt in der Übertragung inszeniert wird. Am Ende haben wir also dadurch Erfolg, daß wir versagen, wie es der Patient braucht. Dies ist weit entfernt von der einfachen Theorie der Heilung durch korrigierende Erfahrungen." (1963a/1974, S. 343)

Fromm-Reichmann (1939, 1950, 1952) betonte, daß manchmal ein Fehler des Analytikers zur „günstigen (analytischen) Gelegenheit" werden kann. Daher könnten wir den Umgang eines Analytikers mit seiner unvermeidlichen Fehlbarkeit als einen der bestimmenden Aspekte seiner Technik betrachten.

Wenn wir die Überlegungen zur Interaktion ernst nehmen, müssen wir über wichtige Aspekte der Technik ebenso neu nachdenken wie auch über die Frage, wie wir die *Psychoanalyse* definieren. Außerdem müssen wir bedenken, daß die sogenannte *Analysierbarkeit* des Patienten stärker eine Funktion der Art der Beteiligung des Analytikers an der Interaktion ist, als man bislang annahm. Die schwierige Frage lautet: Wie kommt man zu einer neuen Weise, über klinische Technik nachzudenken, die weder von den inhärenten Begrenzungen des traditionellen Denkens noch von radikaleren neuen Perspektiven blockiert wird.

In den folgenden Kapiteln werde ich mich mit bestimmten Möglichkeiten befassen, wie uns die Anerkennung der interaktiven Natur der psychoanalytischen Praxis helfen kann, unser Wissen über die Möglichkeiten therapeutischen Handelns in der psychoanalytischen Beziehung zu erweitern, und wie sie uns befähigen kann, die Theorie der Psychoanalyse und uns selbst als deren Instrument weiterzuentwickeln, um so die Grenzen dessen zu erweitern, was durch die Psychoanalyse bei *allen* Patienten erreicht werden kann.

KAPITEL 1

DAS ERWACHEN DES BEGEHRENS

Viele Patienten leiden meiner Erfahrung nach an einer „Leugnung des Begehrens"[4], wenn sie die Analyse beginnen. Sie wirken wie Zombies, die einen lebendigen Tod leben, unfähig zu fühlen, Zuneigung zu empfinden, zu lieben und, als Folge davon, unfähig, Beziehungen mit anderen Menschen einzugehen; sie sind gequält von ihrer eigenen Leblosigkeit und Isolation, und manchmal haben sie extreme Angst oder leiden an verschiedenen psychosomatischen Reaktionen.

Bei diesen Patienten, die traditionell als „unanalysierbar" betrachtet wurden, sind herkömmliche Arbeitstechniken vollkommen uneffektiv, wenn nicht gar schädlich. Bei der Arbeit mit diesen Patienten habe ich bemerkt, daß es möglich ist, Kontakt zu ihnen herzustellen und eine therapeutische Wirkung zu erzielen, wenn man sehr genau die unmittelbare Interaktion beobachtet und an dem arbeitet, was ich als *intime Grenze* (Ehrenberg, 1974) der Beziehung bezeichnet habe. In vielen solchen Fällen, in denen ich von Anfang an meine Aufmerksamkeit bewußt auf die Interaktion richtete, führte dies schließlich zu sehr einschneidenden Veränderungen, und es gab Möglichkeiten, psychoanalytisch zu arbeiten, die ich zu Beginn nicht erwartet hatte.

Was ich bei der Arbeit mit diesen Patienten gelernt habe, half mir, den Wert dieser Arbeitsweise für die Arbeit mit allen Patienten zu erkennen

In vielen der Fälle, die ich hier beschreibe, wurde im Lauf der Explorationen erkennbar, inwieweit die offensichtliche Leugnung des Begehrens von schädigenden Erfahrungen und Beziehungen herrührte; dabei handelte es sich in der Regel um langjährige Beziehungen in der Vergangenheit und besonders in der Kindheit. Diese Beziehungen scheinen das Verhältnis der Patienten zum Begehren tief und oft verheerend zu beeinflussen, und dies wiederum beeinflußt ihre Fähigkeit, Beziehungen einzugehen. In manchen Fällen wurden Wünsche so bedrohlich und schmerzhaft erlebt, daß es uner-

---

[4] A. d. Ü.: *Desire* wurde mit „Begehren", nicht mit „Wunsch" übersetzt, da sich Darlene B. Ehrenberg in ihrer Konzeption auf die „Schriften I" von Jacques Lacan stützt (Lacan 1958/1973, S. 210 ff.).

träglich war. Es schien, als sei für einige dieser Patienten der Tod bei lebendigem Leib weniger bedrohlich und schmerzhaft, als sich der Erfahrung ihrer Verletzbarkeit auszusetzen, die wesentlich für das Erleben von Hoffnung oder Begehren ist.

Diese Beobachtungen führten mich zu der Betrachtung des komplexen Prozesses, durch den die individuelle Geschichte der Erfahrungen eines Menschen seine Beziehung zum Begehren prägt, das Begehren wird gewissermaßen durch die Erfahrung „personifiziert" (Ehrenberg 1985b). Da dies wiederum nachfolgende Muster von Beziehungen zu anderen formt, welche wiederum die Beziehung zum Begehren berühren, wurde allmählich deutlich, daß dies eine endlose Spirale sich aufeinander beziehender Einflüsse ergibt. Da diese dialektische Beziehung zwischen Erfahrung und Begehren das ganze Leben fortbesteht, bildet sie die Grundlage für ein sowohl positives als auch negatives therapeutisches Potential. Sie wird die Voraussetzung für die Möglichkeit, daß die zwischenmenschliche Erfahrung zwischen Patient und Analytiker Veränderungen in der fundamentalen Beziehung des Patienten zu sich selbst bewirken kann.

Es stellt sich natürlich die Frage, wie der Analytiker überhaupt noch etwas bewirken kann, wenn die Erfahrungen eines Menschen vielleicht so schädigend gewesen sind, daß er vollkommen von seinem Begehren und auch von jeder Art von Beziehung mit anderen abgeschottet ist, einschließlich (und vielleicht besonders) der psychoanalytischen Beziehung. Wie ist es möglich, etwas wieder zu öffnen, was praktisch schon zu einem geschlossenen System geworden ist? Wie können wir versuchen, solche Patienten zu erreichen, um ihnen zu helfen, mit ihrem Schmerz, ihrer entsetzlichen Angst, ihrer Verletzbarkeit, Beschädigung und Verzweiflung fertigzuwerden, um das Erwachen des Begehrens und eine neue Öffnung zum Leben und für Beziehungen zu unterstützen? Wie können wir die Trauer fördern, die eine Voraussetzung für die Möglichkeit ist, ein gesundes und erfülltes Leben in der Gegenwart zu führen und eine Zukunft zu erleben, die nicht von der Vergangenheit überschattet ist?

Ich möchte die Ergebnisse meiner langjährigen Auseinandersetzung mit diesen Fragen präsentieren, um zu zeigen, wie wirksam wir mit diesen Patienten arbeiten können, wenn wir die interaktiven Faktoren in der analytischen Situation erkennen.

Ich werde mit einer kurzen Betrachtung der Frage beginnen, wie sich die extreme Leugnung des Begehrens und das Abschotten gegen jede Art von zwischenmenschlicher Beziehung entwickeln. Dies ist wichtig, wenn wir darüber nachdenken wollen, wie wir uns selbst in der Arbeit mit diesen Patienten wirksamer nutzen können.

Ob ein Individuum sein Begehren mit Freude oder als Bedrohung erlebt, ob es angenommen und zärtlich gehegt wird oder geleugnet, entstellt oder nicht eingestanden wird, ob es lebendig und kraftvoll ist oder entfremdet bleibt, hängt in gewissem Ausmaß von der persönlichen Geschichte eines Menschen ab. Und es wird seine weitere Entwicklung prägen, weil in einem *fortlaufenden dialektischen Prozeß die Beziehung zu anderen die Beziehung zum Selbst beeinflußt und die Beziehung zum Selbst die Beziehung zu anderen beeinflußt.*

Wenn ein Patient beispielsweise als Kind brutal behandelt wurde, psychisch gequält, gedemütigt (obwohl gleichzeitig seine physischen Bedürfnisse befriedigt wurden); wenn er die Erfahrung gemacht hat, daß er ausgebeutet, mißhandelt oder manipuliert wurde, sobald er seine Bedürfnisse und Wünsche offen zeigte; oder wenn er erfahren mußte, daß seine Existenz eine Last für die anderen ist, die Schmerz und Leid hervorruft oder daß die Selbstverwirklichung einer Person ständig zu Lasten des anderen in einer Beziehung geht[5], dann kann seine Beziehung zum Begehren problematisch werden.

Wenn in der Lebensgeschichte eines Patienten traumatische Erfahrungen von Frustration oder Mißbrauch vorgekommen sind, wenn er getäuscht, betrogen, gewalttätig behandelt, ausgebeutet oder gequält worden ist oder wenn er traumatische Verluste erfahren hat, kann jeder andere Mensch, der sein Begehren weckt, als bedrohlich und gefährlich erlebt werden. Die Beziehung eines Menschen zum Begehren ist auf dieselbe Weise problematisch, wenn er seine eigene unkontrollierbare und hemmungslose Destruktivität erfahren hat. Das Erleben des Begehrens an sich kann angstauslösend sein, wenn es damit verknüpft wird, daß man verletzt, enttäuscht, frustriert, ausgebeutet oder betrogen werden kann, wenn man sich öffnet. Das Begehren an sich kann auch Angst auslösen, weil man fürchtet, andere zu verletzen, zu enttäuschen, zu frustrieren, auszubeuten und zu betrügen

---

[5] Eine Patientin erzählte Träume, in denen sie davon terrorisiert wurde, daß sie entscheiden müßte, ob sie das Leben eines geliebten Menschen retten wollte, indem sie ihre lebenswichtigen Organe spendete. Dies bedeutete, eine Entscheidung zu treffen, ihr eigenes Leben zu opfern oder den geliebten Menschen sterben zu lassen, um selbst am Leben zu bleiben.

oder habgierig, destruktiv, sadistisch zu werden oder Mordgelüste zu entwickeln oder auf andere Weise die Kontrolle zu verlieren.

Wenn das Begehren gleichgesetzt wird mit verschlingen oder verschlungen werden, zerstören oder zerstört werden, beschmutzen oder beschmutzt werden, gewalttätig oder Opfer von Gewalt werden, beinhaltet das klinische Bild oft die Leugnung oder Zurückweisung des Begehrens. Für manche mag dies die Form des leidenschaftlichen Wunsches annehmen, fähig zu sein, das Begehren zu transzendieren, um selbstgenügsam und unabhängig zu sein, um als geschlossenes System zu funktionieren. Die spezifischen Abwehrstrukturen und psychischen Transformationen, die in solchen Fällen zu Hilfe genommen werden, sind unglaublich vielfältig.

Für Menschen mit dieser Problematik kann die Erfahrung des Begehrens – und somit der Bedürftigkeit und der Abhängigkeit –, die natürlich in jeder Analyse, in jeder Lernsituation und in jeder sexuellen Beziehung angelegt ist, nicht nur als Gefahr erlebt werden, sondern auch als Demütigung und Drohung, als eine tiefe narzißtische Kränkung.

Bei Menschen, deren Geschichte erheblich durch schädigende Erfahrungen geprägt ist, können die psychischen Triebkräfte in bezug auf die Erfahrung des Begehrens so verwickelt sein, daß sie nur sadomasochistische Befriedigung erleben, in manchen Fällen sogar nur sadomasochistische Beziehungen eingehen können. Bei diesen Menschen, bei denen oft der Wunsch die Oberhand gewinnt, selbstgenügsam zu sein und ihre Bedürfnisse nicht von der Befriedigung durch andere abhängig zu machen, sind Phänomene wie Anorexie, Frigidität, Orgasmusunfähigkeit, schizoider Rückzug und sogar Suizid nicht ungewöhnlich.

Manchmal kann diese Dynamik einen recht trügerischen Verlauf nehmen. Bei einer meiner Patientinnen zum Beispiel, die stark übergewichtig war, schien es anfangs um ihre gefräßige Gier zu gehen, dann förderte die analytische Exploration zutage, daß es sich in Wirklichkeit um den Versuch handelte, das Erleben des Begehrens zu eliminieren, indem es gesättigt wurde, bevor es überhaupt bewußt werden konnte. Diese Patientin aß, um zu vermeiden, daß sie Wünsche, Bedürfnisse oder Mangel spürte; sie berichtete, *nie* wirklich Hunger zu spüren. Für sie war das Zulassen von Wünschen gleichbedeutend mit entsetzlicher, unerträglicher Verletzbarkeit. Sie beschrieb, wie sie sich selbst in einem Zustand der Überversorgung halten konnte, damit sie nie in die Lage käme, Bedürfnisse, Wünsche oder Abhängigkeit spüren zu müssen. Ihre Küchenschränke waren gefüllt mit einem Vorrat an Thunfisch, der für Jahre ausreichte. Ihre Schränke waren gefüllt mit Hunderten von Kleidern, Schuhen und Taschenbüchern. Sie sammelte Schmuck und Kunst. Sie hortete Vorräte an Bleistiften, Füllfederhaltern und Tesafilm. Ihre Strategie, mit Schwierigkeiten fertig zu werden, war, immer „versorgt" zu sein, damit sie nie in die Lage geraten würde, ein Verlangen zu spüren. Sie wollte sich selbst genügen und vollkommen autonom sein, um jegliche Art von Abhängigkeit und Verletzbarkeit hinter sich zu lassen, um über Wünsche, Menschlichkeit, Sterblichkeit und die Gesetzmäßigkeiten des Lebens erhaben zu sein. Der Kern ihres Strebens war der Versuch, über die Natur des Menschen erhaben zu sein (Becker, 1973).

In manchen Fällen kann die Abwehr des Begehrens zu Zuständen von psychischem Tod führen. Diese können sich so bedrohlich anfühlen, daß sie ein verzweifeltes Verlangen hervorrufen, das Begehren als Bestätigung der Lebendigkeit zu spüren. Bei manchen Patienten kann sich dieses Verlangen als Drogenmißbrauch äußern.

Bei einem Patienten, dem es gelang, sich von seiner Heroinabhängigkeit zu befreien, äußerte sich später das Verlangen, Begehren zu spüren, in einer Art Eroberungsdrang. Dabei ging es ihm nicht um das Interesse an einer bestimmten Frau, sondern jeweils an einer neuen Frau als Träger der Verheißung heftigen Begehrens, das nun mit Lebendigkeit gleichgesetzt wurde. Paradoxerweise symbolisierte der Zustand erwachten Begehrens an sich nun das Erwachen sexuellen Verlangens im engeren Sinn, und er begehrte diesen Zustand intensiver als die Erfüllung seiner sexuellen Wünsche. Dies war folgerichtig, denn in der Erfüllung ging die Lebendigkeit verloren, die er im reinen Zustand des Begehrens spürte[6]. Das Problem war, daß seine tiefverwurzelte Angst vor jeglicher Abhängigkeit von anderen oder der Befriedigung durch andere natürlich nicht aufgehoben wurde. Die Frustrationserfahrung, die er infolge seiner defätistischen Muster endlos wiederholte, mündete unvermeidlich in gewalttätige Zornausbrüche, bei denen er völlig außer Kontrolle geriet und die er nie richtig verstand. Dies führte schließlich dazu, daß er sich entschloß, eine Psychoanalyse zu machen.

Das Muster, das Begehren bis zu dem Punkt zu leugnen, an dem man einen Zustand des psychischen Todes erreicht, um dann verzweifelt der Lebendigkeit in Form von unbefriedigtem Begehren nachzujagen, weil

---

[6] Freud (1900) schreibt über den Wunsch als unerfüllten Wunsch; siehe auch Lacan (1958/1973). A.d.Ü.: Dort heißt es „denn Freud ordnet es ein als das Begehren, ein unbefriedigtes Begehren zu haben" (S. 211).

Wunschbefriedigung die Erfahrung des Begehrens eliminieren würde, tritt in vielfältigen Erscheinungsformen auf, die alle ähnlich verhängnisvolle Ursprünge haben.

Bei einem anderen Patienten nahm die Leugnung des Begehrens die Form des Wunsches an, keine Genitalien zu haben. Er wünschte sich nicht etwa, eine Frau zu werden, sondern er wollte am liebsten vollkommen asexuell sein, um „frei zu sein von intensiven Gefühlen, die man nicht so sehr unter Kontrolle hat". Es dürfte nicht überraschen, daß er an massiven Kastrationsängsten litt. Ironischerweise diente ihm die Angst, die dadurch entstand, dazu, sich seiner Lebendigkeit zu vergewissern.

Wenn sexuelle Beziehungen ausschließlich als sadomasochistische Muster aufgefaßt werden und Sexualität als Waffe in einem Machtkampf verwendet wird, der geführt wird, als ginge es um Leben oder Tod, kann das Erwachen des Begehrens oder die Tatsache, daß man selbst zum Objekt des Begehrens wird, als ein Weg erlebt werden, die Kontrolle zu behalten und sich selbst zu schützen. In extremeren Fällen kann diese Situation benutzt werden, um den anderen zu demütigen, zu erniedrigen, zu mißbrauchen oder sogar zu zerstören; sie kann als Arena für die Ausübung von Macht über den anderen benutzt werden. Ironischerweise können in solchen Fällen genau die Abwehrmechanismen, die gegen die Gefahr der Vernichtung und drohenden Mangel schützen sollen, zerstört werden, weil diese Patienten der Macht ihrer Abwehrmechanismen unterliegen, anstatt durch sie geschützt zu werden. Frustration und Bedürfnis werden dauerhaft aufrechterhalten und intensiviert, wenn das Begehren durch Verleugnung abgewehrt wird; und diese Abwehr treibt wiederum den teuflischen Kreislauf von Toxidität an, der das Gefühl von Mangel, Wut und Verletzbarkeit steigert.

Das Bittere daran ist, daß Patienten, die ursprünglich von anderen oder von schlimmen Ereignissen, vor denen sie sich nicht schützen konnten, gequält wurden, Opfer ihrer eigenen kontraproduktiven „Überlebens"-Techniken werden. Sie haben sich in Zustände des psychischen Todes geflüchtet, um das zu verhindern, was sie als noch schlimmere Katastrophen fürchten: Desintegration, Depersonalisation, Psychose, multiple Persönlichkeitsstörung oder andere Erscheinungsformen des psychischen Zusammenbruchs, im Extremfall Mord oder Selbstmord.

Diese Patienten laufen häufig herum wie Zombies, die einen unerträglichen „lebendigen Tod" leben, unfähig zu fühlen, zu lieben, Interessen und Bedürfnisse zu entwickeln, sexuell tot; und trotzdem verraten ihre periodischen Wutausbrüche und Anfälle, ihr periodischer Kontrollverlust und ihre psychosomatischen Symptome paradoxerweise ihre Lebendigkeit selbst dann, wenn genau diese Symptome manchmal lebensbedrohlich sein können. In solchen Fällen kann die Psychoanalyse über Tod oder Leben eines Patienten in seelischer Hinsicht entscheiden, ja sogar über Leben oder Tod überhaupt.

Meiner Erfahrung nach gibt uns bei solchen Patienten, bei denen traditionelle Ansätze im allgemeinen nicht nur inadäquat zu sein scheinen, sondern sogar negative Auswirkungen haben können, die Sensibilität für interaktive Faktoren die Möglichkeit, eine sinnvolle Verbindung zu ihnen herzustellen und das Erwachen des Begehrens zu fördern – selbst wenn Zynismus, Angst und Verzweiflung schon lange die Oberhand gewonnen haben. Die bewußte Wahrnehmung der interaktiven Faktoren befähigt uns, schützende Bedingungen zu schaffen, und sie kann ein Mittel sein, Erfahrungen hervorzubringen, die positiv genug sind, sogar solche Patienten zu befähigen, die schwere Traumata erlitten haben, genügend Hoffnung zu spüren, um das Wagnis, zu leben und Beziehungen einzugehen, auf sich zu nehmen.

Wenn wir die Erfahrung der unmittelbaren Interaktion als Bewährungsprobe unserer Arbeit und als Arena zum Durcharbeiten zulassen, können wir häufig das Erwachen des Begehrens sogar bei Patienten fördern, die es schon lange aufgegeben haben, Bedürfnisse zu haben, zu fühlen und zu lieben, und wir können sie unterstützen, die Bereitschaft zu entwickeln, die Verletzbarkeit zu riskieren, die eine Voraussetzung für das Erwachen des Begehrens ist.

DANI

Dani, eine sehr attraktive junge Frau in den Zwanzigern, war anorektisch und selbstmordgefährdet. Außerdem litt sie an schwerer Kolitis und Amenorrhoe. Sie sagte, sie sei unfähig, außerhalb der Familie zu funktionieren, fühlte sich jedoch wie eine „rasende Verrückte", wenn sie mit ihrer Familie zusammen war. Sie erlebte ihren Körper getrennt von sich und fühlte sich innerlich tot, wie ein Roboter oder eine Maschine. Sie war nicht fähig, irgend etwas zu genießen. Auch Sexualität konnte sie nicht genußvoll erleben, sie war unfähig einen Orgasmus zu haben, und lebte einen „lebendigen Tod".

23

Sie war 1,68 m groß und wog 45 kg. Ausschließlich mit ihrem Körper und ihrem Gewicht beschäftigt, trieb sie fanatisch Sport, und obwohl sie sagte, sie wisse, daß sie außerordentlich schön sei (und sie war es), fühlte sie sich dick und häßlich. Jeden Tag verbrachte sie Stunden damit, Make-up aufzutragen und verschiedene Kleider anzuprobieren, was unweigerlich damit endete, daß sie haßte, wie sie aussah. Häufig war sie deshalb unfähig, die Wohnung zu verlassen. Freßorgien waren die Regel. Diese wurden abgelöst von Hungerperioden, in denen sie auch Abführmittel nahm. Sie konnte trinken bis zur Bewußtlosigkeit oder Hundefutter essen, um krank zu werden. Sie schlief mit Männern, die sie haßte, stahl zwanghaft Dinge, die sie nicht brauchte, und kaufte Sachen, die sie sich nicht leisten konnte. Für sie war es, als ob Kräfte „außerhalb ihrer Kontrolle" die Macht übernähmen. Manchmal konnte sie nicht zwischen Träumen und Halluzinationen unterscheiden, und das quälte sie. Sie wiederholte beharrlich, ihr Verhalten habe keinen Sinn und keine Ursache, und sie fühle sich wie ein hilfloser Zuschauer ihrer selbst.

Zu ihrer Analyse hatte sie eine zynische, pessimistische und verzweifelte Einstellung. Sie hatte den Verdacht, von mir ausgebeutet oder manipuliert zu werden. Viele Monate lang begann sie jede Sitzung mit der Ankündigung, sie würde nach Kalifornien gehen, statt die Analyse fortzusetzen. Trotzdem kam sie weiterhin dreimal in der Woche. Ich lenkte ihren Blick darauf, daß sie anscheinend meinte, sie müsse lediglich ihren Körper zu den Sitzungen bringen und der Rest sei meine Sache, und ich beobachtete, daß dies auch kennzeichnend für ihre Beziehung zu allen anderen Aspekten ihres Lebens zu sein schien. Dadurch wurde deutlich, daß sie vehement versuchte, den Hauptteil der Verantwortung für die Analyse mir zuzuschieben und für sich beanspruchte, das hilflose Opfer zu sein. Es wurde sichtbar, wie sie sich in Beziehungen verhielt, was ihr vorher nie klar geworden war.

Als ich meine Bemühungen darauf richtete, die Logik ihrer für sie selbst unverständlichen radikalen Stimmungswechsel aufzudecken, gelang es mir, diese Stimmungswechsel mit bestimmten Geschehnissen unserer Interaktion in Verbindung zu bringen. Es war ihr nahezu peinlich, „erwischt" worden zu sein; denn ihre Wutanfälle gegen mich, ihre Drohungen, mein Büro zu verwüsten, andere Patienten anzugreifen und sich selbst „um die Ecke zu bringen", um es mir heimzuzahlen, konnten eindeutig darauf zurückgeführt werden, daß sie jedesmal, wenn ich nicht vollkommen aufmerksam oder wachsam gewesen war, empfindlich darauf reagiert hatte.

24

Nachdem dieser Zusammenhang nun geklärt war, konnte sie nicht mehr behaupten, sie sei eine hoffnungslose „Irre", deren Verhalten unverständlich bleiben mußte. Sie beschrieb eine Empfindung, als käme sie aus einer Wolke, ein Gefühl, der Nebel, der sie umhüllt hatte, würde sich lüften.

Als ich einige Zeit später ein paar Minuten zu spät zu einer Sitzung kam, war sie betrübt und erregt. Sie wollte meine Entschuldigung nicht akzeptieren. Sie benahm sich, als ob ich sie tödlich verletzt hätte, und weigerte sich, während der ganzen Sitzung zu sprechen.

Als ich in der folgenden Sitzung eine Bemerkung darüber machte, wie strafend sie gewesen sei und daß ich so nicht behandelt werden wolle, gab sie zu, daß ich bis ans Ende aller Tage um Verzeihung hätte bitten können, sie hätte meine Entschuldigung um keinen Preis akzeptiert. Es kamen Assoziationen zu Erlebnissen, bei denen sie ihre Eltern im Schlafzimmer gehört und sich ausgeschlossen gefühlt hatte; sie hatte dasselbe das Gefühl, wenn sie draußen im Wartezimmer saß und ich mit einem anderen Patienten in meinem Büro war. Dann entschuldigte sie sich, weil sie meine Entschuldigung nicht akzeptiert hatte, und sagte, auf dieselbe Weise würde sie gewöhnlich mit ihrer Mutter umgehen.

Während einer Sitzung, in der klar war, daß vieles immer noch ungelöst war und die Sitzung ihrem Ende zuging, wurde sie wütend, weil ich sie so vor einem Wochenende sitzen ließ und weil ich sie „geöffnet" hatte und sie nun „so großen Schmerz spürte". Sie drohte, sie würde hinausgehen und vor einen Bus laufen, um sich umzubringen, wenn ich ihr nicht „jetzt sofort" helfen würde.

Ich sagte, daß ich nicht bedroht werden wolle, und ich sagte ihr auch, daß ihre Unfähigkeit, Frustration auszuhalten, einen erheblichen Teil des Problems ausmache. Sie wurde ängstlich und gab zu, daß sie so immer mit ihren Eltern und mit den Männern, mit denen sie zusammen war, umging und daß es normalerweise wirkte – sie kam meistens „ungestraft davon". Nach dem Wochenende berichtete sie, sie habe sich zusammengenommen und keine Katastrophen ausgelöst, aber sie klagte unter Tränen, es sei sehr anstrengend gewesen. Sie sagte, daß sie trotz aller Therapien, die sie vorher gemacht hatte, erst jetzt erkenne, daß sie die Verantwortung für sich selbst übernehmen müsse.

Um diese Zeit schilderte sie, daß sie ahnte, was geschah, wenn sie „ausrastete"; sie schilderte, es sei, wie die „Entscheidung, im Bus zu bleiben, obwohl man weiß, daß man an seiner Haltestelle vorbeifährt und weiß, man sollte aussteigen".

Als sie sich ihrer Entscheidungen zunehmend in den Momenten bewußter wurde, wenn sie sie traf, begann sie, einige ihrer Verhaltensweisen in der
Vergangenheit in einem anderen Blickwinkel zu sehen. Sie hatte Gewissensbisse und bereute, wie häßlich sie zu ihren Eltern, Freunden, Geschwistern und zu mir gewesen war, und sie begann, darum zu kämpfen, neu-
artige Wege zu entwickeln, wie sie sich in zwischenmenschlichen
Beziehungen anders verhalten könnte. Ihr Selbstwertgefühl stieg deutlich,
als sie ihre Fähigkeit entdeckte, mitfühlend und sensibel mit mir umzugehen, und sie freute sich über meine Empfänglichkeit für ihre Gesten. Wir
konnten dann untersuchen, wie sie sich selbst instrumentalisiert hatte,
bestimmte Reaktionen bei anderen hervorzurufen – häufig zu Lasten ihrer
eigenen Bedürfnisse und ihres Wohlbefindens. Wir erfuhren so, daß ihr
Körper eine Art Schlachtfeld für komplizierte psychologische Dramen
geworden war. Essen oder nicht essen, zum Beispiel, bekam die Bedeutung,
andere zu erfreuen oder zu verletzen – eine Art interpersonales Währungs-
system. Das gleiche galt für Sex und die Entscheidung zu leben oder zu sterben. Dies alles waren für sie Arten der Selbstvergewisserung, und so konnte
sie spüren, daß sie Macht hatte. Aber sie zahlte dafür einen hohen Preis.
Manchmal schien dieses System ihrer Kontrolle zu entgleiten, und dann
wurde deutlich, wie verzweifelt und hilflos sie sich fühlte. (Einiges davon
wurde in Träume umgesetzt, in denen sie zu verhungern drohte, obwohl
reichlich Lebensmittel vorhanden waren, oder in denen sie sich weigerte zu
essen oder auch unfähig war zu essen.)

Als sie entdeckte, daß sie ihre Gefühle direkt ausdrücken konnte und so
eine größere Wirkung erzielte, weil die negativen Rückwirkungen des Agierens nicht auftraten, linderten sich ihre Symptome. Sie stabilisierte ihr
Gewicht bei etwa fünfzig Kilogramm. Während dieser Zeit entwickelte sie
auch eine Liebesbeziehung mit einem jungen Mann und begann, freiberuf-
lich zu arbeiten.

Nach zwei Jahren, in denen wir uns mit Ängsten hinsichtlich ihrer Arbeit
und ihrer intensiver werdenden Beziehungen mit mir und ihrem Freund
beschäftigt hatten, war sie zuversichtlicher und weniger zornig und verletzbar. In dieser Zeit setzte ihre Menstruation wieder ein, und nach einer
langen Zeit, in der sie mit der Entscheidung kämpfte, ob sie mit ihrem
Freund zusammenleben wollte, entschloß sie sich, mit ihm in eine Wohnung zu ziehen.

Die neue Situation, in der sie mit ihrem Freund zusammenlebte, verstärkte ihre Angst vor Nähe und vor Verletzungen. Sie kämpfte mit ihrer

Angst vor sexueller Abhängigkeit und davor, einen Orgasmus zu erleben, und sie konnte diese Ängste mit der Dynamik ihrer Anorexie in Verbindung bringen. Sie hatte Angst, nicht in der Lage zu sein, das alles zu kontrollieren, wenn sie ihre Wünsche oder ihr Abhängigkeitsbedürfnis zeigte, aber sie widerstand der Versuchung, irgend etwas zu benutzen, um diese Angst abzuwehren. Nun wurden alle Ängste, verletzt oder enttäuscht zu werden, hilflos der Gnade des anderen, der geben oder zurückhalten kann, ausgeliefert zu sein, ebenso wie der Groll darüber, daß sie sich verletzbar fühlte, wenn sie sich selbst zugestand, etwas wichtig zu finden, in bezug auf mich bearbeitet. Diese Ängste wurden schlimmer, als ich an einer Skiverletzung litt und für eine Weile an Krücken ging. Indem sie jedoch diese Gefühle anerkannte, war es ihr möglich zu begreifen, daß sie nicht in jeder Hinsicht hilflos war und Enttäuschungen verkraften konnte.

Als sich später die Beziehung mit ihrem Freund gut entwickelte und sie zunehmend Freude am Sex fand und Orgasmen erlebte, beschrieb sie neue Ängste. Sie fürchtete nun, die fortdauernde Analyse, die für sie zum Symbol für ihr Recht geworden war, eine eigenständige Person zu sein, könne ihre Liebesbeziehung bedrohen. Sie war sich der Versuchung bewußt, bei früheren Mustern Zuflucht zu suchen, in denen sie ihre Bedürfnisse geopfert hatte, um Risiken zu vermeiden. Gleichzeitig fürchtete sie, die Liebesbeziehung ohne die Analyse nicht fortsetzen zu können, und sie hatte Angst, daß die Analyse nie enden könne. Dabei war ihr bewußt, daß sie sich über ihr Gefühl der Abhängigkeit von mir ärgerte. Als sie das zum Ausdruck brachte, konnte sie jedoch auch schildern, daß sie sich stärker, intakter und unabhängiger fühlte als jemals zuvor in ihrem Leben.

Sie erzählte einen lebhaften Traum, in dem sie „scheinbar tot (war), eine Marionette an unsichtbaren Fäden: Die Energie war in den Fäden. Ein ungeheures Ausmaß an Konzentration und Energie ist nötig, um sich tot zu bewegen. Jemand kam und sah die Fäden und zerschnitt sie sofort. Augenblicklich kehrte die Energie in meinen Körper zurück, und ich wurde schlagartig wach. Ich bin sicher, die Person, die kam, waren Sie." Sie hatte folgende Assoziationen: „Alles war viel leichter, als ich die Fäden noch hatte. Aber ich will nicht herumlaufen wie eine Fälschung, ohne zu wissen, was real ist und was nicht. Ich kann mich nicht länger selbst betrügen. Jetzt muß ich Verantwortung übernehmen. Aber sich dessen bewußt zu sein, kann grausam sein. Ich fühle mich sehr verletzbar."

Dani fühlte sich, als sei sie „jahrelang eingefroren gewesen, um keinen Schmerz zu spüren", und sie sagte, daß sie nun „auftaue". Sie beschrieb ihren Schmerz jetzt als „nahezu unerträglich", und trotzdem sagte sie, sie sei hoffnungsvoller und fühle sich intakter als jemals zuvor. In diesem Zusammenhang erzählte sie einen Traum „von Fröschen und Schildkröten, die aus einem Tümpel herauskommen. Ich hatte gedacht, in diesem Tümpel könne nichts Lebendiges sein. Genau das geschieht mit mir. Ich entdecke all diese neuen Dinge, und ich wußte gar nicht, daß es sie gibt. In all diesen kleinen Geburten komme ich auf die Welt". Sie sagte, sie spüre, wie sie „lebendig werde", wie sie „geboren werde", und sie fürchte sich „das erste Mal vor dem Tod, weil ich mich lebendig fühle".

Es war für sie natürlich nicht einfach, diesen Grad an Verletzbarkeit zu riskieren, und die weitere Arbeit war nicht weniger tumultartig. Dennoch glaube ich, daß dies ein entscheidender Moment in ihrem Leben und in unserer Arbeit war.

Nachdem diese Veränderungen eingetreten waren, konnte Dani zu einem späteren Zeitpunkt in ihrer Analyse sehr emotional äußerst schmerzhafte und traumatische Kindheitserlebnisse schildern, über die sie vorher noch nie hatte sprechen können.

Ich stelle dieses Material über Danis Behandlung vor, weil ich illustrieren möchte, auf welche Weise diese Art von Prozeß zwischen Patient und Analytiker wichtige innere Veränderungen beim Patienten in Gang setzen kann. Ich möchte auch hervorheben, wie wichtig nicht nur die jeweilige Interaktion zwischen Patient und Analytiker in solchen Zusammenhängen als Mittel des Durcharbeitens ist, sondern auch, wie wichtig es ist, die Interaktion als Kernstück unserer Arbeit zu betrachten.

Für Dani – die als ersten Traum in der Analyse folgende Situation schilderte: „Ich hielt Farbtuben in den Händen. Wenn ich sie fallenließe, würde die Welt explodieren wie eine Atombombe" – war es extrem wichtig, die Möglichkeit zu entdecken, daß ich ihre Manipulation, ihre Verführung und ihre Destruktivität überstehen konnte, ohne sie als Mensch zurückzuweisen oder sie zu bestrafen. Außerdem vermittelte ich ihr, daß ich an ihre Fähigkeiten glaubte in einer Zeit, in der sie selbst ihre Fähigkeiten bezweifelte, indem ich sie in der Verantwortung für ihr Verhalten hielt. Dies gab ihr die Möglichkeit, Ressourcen in sich selbst zu entdecken, von denen sie nichts geahnt hatte. Als sie sich zunehmend sicherer in der Beziehung mit mir, aber auch in sich selbst fühlte und allmählich verstand, was ausschlaggebend dafür war, daß es Möglichkeiten zwischen uns und in ihr selbst gab, die sie vorher nicht recht begriffen hatte, war sie bereit, die Verletzbarkeit zu wagen, die eine wichtige Voraussetzung für das Erwachen des Begehrens war.

Danis Entwicklung zeigt uns, daß es sogar bei Patienten mit schweren psychischen Störungen ein Streben nach Wachstum und Gesundung gibt, und daß auch in ihnen die Fähigkeit schlummert, sich auf neue Erfahrungen einzulassen. Zu lernen, wie wir helfen können, dieses Streben freizusetzen, ist eine permanente Herausforderung. Wenn wir uns der Herausforderung stellen, können wir unsere Arbeitstechnik weiterentwickeln und verfeinern, um sie für die Arbeit mit allen Patienten besser nutzen zu können, auch für die Arbeit mit jenen, deren Probleme weniger extrem sind.

In den folgenden Kapiteln werde ich meine Überlegungen zu der Arbeitstechnik darstellen, die meine Art, mit Dani zu arbeiten, beseelte, und ich werde beschreiben, wie die Arbeit mit Dani die Entwicklung meines Denkprozesses über Faktoren der psychoanalytischen Technik schrittweise beeinflußte. Ich werde versuchen zu zeigen, wie die stets gegenwärtige Aufmerksamkeit für jede Verhaltensnuance des Analytikers, die bei Patienten wie Dani so ausgeprägt ist, unsere Wahrnehmung für den tiefen Einfluß schärft, den selbst die feinsten Nuancen unserer eigenen Beteiligung am analytischen Prozeß auf alle Patienten haben. Diese stets aufmerksame Wahrnehmung hilft uns auch, uns für die unmittelbare Interaktion zwischen Analytiker und Patient in der jeweiligen Situation zu sensibilisieren. Diese unmittelbare Interaktion ist häufig der Ort des psychoanalytischen Handelns und der Schlüssel zur Frage der Analysierbarkeit bei allen Patienten, auch wenn manchmal weniger offenkundig sein mag, wie die Problematik gelagert sein könnte.

KAPITEL 2

INTERAKTION JENSEITS DER WÖRTER

Psychoanalytiker wissen sehr genau, daß der manifeste Inhalt dessen, worüber ein Patient spricht, nur die Spitze des Eisbergs ist. Sie sind darin geschult, nach verborgenen Bedeutungen und latenten Inhalten zu suchen. Nicht immer haben sie jedoch anerkannt, wie groß der Einfluß der unbewußten Kommunikation und des affektiven Geschehens zwischen Patient und Analytiker ist und in welchem Ausmaß es im Rahmen der psychoanalytischen Situation nicht zu vermeiden ist, daß die Beteiligten sich verstellen und Interaktionen der unbewußten Kollusion unterliegen.

Es ist besonders seltsam, daß diesen Überlegungen zur Interaktion zwischen Analytiker und Patient im allgemeinen keine Beachtung geschenkt wurde, wenn man bedenkt, daß Freud bereits 1915 schrieb: „Es ist sehr bemerkenswert, daß das *Ubw* eines Menschen mit Umgehung des *Bw* auf das *Ubw* eines anderen reagieren kann." (Freud, 1915b, S. 293) In den dreißiger Jahren betonte Sullivan, daß jemand, der Angst hat, dies mitteilt, ohne daß es der Worte bedarf. In ähnlicher Weise betonte Ferenczi (1933), wie groß der Anteil dessen ist, was Patient und Analytiker nonverbal kommunizieren.

Mit der wachsenden Literatur über primitive Formen der Kommunikation, einschließlich der projektiven Identifikation, wie auch mit den zunehmenden Beständen von Forschungsergebnissen aus der Säuglingsbeobachtung wird die Macht präverbaler, affektiver und unbewußter Formen der Kommunikation sogar noch deutlicher.

Im Mittelpunkt dieses Kapitels steht die Psychoanalyse als komplexer interpersonaler Prozeß, der die Beziehung, das Erleben, die affektive Kommunikation und das unmittelbare Geschehen als Dimensionen beinhaltet, die über die explizit verbalisierten Inhalte hinausgehen. Diese Dimensionen sind häufig der Ort, an dem das therapeutische Handeln seine tiefsten Wirkungen entfaltet. Meines Erachtens können wir unsere Theorie der psychoanalytischen Technik präziser entwickeln, wenn wir die Bedeutung dieser Dimensionen, die sich häufig der Aufmerksamkeit entziehen und schwer faßbar sind, für den psychoanalytischen Prozeß besser verstehen.

Die Macht des Geschehens jenseits der Wörter anzuerkennen, wenn gesprochen wird, ist freilich ebenso wichtig wie im umgekehrten Fall, wenn nichts gesagt wird. Ich werde mit der verbalen Kommunikation beginnen.

Es ist wohlbekannt, daß Worte für die Kommunikation Brücke oder Barriere sein können oder beides gleichzeitig. Worte können verbergen oder offenbaren; sie können benutzt werden, um Gefühle zu erregen oder bestimmte Reaktionen auf der Verhaltensebene hervorzurufen; sie können Waffen, Tarnung, Hilfeschrei, Testinstrumente oder Geschenke sein; mit Hilfe von Worten können wir sogar einem anderen Menschen Ideen oder Vorstellungen in den Kopf setzen. Worte können verführen, belustigen, überraschen, bezaubern, beleidigen, belästigen, angreifen, betrügen, verletzen, schockieren, täuschen und manipulieren. Es ist ein seltenes und besonderes Geschenk, wenn man sich wahrheitsgetreu in Worten ausdrücken kann, und dennoch gibt es Augenblicke, in denen Worte – und seien sie noch so gewissenhaft gewählt – unangemessen sind. So ist zum Beispiel jede Bemühung, die Erfahrung des Lebens festzuschreiben, dazu verurteilt, ihr Ziel zu verfehlen, weil bereits der Prozeß der Beschreibung auf den Gegenstand verändernd wirkt. Der Beschreibungsprozeß selbst führt also dazu, daß der Gegenstand mit seiner Beschreibung nicht identisch ist. Weil Worte bei Patienten wie Analytikern ein Mittel des Agierens sein können und weil das – häufig nonverbale – affektive Geschehen einen großen positiven wie auch negativen Einfluß haben kann, darf nicht unterschätzt werden, wie wichtig es ist, sich den Einfluß dessen, was jenseits der Wörter geschieht – gerade bei der verbalen Kommunikation – stärker bewußt zu machen.

Eine Episode soll diese Dimension der Interaktion illustrieren: Ein Freund, der einige Zeit mit einer Frau zusammenlebte, erzählte mir eines Tages, daß sie sich furchtbar gestritten hätten. Sie forderte ihn auf auszuziehen. Er packte seine Sachen und ging. Sie wurde zornig. Er verstand nicht warum.

Man kann sich nun fragen, ob es vielleicht gar nicht ihre Absicht war, ihn hinauszuwerfen; vielleicht wollte sie ihn nur auf die Probe stellen oder ihn verletzen, als sie ihn aufforderte zu gehen. Oder dachte sie nur, sie würde wollen, daß er geht, um herauszufinden, daß sie es nicht wollte? Die Tatsache, daß er nicht nur nicht gekränkt zu sein schien, sondern tatsächlich die Gelegenheit wahrgenommen hatte, sie zu verlassen, war offensichtlich verheerend für sie. Was hatte was ausgelöst? War sie in irgendeiner Weise verstimmt gewesen, ohne sich dessen bewußt zu sein? Oder er? Hatte er nach einem Vorwand gesucht, sie zu verlassen? Oder hatte ihn sein Stolz daran gehindert, unter diesen Umständen zu bleiben? Klar ist, daß die Feinheiten, die sich in dieser Episode abspielten, im verbalen Dialog nicht enthalten waren. Die Beziehung zwischen Patient und Psychoanalytiker ist genauso komplex, vielleicht sogar noch weitaus vielschichtiger.

Wenn wir in der Analyse einen Patienten beim Wort nehmen, der sagt, „ich will die Analyse beenden", können wir das Ziel vollkommen verfehlen, und der Patient kann dies als vernichtende Ablehnung oder fehlendes Verständnis erleben; er kann es auch so erleben, daß der Analytiker ihn im Stich läßt.

Wenn Analytiker und Patient im Einklang zu sein scheinen, könnte es sich auch als Kapitulation, Unterwürfigkeit oder Anpassung erweisen oder um ein Bedürfnis handeln, die Aussagen des jeweils anderen zu glauben oder zu idealisieren. Dies kann aber auch sowohl von seiten des Patienten als auch des Analytikers oder von beiden Sensibilität für die Bedürfnisse des anderen ausdrücken.

Ein Patient antwortete auf eine Bemerkung von mir: „Es tut mir leid, wenn ich anderer Meinung bin als Sie, aber...". Als ich fragte, ob es ihm wirklich leid tue, und ihm mitteilte, daß er eigentlich eher enttäuscht gewirkt habe und vielleicht sogar verärgert, weil ich ihn nicht sofort verstanden hatte, reagierte er darauf, indem er sagte, er halte sich für einen „Betrüger". Obwohl wir uns natürlich fragen könnten, ob er auf diese Weise vielleicht abermals unterwürfig war, war er immerhin in der Lage auszusprechen, daß seine Bemühung, immer nachgiebig zu sein, eine Reaktion auf seine Ängste vor seinem eigenen Gewaltpotential war. Diese Interaktion wurde die Basis für ein produktives Durcharbeiten von sehr schmerzhaften Gefühlen und Erfahrungen.

Jede Interaktion kann Selbsttäuschung und die symbolische Darstellung irgendeiner bewußten oder unbewußten Phantasie eines oder beider Beteiligter beinhalten. Sogar wenn der wörtliche Dialog in sich selbst stimmig ist, kann er der Abwehr dagegen dienen, sich mit anderen Themen oder Aspekten des Erlebens zu beschäftigen, die bedrohlicher für einen oder beide Teilnehmer sein können, und dabei das Spiel der Kollusion auf einer anderen Ebene widerspiegeln. So kann etwa die freie Assoziation benutzt werden, um die Intimität des Augenblicks in der analytischen Sitzung zu vermeiden. Man kann sie als Mittel benutzen, sich davonzustehlen oder andere Personen ins Spiel zu bringen, damit man nicht mit dem Analytiker allein sein muß. Patienten können sich auch mit freien Assoziationen beschäftigen, wenn sie bestimmte Bedürfnisse des Analytikers spüren oder merken, daß er Angst hat, sich auf mehr Nähe einzulassen.

Wie wir das Geschehen auch in Begriffe fassen, es gibt immer noch ein anderes Prisma, durch welches es betrachtet werden kann, immer noch eine andere Ebene der Abstraktion. Es ist auf jeden Fall notwendig, sehr aufmerksam wahrzunehmen, was geschieht, auch wenn klar ist, daß jedesmal, wenn wir uns bemühen, das anzusprechen, was gerade geschieht, eine andere Ebene von potentiellem Geschehen entsteht, die häufig genauso komplex ist wie die Interaktion, die man gerade im Begriff war aufzuklären.

Nehmen wir eine Situation, in der ein Patient bedrohliches Material präsentiert. Je nachdem, wie stark dieses Material beim Analytiker ein Gefühl von Verletztheit hervorruft, könnte er sich dem verborgenen Anliegen des Patienten unterwerfen oder sich stillschweigend damit arrangieren, ohne sich dessen bewußt zu sein.

Wenn der Analytiker in der Lage ist, diese verborgenen Feinheiten der Interaktion anzusprechen, wenn nötig auch im nachhinein, hilft dies nicht nur zu erhellen, was geschenen ist, sondern es festigt auch den analytischen Prozeß, und dies hat wiederum einen positiven Einfluß auf das Geschehen.

Stellen wir uns eine Situation vor, in der ein Patient sich plötzlich zurückzieht oder unzugänglich oder sogar feindselig wird und sich dann für sein Verhalten entschuldigt. Wenn der Analytiker das für bare Münze nimmt, kommen die subtilen Feinheiten der Interaktion niemals ans Licht. Der Analytiker kann sich auch durch Kollusion an der Selbsttäuschung des Patienten beteiligen. Im Gegensatz dazu kann er, wenn er darauf achtet, ob das Verhalten des Patienten möglicherweise eine Reaktion auf eine subtile Feinheit der Interaktion ist, herausfinden, daß sich der Patient vielleicht durch das Verhalten des Analytikers gekränkt fühlte. In manchen Situationen reagierten Patienten gekränkt, wenn ich auf die Uhr schaute oder einen bestimmten Gesichtsausdruck hatte, der mir nicht bewußt war. In diesen Fällen hätten weder meine Patienten noch ich gemerkt, daß dies der Fall war, wenn ich mich nicht darauf konzentriert hätte, den Feinheiten unserer Interaktion nachzugehen. Eine noch genauere Exploration würde erfordern, daß man darauf achtet, auf was der Analytiker reagierte, als er auf die Uhr schaute oder als sich sein Gesichtsausdruck veränderte. Ich will damit sagen, daß wir die psychoanalytische Exploration vertiefen können, wenn wir die machtvolle Wirkung der Interaktion anerkennen, die – häufig unbewußt – in beiden Richtungen und in einer fortlaufenden Spirale sich aufeinander beziehender Einflüsse wirksam ist.

Wenn uns auffällt, daß ein Patient sich anders verhält, als er spricht, müssen wir noch nicht wissen, was hinter den Wörtern steckt, sofern uns überhaupt auffällt, daß etwas nicht erkannt oder angesprochen wurde. Auch wenn wir beobachten, daß ein Patient die Verbindung zu seinem Erleben zu verlieren scheint, kann es hilfreich sein, dies ausdrücklich anzusprechen. Manchmal können wir ihn dann einfach bitten aufzuhören, so viel zu reden, oder aufzuhören, zu denken oder sich so verbissen abzumühen, und lieber in einem bestimmten Moment auf seine Gefühle zu achten. Es kann auch eine wichtige Erkenntnis sein, wenn er auf eine Frage anwortet: „Ich weiß nicht."

Der große Einfluß dessen, was ohne Worte kommuniziert wird, wurde mir in der therapeutischen Arbeit mit einer bestimmten Patientin vor Augen geführt.

PAULA

Paula, eine Frau Ende Zwanzig, kam dreimal in der Woche zu mir. Sie begann ihre Analyse acht Monate nach der Geburt ihres Babys und litt an einer schweren Wochenbettdepression.

Zu Beginn unserer Zusammenarbeit kam sie häufig zu spät zu den Sitzungen und ging früher – oft schon nach wenigen Minuten. Wenn sie kam, war sie häufig überhaupt nicht in der Lage, irgend etwas zu verbalisieren, und sie konnte nicht stillsitzen. In manchen Situationen ging sie erregt in meinem Büro auf und ab.

Einmal fing sie plötzlich an, gegen die Türen in meinem Büro zu schlagen und zu treten. Obwohl ich mir über ihr Gewaltpotential sehr wohl im klaren war (sie hatte eine größere und kräftigere Statur als ich), war ich stärker von ihrer Verzweiflung bewegt als verängstigt durch ihr Verhalten. In dem Moment wirkte sie wie ein wildes Tier, das man in einen Käfig gesperrt hatte. Mich berührte ihre Verzweiflung auch dann noch, als sie versuchte, mir drastisch zu vermitteln, wie bedrohlich sie sein könne. Da ich Patienten kenne, bei denen ich mehr Angst hatte, obwohl es einen weniger deutlichen Anlaß dafür gab, war dies für mich eine wichtige Information. Ich sagte ihr, daß ich spürte, welch panische Angst sie offenbar habe. Ihre Reaktion war überwältigend. Es war, als hätte sich die Tigerin plötzlich in ein Kätzchen verwandelt. Sie zwinkerte mit den Augen und beruhigte sich. Schließlich wurde sie so zugänglich, wie ich sie noch nie erlebt hatte.

Während der nächsten Sitzungen fand ein intensiver, direkter Blickkontakt zwischen uns statt, obwohl immer noch wenig gesprochen wurde. Dieser direkte Blickkontakt dauerte lange, ohne daß eine von uns wegschaute. Wenn wir den Summer hörten, der das Ende der Sitzung ankündigte, empfanden wir dies wie eine aufdringliche Unterbrechung, obwohl immer noch nicht gesprochen wurde. Dies verstärkte nur unser Gefühl für die wachsende Intensität unserer Beziehung und die zunehmende Intimität unseres gemeinsamen Schweigens. Von solchen Unterbrechungen war sie so erschüttert, daß sie dann sagte, „der Zauber ist gebrochen", und sie müsse fort.

Obwohl sie häufig zu spät kam und früher ging – wenn sie überhaupt kam –, ging sie sofort wieder, wenn sie zufällig zu früh da war oder pünktlich und ich ein paar Minuten zu spät kam. Schnell lernte ich, wie vorsichtig ich mit ihrer Empfindsamkeit umgehen mußte und wie zerbrechlich unsere Verbindung trotz der starken Intensität war. Wenn sie nicht zu ihren Sitzungen erschien, war sie besorgt, die Verbindung zwischen uns könnte abreißen oder sich als Illusion erweisen.

Plötzlich fiel mir auf, wieviel weniger spannend und wieviel „zahmer" meine Beziehungen zu einigen anderen Patienten waren, und der Kontrast zwischen der Fülle und Intimität des Schweigens mit Paula und der emotionalen Leere, trotz der Fülle von Worten, in anderen Situationen war erstaunlich. Mit Paula war es, als gäbe es nichts, was zwischen uns stünde, nicht einmal Worte. Wenn ich deprimiert, müde, traurig oder in bester Stimmung war – sie wußte es augenblicklich. Ich konnte auf dieselbe Weise, mit derselben Präzision in ihrem Inneren lesen.

Schließlich traten allmählich Worte in unseren schweigenden Dialog. Nach und nach konnte sie ihre Angst vor ihrer psychischen Störung und ihrer eigenen Gewalttätigkeit beschreiben; sie hatte Angst, ihrem Kind etwas anzutun. Sie schilderte Träume, die oft extrem blutrünstig und voller Gewalt waren. Sie erzählte mir auch, daß sie sich wünschte, ich wüßte, was sie erlebte, ohne daß sie es mir in Worten sagen müßte. Nach einiger Zeit konnte sie mir von ihrer Angst erzählen, daß Teile von ihr „auslaufen" und unter der Tür durchsickern könnten wie eine Pfütze und sich ohne die geringste Chance, sie zurückzuhalten, zusammenzuhalten oder zu erkennen, zerstreuen würden, wenn sie Dinge in Worte fassen würde. Das Verbalisieren dieser Angst eröffnete ihr die Möglichkeit zu entdecken, daß sie (und ich) es überleben konnten, wenn sie bestimmte Dinge in Worte faßte.

In dieser Analyse schien die starke affektive Verbindung, die wir aufgebaut hatten, eher die Voraussetzung für den verbalen Dialog zu sein als umgekehrt, und ich lernte von Paula viel über die Bedeutung bestimmter Aspekte in unserer Interaktion, die ich sonst nicht erkannt hätte. (Details über eine spätere Periode unserer Arbeit siehe Kapitel 8.)

Der Analytiker „hört" nicht nur, was „hinter" den Wörtern geschieht, er kommuniziert auch jenseits der Wörter. Maldonado (1987) beruft sich auf Lacans (1953) Konzeption des „vollen" und des „leeren" Sprechens, und er betont, daß ein Psychoanalytiker, der sich auf das „leere" Sprechen so bezieht, als sei es „voll", oder nicht versucht, es als solches zu identifizieren, wenn ein Patient nicht authentisch ist, sich an einer Kollusion beteiligt, die in eine psychoanalytische Sackgasse führt.

Ob der Analytiker engagiert ist oder gleichgültig, als Kliniker auftritt oder sich persönlich verbunden zeigt, mitfühlend ist und gütig oder streng und ohne Anteilnahme, herablassend oder respektvoll, authentisch oder nicht authentisch, hat unabhängig von den gesprochenen Wörtern einen Einfluß auf die Interaktion. Auch die Art, wie wir uns ausdrücken und die analytischen Sitzungen gestalten, setzt uns in eine besondere Beziehung zum Patienten, und dies hat ebenfalls einen starken Einfluß auf die Interaktion. Die unbewußten Ängste und Phantasien des Analytikers sind ebenfalls bedeutsam; so können manchmal Verhaltensweisen, die wir bei unseren Patienten wahrnehmen, Reaktionen auf Aspekte unseres eigenen Verhaltens sein, die wir nicht bewußt wahrgenommen haben (Searles, 1990). Wenn diese subtilen Feinheiten der Interaktion nicht erkannt werden, bleibt ein entscheidender Teil des psychoanalytischen Dialogs unaufgeklärt, und es geht eine Möglichkeit verloren, die Intimität im analytischen Prozeß zu vertiefen.

Ich habe festgestellt, daß es kaum etwas Wichtigeres gibt, als mit größter Aufmerksamkeit auf die Wirkung dessen zu achten, was ich unbewußt oder unabsichtlich kommuniziert haben könnte, und mir dessen bewußt zu sein, daß das, was ich zu kommunizieren glaube, sich stark davon unterscheiden kann, was der Patient erlebt. Eines Tages ärgerte ich mich zum Beispiel so sehr über eine Patientin, daß ich glaubte, mit ihr nicht mehr weiterarbeiten zu können. Ich war sehr überrascht, als sie schilderte, wieviel es ihr bedeute zu wissen, daß auch ich „ausrasten" könne. Auf einmal spürte sie, daß sie „hier nicht die einzige Böse" sei. Diese Interaktion hatte anscheinend eine starke therapeutische Wirkung, und sie war ein wertvoller Anstoß, der den psychoanalytischen Prozeß auf eine Weise in Bewegung brachte, die ich bewußt nicht hätte planen können.

36

In ähnlicher Weise schienen völlig ungeplante, spontane Reaktionen von mir (für die ich mich manchmal fast schämte) – wenn ich beispielsweise traurig war, weil ein Patient etwas gesagt hatte oder weil er Gefühle nicht zulassen konnte –, etwas bei manchen Patienten zu lösen und ihnen die Möglichkeit zu eröffnen, Gefühle zu erleben, denen vorher der Zutritt zum Bewußtsein nicht erlaubt war. In anderen Situationen hatte es katalytische Wirkung, wenn ich lachte (Ehrenberg 1984a, 1990). Einige Patienten erzählten, wie tief es sie berührt hatte, wenn sie entdeckten, daß ich mit ihnen wirklich gern zusammen war. Manche Patienten haben berichtet, daß für sie die Möglichkeit, einfach Zeit zu vergeuden, ohne von mir zurechtgewiesen zu werden, eine große Bedeutung hatte. Ein Patient schilderte, daß meine „Zwanglosigkeit" und Verspieltheit ebenso wie die Tatsache, daß ich nicht distanziert oder reserviert war, für ihn äußerst wichtig waren und daß diese Erfahrung die Voraussetzung für ihn schuf, die Analyse fortzusetzen.

Für viele Patienten ist es anscheinend am wichtigsten zu spüren, daß sie Gefühle – seien sie positiv oder negativ – beim Analytiker auslösen können oder daß der Analytiker sie nicht nur als „Fall" behandelt, sondern wirklich als Person schätzt. Für manche Patienten ist dies eine Chance, Intimität zu erleben, die nicht destruktiv ist. Für andere kann die Freiheit, Aspekte ihres Innenlebens vertraulich mitzuteilen, in die nicht einmal der Sexual- oder Ehepartner eingeweiht ist, extrem bedeutungsvoll sein.

Durch Neil, einen meiner Patienten, lernte ich, verschiedene Aspekte unserer Interaktion genau zu untersuchen.

NEIL

Neil kam viermal die Woche zu unseren Sitzungen. Er benutzte wahlweise die Couch oder den Stuhl, je nachdem, welches Bedürfnis er gerade spürte. Der Wechsel zwischen Couch und Stuhl half ihm, Gefühlsschichten zu erreichen, die er in einer früheren Analyse nicht erfahren hatte. Er sagte, er sei überzeugt, daß ich in der Lage sei, mit der Intensität seiner Gefühle, der negativen wie der positiven, umzugehen, und für ihn sei es möglich, Risiken einzugehen, die er sonst nicht einzugehen gewagt hätte, weil ich ihn auf seine eigene Weise vorgehen lassen konnte. Über unsere Arbeit sagte er: „Etwas in mir wurde wieder heil. Wenn ich mich auf der Couch dem tiefen Haß überließ und dann daraus zurückkehrte und auf dem Stuhl saß, hatte ich das sichere Gefühl, daß ich Sie trotz all der Gewalt und der Phantasien, Sie zu töten und zu zerstückeln, nicht verloren hatte."

In Tränen aufgelöst brachte er hervor, daß meine emotionale Präsenz und die Verläßlichkeit, mit der ich ihm beistand, wenn er mit angsterregenden Gefühlen kämpfte, entscheidend dazu beigetragen hätten, daß er die Fähigkeit erwarb, zu wichtigen Einsichten zu gelangen und selbst sinnvolle Verbindungen zwischen Aspekten seines Erlebens herzustellen. Er erklärte, daß er durch meine Fähigkeit, genau dort mit ihm zu bleiben, wo er war, und nicht vor oder hinter ihm, und ohne zu versuchen zu deuten, womit er gerade beschäftigt war, und ihn sich selbst „von innen, nicht von außen" erkennen ließ.

Für ihn war es außerdem ein Vertrauensbeweis, daß ich in bestimmten Momenten nicht versuchte zu deuten. Dadurch spürte er, daß ich ihn nicht kontrollieren und nicht „wissen" wollte, was für ihn besonders wichtig war, denn seine Mutter und seine Großmutter hätten dies so oft getan.

Später in der Therapie erzählte er, wie sehr er sich freute, als er bemerkte, daß er mich zum Lachen bringen konnte. Das war für ihn der Beweis, daß er Gefühle in mir erzeugen konnte.

„Wenn ich Sie zum Lachen bringe, habe ich die größte Nähe zu Ihnen." Er berichtete, wie aufregend es für ihn war zu spüren, daß er auf diese Weise meinen Körper tatsächlich dazu bringen konnte, daß er sich „bewegt und schüttelt", und wie sehr es ihn faszinierte, daß wir offen über alles sprechen konnten, was zwischen uns geschah – so sehr, daß es ihn zu Tränen rührte.

Etwa zwei Jahre später gab es eine Periode, in der ich während seiner Sitzungen manchmal schläfrig wurde, wenn er auf der Couch lag. Das ging so weit, daß ich schließlich darüber nachdachte, ob ich damit vielleicht irgend etwas ausklammern wollte. In einer Sitzung fragte er dann, ob ich wach sei. Ich sagte, ich sei wach, gab aber zu, daß ich mich etwas „benebelt" fühlte. Zu meiner Überraschung erwiderte er, wie ungeheuer bedeutsam es für ihn sei, daß ich ihm diesen starken Einfluß auf meine Befindlichkeit gewähren konnte und keine Angst hatte, das zuzugeben. Er empfand dies als Hinweis darauf, daß ich ihm bereitwillig erlaubte, mich „in meinem Körper zu berühren", und wie zuvor war er tief gerührt. Beim weiteren Durcharbeiten schilderte er, wie er meine Reaktion auffaßte. Sie vermittelte ihm, daß ich mich von ihm nicht bedroht fühlte und ihn auch nicht abwehren und „außerhalb" von ihm stehen mußte. Es kamen viele Assoziationen zu dem Zustand sanfter Schläfrigkeit, in dem er sich früher befand, wenn er bei seiner Mutter war, während sie seine Schwester stillte, und wie anders dieser Zustand war, verglichen mit der Anspannung und der Gefahr, die er sonst häufig im Zusammenhang mit seiner Mutter spürte. Darüber, wie er sich momentan mit mir fühlte, bemerkte er: „Schlimmer kann es nicht werden. Es ist eine wichtige Erfahrung für mich, daß Sie mich psychisch ertragen können und nicht den Drang haben, meinen Einfluß auf Sie abzuwehren oder sich außerhalb dessen zu stellen. Deshalb kann es nicht schlimmer werden. Es beantwortet die Frage: Bin ich liebenswert? Es ist sogar grundsätzlicher, es beantwortet die Frage, ob es okay für mich ist zu leben. Es sagt mir, daß ich Ihnen nicht fremd bin." Es kamen komplizierte und emotional besetzte Assoziationen zu seiner tiefen Angst, er könne unerwünscht sein.

Später erwähnte er, daß er überzeugt war, der Analytiker in seiner vorherigen Analyse sei manchmal auch schläfrig gewesen, hätte dies aber niemals zugegeben. Er betonte, wie wichtig es für ihn war, daß ich bereitwillig zugegeben hatte, daß ich müde war.

Dieses Beispiel wirft ein Schlaglicht darauf, was auf der affektiven Ebene geschieht und was man – nicht immer bewußt – nach außen zeigt. Dies zu begreifen kann den analytischen Prozeß voranbringen und gleichzeitig der Ansatzpunkt für tiefgreifendes therapeutisches Handeln sein. Dieses Beispiel illustriert auch, wie wir den psychoanalytischen Dialog und die Erfahrung im Prozeß der Psychoanalyse erweitern können, wenn wir diese Elemente der Interaktion erkennen und offen ansprechen.

Winnicott schrieb: „Ich bin selbst erschrocken, wenn ich daran denke, welche tiefen Veränderungen ich manchmal durch mein eigenes Bedürfnis zu deuten bei Patienten einer bestimmten Kategorie verhindert oder hinausgezögert habe." (1969/1973, S. 101)

An dieser Stelle möchte ich besonders hervorheben, daß „nicht deuten" nicht gleichzusetzen ist mit „nicht reagieren". Ich glaube, daß die Bandbreite der Reaktionsmöglichkeiten des Analytikers erheblich davon abhängt, wie ausgeprägt seine affektive Präsenz ist, wie greifbar er ist und wie offen er für Erfahrungen ist.

In diesem Zusammenhang hat Winnicott die *holding function* der psychoanalytischen Beziehung und ihre Rolle als förderndes Umfeld betont. Er hat auch darauf hingewiesen, daß das Potential des Analytikers, als Übergangsobjekt benutzt zu werden, und die Reichweite seiner Möglichkeiten, den Patienten die Grenzen seiner Omnipotenz testen zu lassen, damit er entdecken kann, daß der Analytiker die „Zerstörung" durch ihn überleben kann, für manche Patienten der entscheidende Erfahrungsaspekt in der Psychoanalyse sein kann (Winnicott 1951, 1963a, 1963b, 1969). Winnicott hat außerdem hervorgehoben, daß wir manchmal erfolgreich sind, wenn wir „Fehler" machen, und daß der Wert einer Deutung oft darin liegt, was sie über den Analytiker und seine Grenzen des Verstehens aussagt. Fromm-Reichmann (1950, 1952), Searles (1965) und Levenson (1972, 1983) sind zu ähnlichen Schlußfolgerungen gekommen. Wolstein (1959), Singer (1971) und Searles (1975) betonen, wie therapeutisch wertvoll es für den Patienten ist, wenn er sich nützlich und vom Analytiker gebraucht und geschätzt fühlt oder zu dessen psychischem Wachstum beitragen kann. Racker (1957, 1968) und Bion (1967) haben über die „Container"-Funktion des Analytikers geschrieben.

Der Analytiker kann dem Patienten einfach dadurch zu wichtigen neuen Erfahrungen verhelfen, daß er eine fortwährende interessierte psychoanalytische Präsenz zeigt.

Wenn wir die unterschiedlichen Funktionen betrachten, die der Analytiker – oft unbewußt – erfüllen kann, müssen wir auch bedenken, daß die Beziehung zwischen Analytiker und Patient eher „triadisch" denn „dyadisch" ist, auch wenn der Analytiker oft nicht einschätzen kann, wie ausgeprägt das triadische Moment jeweils gerade sein mag. Einige Analytiker (Lacan 1953; Mahler 1967; Abelin 1971, 1975; Mahler, Pine und Bergmann 1975; unter anderen) haben sich mit der Rolle des „Vaters" (oder des „Dritten") als jemandem beschäftigt, der dem Kind hilft, sich aus der symbiotischen Beziehung mit der Mutter zu befreien, und der die Tür zu bestimmten symbolischen Kompetenzen öffnet. Wenn es bei einem Patienten ein Defizit in der Entwicklung symbolischer Kompetenz gibt, scheint mir wichtig zu berücksichtigen, daß der Analytiker diese Funktion (der „Dritte" zu sein) – häufig ohne es zu wissen – erfüllen kann.

Für manche Patienten kann es größere Bedeutung haben als jede Deutung, daß jemand bereit ist, ihnen zuzuhören, daß er sich dafür interessiert, was sie erleben, daß da jemand ist, der sie persönlich schätzt, gern mit ihnen zusammen ist und bereit ist, sie auch dann zu begleiten, wenn der Weg steinig ist. Manchmal kann schon die Chance, zu entdecken, daß sie sich auf Intimität einlassen können, ohne mißhandelt oder unter Druck gesetzt zu werden, ohne verletzt zu werden oder selbst zu verletzen, entscheidend für ihre Entwicklung sein; manchmal kann auch die Erfahrung sehr wichtig sein, daß sie in der Analyse einfach nur „sein" können, ohne mit der Forderung, in der Therapie zu „arbeiten", konfrontiert zu werden. Winnicott beschrieb einen Fall, bei dem „in einer bestimmten Weise... die Analyse dieser Patientin ständig um das ‚Gesehen-Werden', wie sie tatsächlich sei, [kreiste]. Manchmal war es in der Behandlung für sie das Wichtigste, tatsächlich und genau wahrgenommen zu werden." (1967/ 1973, S. 132)

Obwohl Einsicht in der Analyse häufig schon das Resultat einer neuen Erfahrung in der gelebten Interaktion mit dem Analytiker ist und nicht erst durch seine Deutung zustande kommt, ist sie oft eher eine Folge von Veränderung als ihre Ursache. Manchmal können die Interaktionen zwischen Psychoanalytiker und Patient auch zu Veränderungen führen, wenn überhaupt keine Einsicht stattgefunden hat. Bernard Ehrenberg (1980) hat zum Beispiel beobachtet, daß Erfahrungen, die der Patient mit dem Analytiker macht, verschiedene Formen der „Reparatur des Unbewußten" fördern können – häufig ohne daß es einem der beiden Teilnehmer bewußt ist.

Wenn die Feinheiten der Interaktion nicht erkannt und angesprochen werden, bleibt ein entscheidender Teil der Interaktion in der Analyse unerforscht, und es geht eine Möglichkeit verloren, die Intimität in der Beziehung zwischen Analytiker und Patient zu vertiefen. Wir können hingegen die therapeutische Wirksamkeit erheblich verstärken, wenn wir diese Dimensionen unserer Arbeit genau beobachten und versuchen, uns damit auseinanderzusetzen (Ehrenberg 1974).

Das folgende Beispiel aus meiner Praxis illustriert einige dieser Dimensionen und zeigt, wie man damit arbeiten kann. Es verdeutlicht, wie man einen Prozeß strukturiert, der den Augenblick erschließt und die Möglichkeit schafft, ihn in seinem ganzen Reichtum und seiner ganzen Komplexität zu untersuchen. Wenn die Feinheiten der Interaktion durchgearbeitet werden, kann der Patient Ressourcen in sich selbst entdecken und allmählich nutzen, die ihm vielleicht nie bewußt waren. Die Prämisse lautet, daß vor allem die Auseinandersetzung mit der unmittelbaren Interaktion heilend und befreiend auf den Patienten wirkt.

ELLEN

Ellen, eine attraktive berufstätige Frau in den Dreißigern, begann die Analyse mit zwei Sitzungen in der Woche. Sie befand sich in einem akuten Angstzustand und war sehr erregt; sie fürchtete einen psychischen „Zusammenbruch". Ellen berichtete, sie habe sich gerade von einem Therapeuten getrennt, bei dem sie sechs Jahre in Behandlung war, weil er versuchte, sich ihr sexuell zu nähern. Anfangs fühlte sie sich geschmeichelt und freute sich darüber; erst später spürte sie allmählich, wie sehr sie das gekränkt hatte und daß er ihr Vertrauen mißbraucht hatte. Sie sagte, sie habe bis zu diesem Zeitpunkt darauf vertraut, daß er sie „alles" lehren würde. Jetzt war sie wütend, und ihr war bewußt, daß sie sich nicht in der Weise verändert hatte, wie sie es nach all den Jahren erhoffte. Sie hatte Vorbehalte, einem neuen Therapeuten zu vertrauen, und sie fürchtete sich vor der Macht ihrer eigenen Verführungskünste. Sie war sich sicher, daß sie eine Therapie wollte, jedoch keine Psychoanalyse, und sie wollte mit einer Frau arbeiten. Außerdem äußerte sie Ängste, die Therapie könnte ihre derzeitige Ehe gefährden oder zum „Zusammenbruch" führen.

Ellen war äußerst redegewandt, und sie konnte sich sehr gut ausdrücken. Sie hatte eine Menge Vorstellungen darüber, was wohl die Ursachen ihrer Probleme sein könnten und was sie von mir brauchte. Trotzdem war mein Eindruck – und ich teilte ihr das auch mit –, daß alles, was sie in Worte faßte, nur ausdrückte, was sie meinte, fühlen, wollen oder müssen zu sollen, und nicht, was sie tatsächlich fühlte. Sie schien überrascht und wurde neugierig, als sie erkannte, das dies tatsächlich stimmte, und sie sagte, sie habe Angst, an ihr psychisches Erleben zu rühren und wirklich etwas über sich herauszufinden. Sie war besorgt, die Kontrolle zu verlieren, wenn sie sich ihren eigenen Regungen öffnete.

In den folgenden Sitzungen arbeitete sie heraus, wie wütend sie wurde, wenn andere ihr nicht gaben, was sie brauchte, selbst wenn sie es gar nicht konnten, und wie ängstlich sie war. Sie beschrieb, was für ein „braves Mädchen" sie bei ihrem früheren Therapeuten gewesen war, und grübelte darüber nach, was sie wohl in diesen Jahren der Therapie nur dem Therapeuten zuliebe getan und was sie wirklich für sich selbst erarbeitet habe, und sie hatte auch Bedenken, ob sie ohne ihn Rückschritte machen würde.

Es kamen Assoziationen dazu, wie sehr sie ihren Vater, ihren ersten Ehemann und ihren letzten Therapeuten idealisiert hatte. Sie meinte, sie habe zu spät erkannt, daß sie alle „verrückt" seien, und sich dann von ihnen getrennt. Sie fühlte sich „sehr schwach", und sie schilderte, wie sie erschrak, als sie „erkannte, daß meine Götter verrückt waren. Ich spüre ein starkes Bedürfnis, Kraft zu schöpfen. Ich will mir keinen neuen Gott erschaffen, aber ich weiß nicht, ob ich die Kraft habe, es nicht zu tun."

Zu meiner Überraschung merkte ich, daß sie versuchte, mich in die Rolle ihrer Beraterin zu manövrieren, indem sie mich bat, Entscheidungen für sie zu treffen, und versuchte, meine Zustimmung zu erheischen.

Als ich die Aufmerksamkeit auf die Diskrepanz zwischen dem, was sie angeblich wollte, und dem, wie sie versuchte, unsere Interaktion tatsächlich zu gestalten, lenkte, konnten wir verschiedene Punkte klären: Erstens war da ihr Wunsch, umsorgt und nicht damit konfrontiert zu werden, daß sie Entscheidungen treffen oder Verantwortung für sich selbst übernehmen mußte. Dies schloß den Wunsch ein, daß ich magische Problemlösungen für sie finden sollte, sie führen und ihr sagen sollte, was sie zu tun hätte. Wenn ich dies nicht tat, wurde sie böse und meinte, ihr Vertrauen würde mißbraucht. Zweitens war da ihre Geringschätzung für Frauen allgemein und für mich im besonderen. Sie vermutete, daß ich keine Antworten anbot und auch nicht die Führung übernahm, weil ich eine Frau sei und deshalb nicht wüßte, wie man so etwas macht. Drittens deckten wir auf, wie groß ihre Selbstzweifel und ihre Selbstverachtung waren. Viertens untersuchten wir, inwieweit ihre scheinbar unverhohlene Abhängigkeit und ihr Respekt in bezug auf andere für sie eigentlich die Funktion hatten, abgekapselt und unzugänglich zu bleiben, um sich so davor zu schützen, daß sie entweder den anderen (in diesem Fall die Analytikerin) oder sich selbst in die Pflicht nehmen müßte. Es wurde deutlich, daß dies immer ihre Art gewesen war, die „Kontrolle" nicht zu verlieren und Beziehungen davor zu bewahren, daß sie jemals im psychologischen Sinn „vollendet" würden.

Als dies deutlich wurde, produzierte sie eine Fülle affektiv besetzter Assoziationen, und sie schilderte viele Träume. Wir konnten eine wichtige Phantasie aufdecken: Wenn sie sich „unterwarf", mußte der andere sie „versorgen". Was sie von anderen wollte, war „Schutz, Sicherheit und ein Gefühl von Identität". Wenn sie ihr dies nicht gaben, wurde sie zornig, weil sie spürte, daß sie ihren Teil der „Abmachung" nicht erfüllten.

Ihre Reaktion auf meine Weigerung, mich nach ihren Spielregeln zu richten und als ihre Komplizin zu fungieren, war eine Mischung aus Tobsucht und Angst. Sie weinte, als sie gestand, wie unzulänglich sie sich zeit ihres Lebens gefühlt hatte und wie sehr es sie quälte, die Grenzen ihrer Fähigkeiten zu erforschen. Trotzdem war sie selbst überrascht von dem Reichtum ihrer Assoziationen und von ihrer Fähigkeit, einzusehen, daß sie die Verantwortung für die Inhalte ihrer Assoziationen übernehmen mußte. Unter Tränen sagte sie: „Ich verstehe nicht, warum all das hier zum Vorschein kommt. Es muß etwas sein, was Sie mir an Gefühlen entgegenbringen. Sie sagen nicht sehr viel, trotzdem spüre ich eine empathische Qualität, die sich einklinkt und dafür sorgt, daß ich mich sicher fühle und es einfach herausströmen lasse."

Dies war besonders spannend, weil sie, selbst wenn sie mir Vertrauen schenkte, weil ich Empathie zeigte, dennoch den Wert dessen, was ich sagte, nicht anerkannte, und ihr war auch nicht klar, daß mein Schweigen ebenso sorgfältig überlegt war wie meine verbalen Interventionen. Als wir uns damit befaßten, wie heftig sie sich bemühte, meine Rolle herunterzuspielen, kamen Assoziationen dazu, wie stark sie mit mir konkurrierte und wie intensiv ihr Bedürfnis war, mich abzuwerten.

Sie hatte große Angst davor, Nähe zu entwickeln und dann fallengelassen zu werden. Sie sagte, es wäre viel einfacher für sie, Nähe zu einem Mann zuzulassen als zu einer Frau, und sie hatte Angst, ich könnte sie verlassen oder „zusammenbrechen" wie ihre Mutter, wenn sie Nähe zu mir entwickeln würde. Sie spürte, daß ihre Versuche, mich abzuwerten, wenigstens zum Teil dem Zweck dienten, sich vor dieser Art von Bedrohung zu schützen.

Sie war emotional sehr bewegt durch zweierlei Einsicht: Zum einen erkannte sie die inhaltlichen Zusammenhänge dieses Puzzles und zum anderen aber auch den Beitrag, den sie selbst dazu leistete. Sie erklärte: „Ich spüre, daß das gut ist, was hier geschieht, trotzdem verstehe ich nicht, warum ich Ihnen oder mir selbst nicht vertraue. Wären Sie ein Mann, würde ich herumlaufen und überall erzählen, ich hätte den großartigsten Therapeuten gefunden. Aber weil Sie es sind, kommt es mir vor, als würden wir uns zum Mittagessen treffen. Es ist wie eine Beziehung, die leer ist. Aber es funktioniert, und ich kann es nicht verstehen. (Jetzt weinte sie.) Ich begreife nicht, warum ich so spreche, wie ich es hier tue. Ich fühle mich fast klüger und kann besser nachdenken, als ich je gedacht hätte."

Als ich sie fragte, warum das alles so schmerzhaft sei, erwiderte sie: „Ich fühle mich wie in einem Dilemma, in einer Zwickmühle. Als ob ich etwas aufgeben müßte (jetzt schluchzend); es ist durchlöchert. Als müßte ich meinen Vater aufgeben. Ich habe noch nie solche Sitzungen wie diese erlebt. Ich habe nicht einmal geahnt, daß ich die Fähigkeit habe, so zu denken oder zu fühlen, wie ich es hier tue."

Es kamen viele Assoziationen zu ihrer Beziehung zu ihrem Vater.

In der folgenden Sitzung (der sechzehnten), berichtete sie, daß sie sich besser fühle und nicht mehr besorgt sei, sie könnte „zusammenbrechen". Sie freute sich darüber, daß sie mich nicht wie ihren vorigen Therapeuten idealisierte. Sie sagte, mit der Frage, die ich in der vorherigen Sitzung gestellt hatte, in welchem Ausmaß ihre Gefühle eigentlich eher von einer Phantasieperson stammten als von ihrer realen Person, hätte ich genau ins Schwarze getroffen.

Dann fiel ihr zufällig auf, daß ich anders aussah, wenn sie ihre Brille trug. Sie fügte hinzu, daß sie es lieber mochte, wie ich aussah, wenn sie die Brille nicht trug, denn so würde ich „sanfter und jünger" aussehen, mit Brille wirke ich „strenger und älter". Sie nahm jetzt die Brille immer ab.

Fasziniert hörte ich zu, als sie dann beschrieb, wie sie es sich jeweils aussuchte, wie sie mich gerade lieber sehen wollte, obwohl sie doch zuvor gesagt hatte, sie sei froh, mich nicht zu „idealisieren".

Dies schien bei ihr eine Resonanz zu bewirken, und sie produzierte Assoziationen zu ihrer Beziehung zu ihrem Vater. Sie hatte immer schon eine Neigung gehabt, ihn zu idealisieren, ihn als „den großartigsten Mann auf der Welt" zu sehen. Sie beschrieb den Schmerz – und dann den rasenden Zorn –, den sie erlebte, als sie ihn schließlich so sah, wie er wirklich war, und sie sagte, dies sei mit ihrem Ex-Mann genauso gewesen und auch mit ihrem vorigen Therapeuten.

Da begann sie zu schluchzen, und sie erklärte, daß ihr zum erstenmal bewußt werde, daß sie sich die „Realität zurechtbog", damit sie das sehen konnte, was sie sich vorstellte. Dies zu erkennen, war ihr erst aufgrund der Erfahrung mit mir möglich, in der sie damit konfrontiert wurde, wie sie beschloß, mich so zu sehen, wie sie gerade wollte: „Ich wußte, daß ich manipuliere. Ich wußte, daß ich idealisiere, aber ich habe nie gewußt, daß ich das mit der Realität mache."

Dann setzte sie ihre Brille auf, schaute mich jedoch nicht an. Dabei erklärte sie: „Ich habe keine Lust, Sie anzuschauen. Dann muß ich keine Wahl treffen."

Es kamen mehr Assoziationen dazu, daß sie sich in ihrem Leben nicht gestattet hatte zu „sehen". Schluchzend brachte sie hervor: „Wie kommt es, daß ich nie sah, daß es das war, was ich tat?"

Daraufhin schilderte sie ihre Ambivalenz mir gegenüber und auch den Groll darüber, daß ich ihr geholfen hatte, das alles zu „sehen". Gleichzeitig kamen Assoziationen zu ihrem Vater. Sie arbeitete heraus, wie sehr er Frauen verachtet hatte, und wie sie ihn idealisierte, obwohl sie auf einer gewissen Ebene sah, was er tat. Sie beschrieb seine Verachtung für Frauen, seine Heuchelei und schilderte, wie schlecht er ihre Mutter behandelt habe und wie wütend sie jetzt auf ihn sei. Und als sie begann, daran zu arbeiten, was sie als die „scheußlichen Einzelheiten seiner Vergangenheit" betrachtete, fühlte sie sich, als ob sie ihn verraten würde, und sie fürchtete, er könne sie noch aus dem Grab strafen. Sie fuhr fort, in allen Einzelheiten zu beschreiben, wie schmerzhaft und konflikthaft ihre Beziehung zu ihrem Vater gewesen war. Sie schilderte die Kämpfe, die auch noch stattfanden als sie schon erwachsen war, und ihre furchtbare Angst vor seinem Jähzorn. Dann erklärte sie, sie wisse nicht, „welche guten Erinnerungen der Realität entsprechen und welche ein Produkt dessen sind, was ich glauben wollte."

Sie fügte hinzu: „Ich fühle mich, als ob Sie mir eine Chance geben, auf all das selbst zu kommen. Es ist qualvoll, aber besser so."

In der achtzehnten Sitzung berichtete sie, sie sei beunruhigt und ängstlich. Sie hatte einen Traum, in dem „wir auf Ihrer Couch waren. Wir waren unter einer Decke und alberten herum. Sie knufften mich am Arm, um mir zu verstehen zu geben, ich solle doch reden. Ein anderes Mädchen, achtzehn Jahre alt, kam herein. Das war ich. Das Mädchen war sehr hübsch. Es war, als ob ich im Schatten meines jüngeren Selbst stehen würde. Als ich aufwachte, hatte ich entsetzliche Angst."

Ihre Assoziationen drehten sich darum, daß sie spürte, wie ihre Beziehung zu mir stärker wurde; das ängstigte sie, und sie ärgerte sich darüber. „Ich merke, daß es für mich der einzige Weg war zu überleben, meine Mutter als ein Nichts zu betrachten und sie zu verachten. Ich wünschte, ich könnte Sie geringschätzen oder entsexualisieren, Ihnen sagen, Sie sind eine ‚aufgeputzte Schnalle', aber ich kann nicht. Dann habe ich mit all den Gefühlen für die Mutter zu kämpfen, die ich nicht hatte. Ich erkenne, daß ich nach etwas suche, was ich vermißt habe. Es ist entsetzlich. Es macht mich wütend."

Es kamen Assoziationen zu ihrem jüngeren Selbst in dem Traum. Sie sagte, sie habe bemerkt, daß sie heute nicht mehr so hübsch sei wie damals, als sie jünger war, und das mache ihr Angst; früher habe sie nie Konkurrenz gespürt. Unter Tränen fuhr sie fort: „Wenn ich die Nähe zu Ihnen zulasse, was geschieht dann mit mir? Es macht mir solche Angst. Warum kann ich mich dagegen nicht besser wehren? (Sie weinte immer noch.) Werden Sie mir helfen können, das durchzustehen? Ich habe noch nie so eine Therapie gemacht."

Zwei Sitzungen später (die zwanzigste Sitzung), gestand sie zum erstenmal das ganze Ausmaß ihrer Phobien und Ängste. Sie litt an Höhenangst und Klaustrophobie; sie hatte Angst in Fahrstühlen, Angst vor dem Schwimmen, vor Tieren, vor dem Fahrradfahren, vor dem Meer, und sie hatte Angst, New York zu verlassen. Wenn sie in eine dieser Situationen kam, hatte sie

46

Lähmungserscheinungen an den Beinen, schwitzte und bekam Herzrasen. Sie hatte alle diese Situationen vermieden, solange sie denken konnte. Diesen Enthüllungen folgte in der nächsten Sitzung die Erkenntnis: „Ich spüre, daß meine panische Angst genauso intensiv ist wie bei meiner Mutter. Ich merke, daß ich genauso bin wie meine Mutter."

Sie begann zu schluchzen und überlegte erstaunt, warum sie das nicht früher hatte „sehen" können. „Wie kann das sein? Warum hat mir nie jemand gesagt, auf welche Weise ich mit ihr verbunden bin? Wenn Sie etwas gesagt hätten, hätte es mich blockiert. Freud mit seinem verdammten Unbewußten! Es ist unglaublich, daß ich mich selbst so überlisten konnte. Das ist vielleicht der Grund, warum ich nie eine Analyse machen wollte."

In der nächsten Sitzung berichtete sie, die letzte Sitzung sei „unglaublich" gewesen. „Es war ein Durchbruch; es war, als ob etwas zertrümmert worden wäre. Die Wahrheit wurde so deutlich, als wenn plötzlich die Teile eines Puzzles zusammenpassen. Ich spürte eine unglaubliche Erlösung von dieser entsetzlichen Angst. Ich konnte ein Konzept für meine Arbeit schreiben ohne meine gewohnte Beklemmung und die furchtbare Angst, ich konnte in der Gymnastik Übungen machen, die ich mir vorher nicht zugetraut hätte. Ich habe meine Augenbrauen gezupft, ohne in die üblichen Angstzustände zu verfallen ... und ich konnte zum erstenmal ganz normal mit meiner Mutter sprechen."

Trotzdem hatte sie auch das Gefühl, „überlistet" worden zu sein. „Ich wurde ertappt, und das Geheimnis kam raus." Sie erzählte, daß sie über ihre Beziehungen und ihre Ambivalenz und Ängste mir gegenüber nachgedacht habe, und darüber, ob sie ihre Brille aufsetzen wollte oder nicht und was das bedeute. „Ich bin in Hochstimmung deswegen und voller Hoffnung, und ich bin sehr besorgt. (Sie weinte.) Aber ich habe nicht mehr diese panische Angst und spüre keine Beklemmung mehr."

Es kamen Assoziationen dazu, auf welche Weise sie erkannt hatte, daß sie manchmal Streit zwischen ihren Eltern gestiftet hatte, und sie bezog dies auf ihre aktuelle Angst davor, ein Kind zu haben. Sie überlegte, ob ihre Angst daher rührte, daß ein Kind vielleicht ihre Ehe stören würde. Es kamen Assoziationen zu ihrem Gefühl, daß ihr Vater sie immer ihrer Mutter vorgezogen hatte, und das hatte ihr geschmeichelt.

Sie gestand, wie intensiv ihre Gefühle für mich wurden, und gleichzeitig fürchtete sie, ich könnte eine sexuelle Beziehung mit ihr wollen. Ich erwiderte, sie habe anscheinend das Gefühl, sie müßte sich der Gnade des jeweils anderen ausliefern, um ihm nahe sein zu können.

Sie begann zu schluchzen und nickte: „Ja, als Kind hätte ich nahezu alles getan, um nicht allein gelassen zu werden. Ich hatte die Phantasie, daß ich mich vollkommen unterordnen müßte."

Es kamen Assoziationen zu ihrer Mutter, die nicht für sie da gewesen war, und zu ihrer unerfüllten Sehnsucht und verzweifelten Einsamkeit. Es kamen auch Assoziationen zu ihrem Vater; sie wäre so gern seine Freundin gewesen, seine Vertraute und intellektuelle Gefährtin. Aber sie konnte nur mit ihm zusammen sein, wenn sie sich seinen Bedingungen unterordnete.

In der vierundzwanzigsten Sitzung sagte sie, daß sie große Nähe zu mir spüre und wie ungeschützt sie sich fühle, aber sie fühle sich auch überlistet. „Es geschah, ohne daß ich es kommen sah."

Sie hatte Angst, ich könnte mich gegen sie wenden. Trotzdem sagte sie, sie sei froh, daß ich ihre „Analytikerin" sei. (Sie hatte ja ursprünglich betont, daß sie zwar eine Therapie, aber keine Analyse machen wollte.) Sie fügte jedoch hinzu, daß sie darüber auch traurig sei, denn: „Jetzt kann ich Sie nicht als Freundin haben. Ich würde Sie sonst wahrscheinlich gern näher kennenlernen. Ich verstehe nicht, warum ich mich mit Ihnen so wohlfühle."

In der folgenden Sitzung (der fünfundzwanzigsten) berichtete sie: „Ich bin deprimiert und wütend. Ich komme nicht darauf, was mich traurig macht. Ich möchte nicht, daß es etwas mit Ihnen zu tun hat."

Als ich genauer nachfragte, sagte sie: „Am Montag spürte ich, daß ich mich selbst verletzbar mache. Es wurde etwas aufgedeckt, was meine Unfähigkeit angeht, Nähe zuzulassen, ohne mich selbst zu verlieren. Vielleicht war ich überfordert, mich damit zu befassen. (Sie weint.) Ich verstehe nicht, was hier los ist, warum ich weinen muß. Ich spüre, wie ich innerlich aufweiche, und trotzdem betonen Sie immer wieder die Grenzen, die sich darin zeigen, wofür ich Sie bezahle. Ich nehme an, daran muß etwas frustrierend sein. Ich weiß nicht, was los ist. Trotzdem habe ich nicht das Gefühl, mich selbst zu verlieren, ich spüre mich doch als etwas Eigenes. Das ist schmerzhaft, weil ich mir Dinge anschauen muß, die ich nicht sehen will. Warum sagen Sie nichts?"

(Die Formulierung „die sich darin zeigen, wofür ich Sie bezahle" war als Zeichen der Veränderung, von der hilflosen Unterwerfungshaltung der ersten Sitzungen zu einem wachsenden Gespür für ihre Macht und Verantwortung in unserer Beziehung, interessant.) In der nächsten Sitzung (der sechsundzwanzigsten) konnte sie zum Ausdruck bringen, wie stark ihre Reaktion auf das war, was sie als mein Verhalten ihr gegenüber wahrgenommen hatte. Sie erklärte: „Als Sie mich letzte Woche ansahen, war es unheimlich. Sie verblaßten nicht. Ihr Gesichtsausdruck ging mir direkt in die Eingeweide. Ich erinnere mich, als kleines Kind wollte ich gern mit meiner Cousine eng befreundet sein. Ich war so verzweifelt, daß ich ihr Geld dafür geben wollte, damit ich neben ihr liegen durfte. Ich entwickelte ein Schutzsystem. Jetzt bin ich wütend. Wie können Sie es wagen, mein Schutzsystem zu durchbrechen! Wie können Sie es wagen, mir so nahe zu kommen! Was fällt Ihnen ein, daß Sie mich überhaupt so berühren können!" Sie fuhr fort: „Ich bin jetzt besorgt, weil mich lesbische Phantasien beschäftigen. Ich weiß, daß Sie allmählich ein wichtiger Teil meines Lebens werden."

Als sie all das aussprach, waren die Panik und die Angst gelindert, über die sie in früheren Sitzungen gesprochen hatte, sie könnte das hilflose Opfer meiner Verführung werden. Sie konnte nun erkennen, daß sie Angst vor ihren eigenen Regungen hatte, und ihr wurde bewußt, wie sehr ihre Phantasie, sich „vollkommen zu unterwerfen", sie sexuell erregte. Diese Prozesse bewirkten, daß sie nun zum erstenmal etwas Hoffnung schöpfte, es könnte vielleicht möglich sein, daß sie nicht „für immer so leben" müßte.

Zwei Sitzungen später schilderte sie zwei Träume. Im ersten Traum sagte ein Freund zu ihr: „Du verstellst dich, das ist der Grund, warum ich nie mit dir zurechtkam." Dann erzählte sie den zweiten Traum: „Ich hatte ein Gespräch mit einer Therapeutin, die keine Termine für mich hatte. Dann ging ich zu einem männlichen Therapeuten, und das Gespräch mit ihm brachte nichts. Ich kehrte zu der Frau zurück und beharrte darauf, sie müsse mich nehmen, und schließlich stimmte sie zu. Ich war beeindruckt, daß ich das bewirken konnte. Das war einfach anders als sonst, es war etwas völlig Neues für mich."

Es kamen Assoziationen zu früheren Beziehungen, in denen sie nie gewagt hatte, „sie selbst" zu sein, und sie erzählte, wie sie anderen immer etwas vormachte, indem sie sich vorstellte, was deren „Bedingungen" wären, und sich entsprechend darauf bezog.

An dieser Stelle sagte sie, durch diese beiden Träume habe sie „erkannt", daß sie mit mir eine Analyse anfangen wollte: „Sie haben gewonnen. Ich habe beschlossen, eine Analyse mit Ihnen anzufangen. Ich merke, daß bei mir innerlich etwas passiert. Ich bin nicht mehr so wütend und habe nicht mehr so stark das Gefühl, ich müßte die anderen abwerten. Das ist nicht nur mit Ihnen so. So geht es mir auch mit mir selbst. Ich habe auch bei meiner Mutter nicht mehr so stark das Gefühl, daß ich sie verachte. Zum erstenmal im Leben bin ich nicht ängstlich. Statt dessen bin ich aufgeregt und neugierig, was wohl geschehen wird. Ich fühle mich stärker. Ich konnte tatsächlich eine Wendeltreppe hinuntergehen. Mein Mann konnte es gar nicht glauben. Normalerweise hatte ich da eine Phobie. Ich weiß nun, daß ich mich vorher nie selbst angeschaut habe, und ich weiß nicht, was ich finden werde. Aber ich weiß, daß ich es will, und ich will es mit Ihnen tun."

Ihre einleitende Aussage, „Sie haben gewonnen", war offenbar sehr vielschichtig, und sie mußte exploriert werden, wenn man an unsere früheren Gespräche denkt, bei denen es darum ging, wie erotisierend es für sie war, sich jemand anderem zu „unterwerfen", und auch an ihre Therapiegeschichte als willfährige Patientin. Trotzdem war dies der Beginn einer sehr produktiven Analyse, die mehrere Jahre dauerte.

In diesem Kapitel habe ich zu zeigen versucht, daß die Psychoanalyse am wirkungsvollsten ist, wenn man einen Prozeß unterstützt, in dem es der Patient ist, der zu den entscheidenden Einsichten kommt, und nicht der Analytiker, und in dem der Patient die Möglichkeiten hat, eigene Ressourcen zu entdecken, die ihm vorher nicht bewußt waren. Solche Erfahrungen stabilisieren den Patienten. Sie tragen dazu bei, daß er sich zunehmend seines Vertrauens in die Therapie, aber auch des Vertrauens in sich selbst bewußt wird; dies kann zu wachsender Hoffnung und mehr Risikobereitschaft führen. Sensibilität für das Geschehen jenseits der Wörter ist oft von entscheidender Bedeutung für das Gelingen des analytischen Prozesses.

KAPITEL 3

DIE „INTIME GRENZE"

Wenn wir unsere Aufmerksamkeit mit nahezu mikroanalytischer Empfindlichkeit auf die Feinheiten der Interaktion zwischen Analytiker und Patient richten, können wir die Dimension der unmittelbaren Erfahrung in der analytischen Beziehung erweitern und in eine eindeutige Verlaufskurve der sich entwickelnden Erfahrung transformieren, die so zur *intimen Grenze* der Beziehung wird (Ehrenberg, 1974).

Den Grenzbereich zwischen Analytiker und Patient ins Blickfeld zu rücken ist nicht dasselbe wie über den Patienten oder den Analytiker nachzudenken. In diesem Grenzbereich ereignet sich vielmehr die Integration, die Qualität des Kontakts zwischen Analytiker und Patient; hier findet die Beziehung statt; hier wird affektiv und/oder unbewußt kommuniziert.

Die intime Grenze wird im Idealfall zum Punkt der maximalen und anerkannten Berührung in jedem gegebenen Moment in einer Beziehung ohne Verschmelzung, in der das Einzelsein und die Integrität beider Teilnehmer nicht verletzt werden. Wenn man versucht, an der intimen Grenze zu arbeiten, muß man permanent mit der größten Sensibilität feinste psychische Veränderungen sowohl bei sich selbst als auch beim Patienten spüren und gleichzeitig Veränderungen an den Berührungsflächen der Interaktion sorgfältig beobachten, die sich im spiralförmigen Verlauf der gegenseitigen Wirkung aufeinander ereignen. Das Anstreben der intimen Grenze hat an sich schon eine Rückwirkung auf beide Teilnehmer, und dies wiederum beeinflußt auf dialektische Weise, was zwischen ihnen geschieht.

Die intime Grenze ist daher niemals statisch, sondern sie wird zur Spur eines sich konstant bewegenden Ortes. Jedesmal, wenn sie erkannt wird, verändert sie sich auch, und wenn dies wiederum erkannt wird, verändert sie sich abermals. Die analytische Reichweite wird signifikant vertieft, wenn Aspekte der Beziehung, die im allgemeinen nicht ausdrücklich anerkannt oder angesprochen werden, genau wie ihre Veränderbarkeit in der Zeit, analytisch identifiziert und exploriert werden. Es geht hierbei vor allem um den Prozeß, darum, seine Lebenserfahrung einzusetzen, und darum, durch diesen Prozeß, der sich immer weiter entwickelt, eine neue Art der Lebenserfahrung hervorzubringen.

In gewisser Hinsicht geht es um dasselbe, auf was sich Winnicott bezieht, wenn er vom „Übergang von Kontinuität zum Miteinander" der Beziehung spricht (1971/1987, S. 117). Mein Konzept unterscheidet sich von dem Winnicotts dadurch, daß ich vor allem auf die Notwendigkeit, dies anzuerkennen und ausdrücklich zu benennen, hinweise, denn ich glaube, der Prozeß des Anerkennens erweitert die Dimensionen des unmittelbaren Augenblicks und verändert die Qualität seiner Erfahrung. Damit wird nicht einfach bloß tiefere Einsicht in das gewonnen, was ist oder was war, sondern es wird eine neue Qualität der Erfahrung hervorgebracht.

An der intimen Grenze zu arbeiten schafft ein einzigartiges Umfeld, das Sicherheit bietet und größtmögliche Nähe erlaubt, eben weil es vor der Bedrohung durch Übergriffe oder Kränkungen schützt. Wenn wir die Aufmerksamkeit auf die Feinheiten der Interaktion richten, die am schwersten faßbar sind, und darauf, den Augenblick zu erschließen, bereinigen wir auf diese Weise auch das analytische Feld, weil dadurch die Gefahr von Selbsttäuschung, Verführung, Zwang, Manipulation oder Kollusion geringgehalten wird (Levenson, 1972, 1983; Ehrenberg, 1974, 1982a; Feiner, 1979, 1983; Gill, 1982b, 1983; Hoffman, 1983). In manchen Fällen wird es dadurch für beide, den Analytiker wie den Patienten, möglich, Aspekte des Erlebens und pathologische Züge einzubringen, die sonst bedrohlich, ja sogar gefährlich sein könnten.[7]

Da die analytische Integrität durch die sorgfältige Beachtung der interaktiven Feinheiten bewahrt bleibt, können wir uns mit unseren Affekten intensiver auf den analytischen Prozeß einlassen, ohne das Risiko einzugehen, das ein solches Vorgehen sonst beinhalten würde.

Die intime Grenze ist nicht einfach nur an der Grenzlinie zwischen dem Selbst und dem Anderen verortet, dem Punkt, an dem man zwischenmenschliche Intimität und die bewußte Wahrnehmung dessen entwickelt, was in der Beziehung zwischen Analytiker und Patient möglich ist; sie ist gleichzeitig an der Grenze unseres Bewußtseins von uns selbst angesiedelt. Die intime Grenze ist der Ort, an dem man die Erkenntnis seiner selbst erweitern kann, an dem man durch die sich entwickelnde Beziehung mit dem anderen intimer mit seinem eigenen Erleben werden kann und dann wiederum intimer mit dem anderen wird, während man mit sich

---

[7] Ich glaube, dies kann uns helfen zu verstehen, warum die Pathologie nicht von einem Analytiker aufgedeckt werden kann, um dann in einer späteren Analyse wieder aufzutauchen.

selbst mehr in Einklang kommt. Aufgrund dieses dialektischen Zusammenspiels wird die intime Grenze zum Grenzbereich der Beziehung, wo das psychische Wachstum stattfindet.

Wenn man sorgfältig beobachtet, wie sich die Qualität des Erlebens und der Beziehung zwischen Analytiker und Patient von Moment zu Moment verändert, können individuelle Reaktionsmuster und Empfindlichkeiten identifiziert und untersucht werden. Durch diese Kenntnisse wird es möglich, Wahlmöglichkeiten bewußt wahrzunehmen, da die Entscheidung, sich stärker einzulassen oder sich zurückzuziehen, sowie die Einflüsse, auf die sich die Entscheidungen beziehen, während des Prozesses beobachtet werden können. Auf diese Weise können auch die Gefühle untersucht werden, die diese Prozesse begleiten. Die spontanen Assoziationen des Patienten zu dem, was er gerade unmittelbar erlebt, können oft nicht nur Zugänge zu affektiv besetzten Erinnerungen an Erlebnisse in der Vergangenheit eröffnen, sondern auch zum symbolischen Ausdruck unbewußter Hoffnungen, Ängste und Erwartungen werden.

Sogar wenn die intime Grenze zunächst verfehlt wird und durch übertriebene Vorsicht eine Beeinträchtigung oder ein Fehler entsteht, kann der *Prozeß*, den gemeinsamen Fokus der Schwierigkeiten, die dabei eine Rolle spielen, zu ergründen, ein Schritt in die richtige Richtung sein. So kann schon dadurch eine Brücke zu einer intimeren Begegnung gebaut werden, daß man die Qualität des Erlebens beider Teilnehmer in einer Beziehung erforscht, darauf achtet, wie sie sich aufeinander beziehen, und genau beobachtet, wenn sie sich nicht aufeinander beziehen können und nicht authentisch sind oder auch, wenn sie sich kollusiv aufeinander beziehen.

Die intime Grenze ist daher keine gegebene Bedingung, sondern eine Schöpfung der Interaktion. Sie ist in jedem Moment einzigartig, und sie reagiert einzigartig auf die spezifische Sensibilität jedes Teilnehmers für den anderen. An der intimen Grenze spiegelt sich, was jeder der beiden Teilnehmer subjektiv für den entscheidenden oder zwingenden Punkt in ihrer momentanen Interaktion hält.

Wenn man sich auf diese Weise mit den feinen Nuancen der Interaktion befaßt, muß man seinen Blickwinkel zwischen Figur und Grund wechseln. Wenn zum Beispiel ein Patient in eine Phantasie abgleitet, die ihn symbolisch aus dem Raum trägt, ist die Bedeutung dieser Phantasie für die unmittelbare Interaktion genauso wichtig wie ihr Inhalt (wenn nicht sogar wichtiger). Wenn wir explorieren, was die Phantasie anregte und was ihre Funktion für die unmittelbare Interaktion sein könnte, können wir dem

Patienten helfen, feinste Muster seines Erlebens zu begreifen. Der Inhalt der Phantasie kann brauchbare Anhaltspunkte für ihre Funktion liefern. Sich jedoch ausschließlich auf den Inhalt zu konzentrieren kann für beide, den Patienten ebenso wie für den Analytiker, ein Mittel der Kollusion sein, wenn sie dadurch zum Beispiel vermeiden, sich mit Ängsten zu befassen, die dabei eine Rolle spielen könnten.

Wenn sich Analytiker und Patient in einer Kollusion befinden – was nicht immer verhindert werden kann –, hat ihre Aufklärung bei beiden auch eine psychische Resonanz. Die Klärung von Selbsttäuschungsmustern (Laing, 1965), die dadurch möglich wird, wirkt häufig befreiend; denn dies kann den Patienten unterstützen, neue Erfahrungen zuzulassen. Die Aufklärung von Selbsttäuschung kann bei einem Patienten, der sich ungerecht behandelt und hilflos fühlt und meint, er könne nichts tun, eine Veränderung dahingehend bewirken, daß er seine Stärke und Verantwortung in bezug auf mannigfaltige Wahlmöglichkeiten neu erlebt.

Eine Patientin beispielsweise, die Schwierigkeiten hatte festzustellen, wo sie aufhörte und der andere anfing, verharrte unverändert in einem permanenten Zustand der Wut auf andere, weil sie meinte, daß sie ihr ihre Gefühle nicht erlaubten. Als wir erforschten, wie dies auch zwischen uns funktionierte, erkannte sie, daß ihr niemand ihre Gefühle vorschreiben konnte und daß sie von ihrem eigenen übersteigerten Bedürfnis nach Bestätigung durch andere beherrscht wurde. Ihr Erleben war durch ihr eigenes Bedürfnis geprägt, andere zu beherrschen, die Reaktion der anderen auf sich zu kontrollieren. Daraufhin fühlte sie sich allmählich weniger bedroht und weniger paranoid. Sie konnte sich außerdem allmählich mit der unbewußten Dynamik ihres Bedürfnisses nach Anerkennung und Kontrolle befassen und sich auf eine Weise mit ihren Ängsten beschäftigen, wie es vorher nicht möglich war.

Besonders wenn ein Patient „weiß", wie er Bedingungen erfüllt, von denen er glaubt, der Analytiker hielte sie für nötig oder wünschenswert, kann die Aufklärung der interaktiven Feinheiten entscheidend sein. Sie kann emotional besetzte Assoziationen zur Vergangenheit anregen und dazu führen, daß wichtige Erinnerungen wieder auftauchen.

Wenn der Analytiker an der intimen Grenze arbeitet, muß er hochsensibel sowohl für psychische Veränderungen als auch für Veränderungen an der Nahtstelle der Interaktion sein, die sich in der Spirale wechselseitiger Einflüsse abspielen. Daher muß er in der Lage sein, manchmal aus dem Inneren der Gegenübertragung zu arbeiten. Sogar wenn der Analytiker selbst nicht einmal weiß, warum er in einem bestimmten Moment reagiert, kann er seine Reaktion noch als Anhaltspunkt dafür verwenden, daß etwas in der Interaktion geklärt oder angesprochen werden sollte. (Diesen Gedanken werde ich in den folgenden Kapiteln weiterentwickeln.) Seine affektive Sensibilität hat besonders dann eine Schlüsselfunktion, wenn der Patient vielleicht nicht ganz mit dieser Dimension seines Erlebens in Berührung kommt. Wenn der Analytiker fähig ist, sein Erleben als Erkenntnisinstrument in Situationen zu benutzen, in denen der Patient dazu nicht in der Lage ist, kann dies ein Mittel sein, das affektive Zentrum des Erlebens im unmittelbaren Augenblick zu lokalisieren. Dies kann wie das Öffnen eines Schachts wirken, der in die Tiefe des emotionalen Zentrums führt.

Ist jedoch die Gegenübertragung das Problem, dann kann die Orientierung an der intimen Grenze helfen, sie zu lokalisieren, auch wenn sie dem Analytiker nicht bewußt ist. Ein Ausbildungskandidat, der zu mir in die Supervision kam, erzählte, daß ein Patient, mit dem er kurz zuvor zu arbeiten begonnen hatte, von selbstdestruktivem Verhalten außerhalb der Therapie berichtete. Der Patient hatte sich bis zu dem Zeitpunkt noch nie selbstdestruktiv verhalten. Der Ausbildungskandidat wollte aufgrund dieser Information und auf der Grundlage biographischer Daten seines Patienten eifrig auf eine theoretische Formulierung hinaus, damit er mit einer Deutung intervenieren konnte. Ich wies ihn darauf hin, zu bedenken, daß das, was sein Patient ihm erzählt hatte, ebensoviel mit dessen Beziehung zu ihm und zur Analyse zu tun haben könnte wie mit irgendwelchen anderen Ereignissen, und daß er versuchen solle anzusprechen, was zwischen ihnen beiden geschah.

In der folgenden Woche berichtete mein Schüler ganz aufgeregt, daß sein Patient sehr intensiv reagiert habe und dem Weinen nahe gewesen sei, als er versuchte zu explorieren, welches Gefühl sein Patient mit der Analyse und seinem Analytiker verband. Der Patient konnte daraufhin seine Ängste in bezug darauf schildern, daß er seinem Analytiker vielleicht gern näher wäre und wie er sich die Beziehung mit ihm vorstellte. Er hatte Angst, der Analytiker könnte seine Vorstellung abstoßend finden, und begründete diese Angst mit bestimmten Verhaltensweisen des Analytikers. Er erzählte, wie er Verabschiedungen und Begrüßungen mit dem Analytiker erlebt hatte und daß er den Analytiker mit anderen Patienten gesehen hatte, die vor oder nach ihm ihre Sitzungen hatten. Es war dem Ausbildungskandidaten nicht bewußt gewesen, daß diese Situationen seinen Patienten verletzt hatten.

In diesem Fall wurde nicht nur ein wichtiger Impuls für die weitere Arbeit gegeben, als sich der Analytiker der intimen Grenze zuwandte, sondern dadurch wurde der Patient auch befähigt, den Ausbildungskandidaten darauf aufmerksam zu machen, daß er (der Ausbildungskandidat) Angst hatte, sich persönlich stärker auf die Beziehung mit seinem Patienten einzulassen. Der Patient konnte den Ausbildungskandidaten auch anregen, darüber nachzudenken, was ein persönlicheres Engagement seinerseits in Anbetracht der offenkundigen Bedürftigkeit und der intensiven Gefühle seines Patienten für ihn bedeuten könnte. Das Resultat dieser Arbeit an der intimen Grenze war eine signifikante Erweiterung der psychoanalytischen Reichweite. (Diese Art der Intervention bezieht natürlich häufig einen Teil ihrer Wirkung aus der Tatsache, daß es sich dem Patienten mitteilt, wenn der Analytiker keine Angst mehr hat, sich mit dem Geschehen im unmittelbaren Augenblick zu beschäftigen, auch wenn dies schwierig ist.)

Ein ähnlicher Wechsel von Figur und Grund ist häufig nützlich, wenn die Konzentration auf die Vergangenheit vielleicht ein Mittel ist, die Beschäftigung mit etwas Aktuellem (sei es bei einem oder bei beiden Teilnehmern) zu vermeiden. Richtet man seine Aufmerksamkeit darauf, warum in bestimmten Augenblicken Erlebnisse aus der Vergangenheit aktiviert werden und welche Funktion dies in bezug auf das Geschehen in der unmittelbaren Interaktion haben könnte, dann kann dies ein Weg sein, sich der aktuellen Realität zuzuwenden. Dieses Vorgehen bringt das Erleben wieder in Schwung; denn es bringt eine neue Perspektive hervor und dadurch neue Erfahrungsmöglichkeiten und weitere Fortschritte im analytischen Prozeß. Paradoxerweise kann es einen assoziativen Prozeß auslösen, der dann einen anderen Zugang zur Vergangenheit eröffnet, bei dem eine neue emotionale Bedeutung entsteht, wenn man klärt, daß einer der beiden Beteiligten die Vergangenheit thematisiert, um damit andere Themen abzuwehren.

Wenn wir die Feinheiten der Interaktion auf diese Weise aufmerksam im Auge behalten, können wir außerdem unsere Wahrnehmung dafür schärfen, wie wir uns auf unsere Patienten beziehen. Wenn wir glauben, wir seien kooperativ, und wir merken, daß der Patient unser Verhalten als autoritär oder sogar beherrschend erlebt oder es anders – und für uns unvorstellbar – interpretiert, kann dies ein Mittel sein, Aspekte der Übertragung und Gegenübertragung zu erhellen, die andernfalls für uns nur schwer zugänglich gewesen wären.

Wenn wir auf diese Weise vorgehen, können wir außerdem klären, wo der Analytiker seine Grenzen hat, und gleichzeitig dem Patienten Gelegenheit geben, immer wieder im Verlauf des analytischen Prozesses Ängste, Phantasien, Idealisierungsmuster, Illusionen und Reaktionen auf Enttäuschungen durchzuarbeiten. Sogar extreme Bestrafungsphantasien und Intoleranz können so durchgearbeitet werden. Die Konfrontation mit der Vielschichtigkeit von Reaktionen auf Enttäuschung kann bisweilen auch den Anstoß geben, Selbsttäuschungsmuster durchzuarbeiten. In manchen Fällen wird dadurch kreativen Gesten des Patienten Raum gegeben, und er kann eigene Ressourcen entdecken und entwickeln, die ihm vorher vielleicht nicht bewußt waren.

Wenn wir an der intimen Grenze arbeiten, geht es nicht darum, Distanz zu nivellieren, sondern die Distanzierungstendenzen zu identifizieren und zu erhellen, wie diese das Geschehen beeinflussen. Guntrip verwendete hierfür die Metapher „eines Abgrunds, den der Patient nicht überwinden kann, aber vielleicht der Analytiker, der ihn überwindet, wenn er dem Patienten zeigt, daß er weiß, wie" (1969, S. 105). Für Guntrip ist die Überwindung dieses Abgrunds das wichtigste in der Analyse. Ich möchte hervorheben, daß es notwendig ist, sich auf diesen Abgrund zu konzentrieren. Wenn der Analytiker versucht, solche Abgründe einfach zu überbrücken, um die Beziehung lebendiger zu gestalten, können wichtige Bereiche der Analyse ausgeklammert werden, weil die Ängste und Distanzierungsmuster dadurch eher verborgen und für das Durcharbeiten schwerer zugänglich werden.

Winnicott schrieb dazu, daß es eine gesunde Nichtkommunikation in der Entwicklung des Kindes gibt. Die Entwicklung des Selbst beinhaltet „ein differenziertes Versteckspiel, in dem es eine Freude ist, verborgen zu sein, aber ein Unglück, wenn man nicht gefunden wird" (1965/1974, S. 244). Ich möchte betonen – soweit dies für den psychoanalytischen Kontext anwendbar ist –, daß man bei der Arbeit an der intimen Grenze Klarheit schaffen und sich entscheiden muß, was man verbergen und was man suchen will. Grundlage für diese Entscheidungen können (oft unbewußte) Reaktionen auf Feinheiten der Interaktion sein.

Das therapeutische Verfahren, das ich hier vorschlage, respektiert persönliche Grenzen und versucht, deren Bedeutung und Funktion aufzuklären, und trotzdem zielt es darauf ab, die Tür zu tieferer Intimität zu öffnen. Indem wir so arbeiten, ziehen wir in dem intimen Grenzbereich eine Grenze. Für den Patienten schafft dies die Möglichkeit, in der unmittelbaren Situation zu erleben, daß eine konstruktive Intimität sehr wohl möglich ist, und das kann für ihn eine Offenbarung sein. Andererseits würde der

Versuch, Grenzen aus vorherigen Phasen der Analyse durchzusetzen, sehr wahrscheinlich die Entstehung oder die Kontinuität von Intimität zwischen Analytiker und Patient verhindern, und das könnte der Patient als symbolische Vergewaltigung oder Gewalttätigkeit erleben.

Ziel dieses Explorationsverfahrens ist es, die Möglichkeit zu schaffen, Kontaktängste und damit verbundene Gefühle zu identifizieren und anzusprechen, und nicht, diese zu glätten und zu vertuschen. Dasselbe gilt für den Fall, daß es aus pathologischen Gründen keine Grenzen gibt. Dann müssen wir versuchen, das Fehlen von Grenzen aufzudecken, und klären, warum dies so ist. Wenn wir uns nicht mit diesem Problem beschäftigen und nur eine beschützende Rolle einnehmen, um nicht penetrant zu sein, und Aspekte der Grenze nicht ansprechen, können die Schwierigkeiten und Empfindlichkeiten nicht identifiziert und bearbeitet werden. Eine authentische Begegnung kann gefördert werden, indem man die Grenzen dessen anerkennt, was in einem bestimmten Moment möglich ist, wohingegen ein authentischeres und tieferes Engagement verhindert wird, wenn wir die Grenzen ignorieren oder so tun, als ob sie nicht existierten (siehe Farber, 1966 und Maldonado, 1987; unter anderen).

In Übereinstimmung mit Buber möchte ich mit diesem Ansatz betonen, daß tiefes Wachstum und Veränderung in der therapeutischen Situation im Rahmen einer Beziehung entsteht, die er „Ich-Du-Beziehung" im Gegensatz zu einer „Ich-Es-Beziehung" genannt hat. Er bezeichnete seine Vorgehensweise als „dialogisches Prinzip" (Buber 1954), und die Betonung liegt, wie Buber bemerkt, auf dem Dialog. Es bleibt jedoch das Dilemma, wie man diese Art von Dialog fördert. An der intimen Grenze zu arbeiten scheint nur dort wirkungsvoll zu sein, wo dies problematisch sein könnte.

In ähnlichem Sinn sagt Guntrip in seinen Ausführungen über das, was in der Analyse therapeutisch ist: „Das Therapeutische ist ,der Moment der realen Begegnung' von zwei Menschen als eine neue, transformierende Erfahrung für einen von beiden, was heißt, wie Laing (1965) sagte: ,Nicht das ist, was vorher geschah [d.h. Übertragung], sondern was vorher nie geschah, [d.h. eine neue Erfahrung von Beziehung].'" (Guntrip 1969, S.353; Klammern im Original)

Wie er hervorhebt, ist die Bedingung für diese therapeutische Erfahrung, daß Analytiker und Patient einander „geistig von Angesicht zu Angesicht" begegnen und einander „als zwei menschliche Wesen kennenlernen".

Ich glaube, daß solche Momente im gelungenen Fall sowohl den Analytiker als auch den Patienten verändern (siehe Buber 1957a, 1957b, 1958) und daß es schon einen günstigen Einfluß hat, wenn es möglich ist, dies zu erkennen. Außerdem bin ich der Ansicht, daß Guntrips „Moment der realen Begegnung" nicht am Ende der Analyse stattfindet, sondern einen wichtigen Startpunkt markiert, der im analytischen Prozeß stetig eine Art Hebelwirkung hat.

Analytische Arbeit hört nicht auf, wenn der Kontakt hergestellt ist oder wenn jeder vom anderen und beide durch ihre Interaktion wahrhaftig tief berührt sind; vielmehr gewinnt sie neue Dimensionen, weil die affektive Komplexität in den Momenten der Begegnung in einer Art endlosem Fortschreiten immer wieder geklärt und exploriert werden kann.

Wenn der Patient positive Gefühle entwickelt, können wir viel erreichen, wenn wir untersuchen, warum er sich seiner Meinung nach besser fühlt, was er für die Ursachen hält, wenn Veränderungen seines Allgemeinbefindens eintreten, und wie er den Einfluß des Analytikers dabei erlebt. Solche Explorationen können dem Patienten dazu verhelfen, daß ihm seine Phantasien über diese Nuancen der Erfahrung bewußt werden.

Sind die Reaktionen auf Intimität und Distanz ebenso wie Ängste vor und Phantasien über Augenblicke emotionalen Kontakts (oder fehlenden emotionalen Kontakts) erst einmal geklärt, dann können sie auch in der unmittelbaren Interaktion durchgearbeitet werden. Für manche Patienten ist die Chance zu entdecken, daß keiner der beiden Beteiligten Schaden nehmen oder gedemütigt werden muß, wenn er positive Gefühle erlebt oder zeigt oder Nähe empfindet, ebenso entscheidend wie zu entdecken, daß es möglich ist, negative Gefühle zu verkraften. Die Entdeckung, daß es möglich ist, über solche Gefühle mit dem Menschen zu sprechen, mit dem man sie erlebt, kann ebenfalls eine immens wichtige Erfahrung sein.

Bei solchen Explorationen an der intimen Grenze wird manchmal ein kollusives Bedürfnis aufgedeckt, am idealisierten Bild des Analytikers festzuhalten. Dadurch entsteht die Möglichkeit, sich nicht nur mit Enttäuschung und Desillusionierung, sondern auch mit der Neigung zu Unterwürfigkeit oder sogar Gehorsam (um nur einige Möglichkeiten zu nennen) zu befassen. Dieser Prozeß bestärkt den Patienten darin, daß er eine aktive Rolle bei der gemeinsamen Arbeit übernehmen muß, während er ihm gleichzeitig Möglichkeiten eröffnet zu entdecken, daß er auch etwas zu bieten hat (Singer, 1971; Wolstein, 1959, 1971).

Die einzigartige Form von Intimität, die dieser Prozeß gestaltet, hat natürlich Auswirkungen und kann zum Problem werden. Sie kann manchmal als Verführung erlebt werden, aber auch dies kann für den analytischen

Prozeß nützlich sein. Wenn man jedoch diese spezifische Art der Intimität vermeidet, können Chancen für einen analytischen Prozeß gänzlich vertan werden.

Bei diesem Ansatz unterscheidet sich die implizite Perspektive von anderen Konzeptionen, die betonen, wie wichtig die „reale Beziehung" zwischen Analytiker und Patient als förderliche Bedingung für eine erfolgreiche Analyse ist, sie jedoch nicht als das eigentliche Mittel der psychoanalytischen Arbeit betrachten. *Psychoanalytische Arbeit findet in der Beziehung statt, sie ist eine Funktion der Interaktion zwischen zwei Menschen und der neuen Erfahrung, die darin erzeugt wird.* Die Arbeit an der intimen Grenze ist ein Weg, die Reichweite der psychoanalytischen Interaktion zu vertiefen.

Einige Beispiele aus meiner Praxis sollen meine Thesen veranschaulichen.

EDWARD

Edward erzählte an einem bestimmten Punkt im Verlauf seiner Therapie sehr ausführlich, wie schlecht es ihm gehe und wie hoffnungslos er sich fühle. Trotz seines Schmerzes, der darin mitschwingen mochte, klang es für mich wie eine Schallplatte. Ich hatte den Eindruck, er versuchte eher, mich wegzuschieben, als mir seine Gefühle zu schildern. Ich teilte ihm mit, welchen Eindruck ich hatte. Er dachte darüber nach und kam zu der Erkenntnis, daß er lieber Distanz zwischen uns halten wollte. Er sagte, daß das, worauf er sich mit mir eingelassen hatte, eigentlich eine „Als-ob-Beziehung" sei. Ich bat ihn zu assoziieren, und es kamen Erinnerungen an demütigende Erlebnisse in seiner Kindheit, wenn er Nähe zu anderen, besonders zu seiner Mutter, zugelassen hatte.

Als ich ihn aufforderte, daran weiterzuarbeiten, sagte er, er begreife zwar nicht, was das alles solle, wenn es mich aber „glücklich" mache, würde er es versuchen. Ich fragte dann, was er damit meinte: „wenn es Sie glücklich macht". Obwohl es für ihn vertane Zeit sei, würde er sich bereitwillig nach meinem Vorschlag richten, um eine Auseinandersetzung zu vermeiden und es sich selbst leichter zu machen, erwiderte er. Und er erklärte, dies sei seine Art, wie er sich für gewöhnlich „die Leute vom Leib" hielte.

Ich wies ihn darauf hin, daß der Versuch, mir gegenüber willfährig zu sein, sicher nicht dazu führen würde, daß ich ihm bei seinem Problem helfen könnte. Wenn es irgend etwas bewirken würde, dann möglicherweise, genau dies zu verhindern. Er antwortete, er denke nicht, daß es sich hierbei um eine „Staatsaffäre" handele. Ich sagte, ich hielte dies sehr wohl für wichtig, und er solle das berücksichtigen.

Dann bearbeitete er sehr schmerzhafte Erlebnisse mit seiner Mutter. Als er darüber sprach, zeigte er plötzlich, daß er so intensiv von Gefühlen bewegt war wie nie zuvor. Ich sagte ihm das und sagte ihm auch, daß es mich emotional bewegt hatte, als ich ihm zuhörte. Er war überrascht, und meine Anteilnahme berührte ihn. Daraufhin sprach er sehr emotional darüber, wie einsam und isoliert er sich fühlte.

Dann verfiel er plötzlich wieder in seine frühere Haltung, indem er sich betont gleichgültig verhielt und sagte: „Ich weiß nicht, was das alles soll, es ist sowieso hoffnungslos." Ich fragte ihn, woher diese plötzliche Veränderung komme. Er konnte sie nicht erklären und sagte, es sei ohnehin unwichtig. Ich erwiderte, es sei sehr wichtig und schlug vor, daß wir gemeinsam herausfinden, was diese plötzliche Veränderung ausgelöst haben könnte. Als wir minuziös durchgingen, was gerade zwischen uns vor sich gegangen war, wurde mir schließlich klar, daß ich auf die Uhr geschaut hatte, kurz bevor sich seine Haltung änderte. Ich teilte ihm das mit und fragte, ob er vielleicht darauf reagiert haben könnte, daß ich weggeschaut hatte. An dieser Stelle konnten wir eine Sequenz entwirren, in der ich auf die Uhr geschaut hatte, während er sprach. Er hatte dies als Beweis für mein geringes Interesse erlebt. Das hatte ihn gekränkt, und er hatte sich automatisch zurückgezogen.[8]

Als uns beiden mit aller Deutlichkeit bewußt wurde, daß die oberflächliche Gleichgültigkeit eine tiefe Sensibilität und intensive Gefühle verbarg, begann er zu weinen. Dann war er besorgt, ich könnte diese Traurigkeit kindisch finden und für einen Ausdruck von Schwäche halten. Ich gab ihm zu verstehen, daß für mich im Gegenteil seine Fähigkeit, mir gegenüber so offen zu sein, ein Zeichen seines Mutes und der Hoffnung sei. Er war überrascht und fühlte sich „gut".

In der folgenden Sitzung war er erheblich offener als gewöhnlich. Er erzählte wichtige Einzelheiten über sein früheres und jetziges Leben, Ein-

---

[8] Seit damals (etwa 1972) ist mir klar geworden, daß man sogar bei dieser Art von Exploration noch weiter gehen kann. Man könnte sich zum Beispiel fragen: Habe ich vielleicht auf etwas reagiert, als ich auf die Uhr schaute? In den letzten Jahren habe ich erkannt, daß es nützlich ist, die Exploration auf diese Weise zu erweitern.

zelheiten, die er bislang verschwiegen hatte. Ich befand mich in einem starken Konflikt. Ich war einerseits froh, das alles zu erfahren, und spürte, wie wichtig es für unsere gemeinsame Arbeit war, daß er nun endlich beschlossen hatte, mir alles zu erzählen; trotzdem bemerkte ich, daß mich das Wissen, daß er mir so viel verheimlicht hatte, nun meinerseits beunruhigte, obwohl er sonst immer derjenige gewesen war, der meine Vertrauenswürdigkeit bezweifelt hatte. Nun hatte ich plötzlich Zweifel an seiner Vertrauenswürdigkeit. Er wies meinen Zweifel zurück und sagte, er habe nie richtig gelogen; und außerdem sei er zu mir ehrlicher gewesen als zu irgend jemand anderem in seinem Leben. Eifrig versuchte er mich zu beruhigen, ich solle das nicht „persönlich" nehmen.

Sein Versuch, mich zu „beruhigen", konnte meine Zweifel nicht zerstreuen, woraufhin er sagte, er würde nur versuchen, „nett" zu sein. Ich erwiderte, es wäre besser, wenn er ehrlich sei. Bekümmert fragte er, ob dies bedeute, daß ich nicht mehr mit ihm arbeiten wolle. Ich sagte ihm, wie überrascht ich über seine Frage und seine Vorstellung war, daß ich so reagieren würde; ich erklärte, daß es im Gegenteil nun anscheinend eine solidere Basis für unsere gemeinsame Arbeit gebe als vorher.

Ich überlegte zusammen mit Edward, warum ich so heftig darauf reagiert hatte. Dann wurde mir allmählich klar, daß ich mich vielleicht über mich geärgert hatte, weil es meiner Aufmerksamkeit entgangen war, wieviel er mir verheimlicht hatte. Er war überrascht, daß ich deswegen überhaupt so emotional reagieren könnte, und sagte, er würde mich plötzlich „menschlicher" empfinden als vorher und sich auf eine Weise „gleichwertiger" mit mir fühlen, wie er es sich nie hätte vorstellen können.

In unserer weiteren Arbeit konnten Gefühle exploriert werden, die vorher nicht zugänglich gewesen waren. Das Durcharbeiten dieser Gefühle eröffnete für ihn die Möglichkeit, seine eigenen Manöver in der Situation zu begreifen, und dadurch konnte auch die Frage seiner Verantwortung in unserer Beziehung thematisiert werden. Allmählich entdeckte er, daß er selbst Möglichkeiten hatte und „Entscheidungen" treffen konnte; er fühlte sich weniger hilflos und übernahm in der Analyse eine aktivere Rolle, auch wenn es immer wieder Perioden des Zweifels und der Ambivalenz gab. Manchmal fiel er auch in seine „affektlose" Haltung zurück.

Als wir in einem anderen Abschnitt seiner Therapie mit unserer unmittelbaren Interaktion beschäftigt waren und uns damit befaßten, warum sie so problematisch war, konnte er darüber sprechen, daß er große Angst hatte, entsetzlich verletzt zu werden, wenn er sich nicht davor schützte, daß ihm jemand zu nahe kam. Als wir versuchten festzustellen, wie genau dies zwischen uns funktionierte, konnte er schildern, daß er glaubte, sich schützen zu können, indem er nicht zuließ, über das nachzudenken oder darauf zu antworten, was ich sagte, solange er mit mir zusammen war. Statt dessen dachte er für sich allein, wenn er nicht mehr in der Sitzung war, darüber nach und vermied so jedes Risiko. Er glaubte, er könnte sein verborgenes Selbst schützen, indem er es nicht in unsere Sitzungen mitbrachte. Als dies erst einmal ausgesprochen war, konnte er erkennen, daß er es war, der auf diese Weise dafür sorgte, daß alles, was ich sagte, sich drohend erhob und sehr „groß" war in Relation zu seinem Gefühl von „Kleinsein". Er konnte auch erkennen, daß diese „Größenunterschiede" entstanden, weil er sich nicht wirklich präsent fühlte und seine eigenen Ressourcen nicht anwenden konnte, während wir zusammen waren. Weil er sich selbst abwesend machte, spürte er keinen Bezugspunkt, von dem aus er etwas, was ich sagte, akzeptieren oder zurückzuweisen konnte; infolgedessen fühlte er sich ungeschützt und hatte Angst.

Als wir dieses Muster aufdeckten, kam zum Vorschein, daß er selbst es war, der in einem ungeschützten, hilflosen Zustand verharrte. Allmählich merkte Edward, daß er sich nicht von sich selbst abspalten müßte, wenn er sich von mir abgrenzen wollte (oder von jemand anderem), denn niemand könnte seine Gedanken lesen. Die Aufdeckung dieses Grundmusters eröffnete auch die Möglichkeit für Edward, sich damit zu konfrontieren, daß er vielleicht noch andere Motive gehabt haben könnte, seine Gefühle abzuspalten, und wir konnten anfangen, diese Motive zu erforschen.

AMY

Amy, eine junge Frau, deren Selbstgefühl von extremer „Flüchtigkeit" war, befand sich in einem Zustand ständiger Angst, sie könnte sich verlieren oder überrannt werden, wenn sie sich traute, sich auf irgend jemanden oder irgend etwas außerhalb ihrer selbst einzulassen. Sie schilderte, wie sie einen Großteil ihrer Zeit damit verbrachte, in Zügen zu fahren, weil sie, solange sie in Bewegung war, nicht in Gefahr war, verschluckt zu werden oder an irgendeinem Ort verlorenzugehen.

Das einzige, womit sie sich beschäftigen und was sie genießen konnte, war Musik hören, „weil Musik zeitlich ist und endet, und dann bin ich da raus". Dasselbe galt offensichtlich für unsere Sitzungen, deren Anfang und Ende im voraus feststanden. Auf sie wirkte alles, was aktive Ungebundenheit erforderte, bedrohlich, weil sie nicht genau wußte, ob sie damit umgehen konnte.

In Beziehungen mit anderen Menschen war sie eine Expertin im Arrangieren von Dreiecken. Diese Dreiecke sahen so aus, daß sich zwei andere Menschen darüber stritten, was sie tun sollte. Solange es zwei andere gab, die sich ihretwegen stritten, war sie geschützt davor, übermäßig von einem der beiden beeinflußt zu werden; sie spielte einen gegen den anderen aus und war dadurch vor beiden geschützt. Dabei war sie immer der Meinung, sie sei nur eine unschuldige Zuschauerin.

Sie hatte große Schwierigkeiten in Beziehungen, in die keine dritte Person verwickelt war. In solchen Zusammenhängen fühlte sie sich der Gnade des anderen ausgeliefert, unfähig, dessen Einfluß oder „Macht" zu widerstehen. Ihr schien absolut nicht bewußt zu sein, wie stark sie selbst diese Situationen so manipulierte, daß der andere Entscheidungen für sie traf. Sie erlebte es so, daß er versuchte, „Macht" über sie auszuüben, und sie wurde dann deswegen wütend.

Obwohl wir einen geringfügigen Fortschritt gemacht hatten und sie ihre Manipulationen allmählich erkannte, versuchte sie in einer Sitzung – auch wenn sie sich vieler Aspekte bewußt war, als sie mit mir sprach –, eine Interaktion herzustellen, in der ich der Anwalt dafür sein sollte, daß sie selbst Verantwortung für ihr Leben und für ihre Entscheidungen übernimmt, während sie die Position einnahm, sich dagegen zu wehren. Ich wies sie darauf hin, daß der Versuch, diese Art von Debatte zwischen uns herzustellen, ein weiteres Beispiel dafür sei, worüber wir gesprochen hatten.

Ich bemerkte, daß eine solche Strukturierung ihrer Beziehungen – in gewissem Sinn einen Konflikt zwischen sich und den anderen anzubahnen – für sie anscheinend eine Möglichkeit war, den Umgang mit inneren Konflikten zu vermeiden. Ich teilte ihr diese Beobachtung mit und sagte ihr auch, es sei nicht meine Aufgabe, ihr zu sagen, was sie tun solle; ich könne ihr lediglich helfen, ihre eigenen Konflikte zu erkennen.

Sie wurde ganz still. Schließlich gab sie zu, daß ihr das Muster bekannt sei. Ich schwieg. Dann erzählte sie einen Traum, der sie sehr traurig gemacht hatte. In dem Traum war ihr Bein angeschossen, und sie blutete stark, aber weil die Leute um sie herum es zu ignorieren schienen, tat sie dasselbe. Es war ihr nun klar, daß sie damit ihr Leben riskierte. Sie konnte die potentielle Gefahr erkennen, die daraus erwächst, daß sie versuchte, andere Menschen dazu zu bringen, Entscheidungen für sie zu treffen und nicht selbstverantwortlich zu handeln.

Am Ende der Sitzung brachte sie unter Tränen hervor, wie wichtig diese Erkenntnis für sie sei. Die Tatsache, daß ich sie damit hatte kämpfen lassen, gab ihr ein Gefühl größerer Nähe zu mir und das Gefühl, daß ihr „zugehört" wurde. Gleichzeitig war dies jedoch äußerst qualvoll für sie, und sie nahm es mir übel, weil sie sich getrennt von mir fühlte und sich der Grenzen zwischen uns bewußt war, so daß sie sich einsam und verloren vorkam. Sie arbeitete nun diese Interaktion durch und erkannte, daß sie sich mit mir verbunden hätte fühlen können, wenn ich mit ihr gestritten oder ihr gesagt hätte, was sie tun sollte. Das wäre für sie weniger schwierig und qualvoll gewesen als der Zustand, in dem sie sich getrennt von mir und einzeln gefühlt hatte, mit dem ich sie konfrontiert hatte, indem ich nicht mit ihr stritt. Ich erwiderte, daß eine authentischere Beziehung zwischen uns möglich sei, wenn sie diese Art von Illusion aufgeben könnte. Sie antwortete, sie fürchte sich davor, sich authentisch auf die Beziehung mit mir einzulassen, weil dann ihre Ängste auftauchten, sie könne sich selbst „verlieren", auch wenn sie selbst merke, daß der Traum ihr in aller Deutlichkeit klar gemacht habe, daß ihre Abwehrstrategie eigentlich genau den Zustand herstellte, den sie am meisten fürchtete.

Obwohl dies keine vollkommen neue Einsicht war, regte diese Konfrontation mit ihren interaktiven Mustern dazu an, uns damit zu beschäftigen und sie psychoanalytisch zu explorieren, anstatt diese Abwehrstrategie weiterhin in unserer Beziehung herumgeistern zu lassen.

In einem späteren Therapieabschnitt erzählte sie einen Traum, in dem Menschen durch die Wände in ihre Wohnung gingen. Für sie war die Tatsache, daß sie einen solchen Traum gehabt hatte, eine Bestätigung ihrer selbst und ihrer Kreativität, auch wenn der Traum ihre Ängste lebendig ausdrückte.

MARCIA

Marcia, eine junge Frau, die große Schwierigkeiten hatte, frei zu assoziieren oder auch nur auf der Couch zu liegen, ohne mich anzusehen, begann eine Sitzung ängstlich mit der Beschreibung eines sexuellen Erlebnisses, in dem sie ihren Körper nicht mehr von dem ihres Freundes unterscheiden konnte.

Als sie sich auf die körperlichen Aspekte dieser Episode konzentrierte, fragte ich, ob sie dieses Problem fehlender Grenzen eher für ein körperliches oder für ein psychisches Problem halte. Verärgert antwortete sie, ich würde sinnlose Fragen stellen und sie damit ganz konfus machen. Ich räumte ein, ich könne verstehen, auf welche Weise meine Frage vielleicht verwirrend sein könnte, sagte ihr aber auch, daß ich es für wertvoll hielte, wenn wir uns anschauten, wie sie diese Verwirrtheit erlebte, anstatt dem nachzugehen, womit ich sie durcheinandergebracht hatte. (In diesem Fall hatte ich die Vorstellung, daß die Exploration wichtiger Aspekte ihres Erlebens verhindert würde, wenn wir uns jetzt mit der Interaktion zwischen uns beschäftigten.) Ich fragte Marcia, ob die Verwirrung, die sie nun erlebte, ähnlich war wie die, die sie mit ihrem Freund erlebt hatte.

Obwohl sie verärgert war, schien diese Idee sie zu interessieren. Sie schilderte eine Mischung aus Enttäuschung, Wut, Angst und Unzulänglichkeit, und sie räumte ein, daß es ihr gewohntes Muster war, sich mit dem anderen zu beschäftigen und ihm die Schuld für ihren Kummer zu geben, um diese Gefühle „loszuwerden". Wir konnten feststellen, daß sie aufgrund dieses Musters anscheinend aus den Augen zu verlieren schien, wo sie endete und der andere anfing – wie bei ihrem Freund. Gleichzeitig wurde deutlich, daß sie sich hilflos fühlte und abhängig von den anderen, wenn sie meinte, diese seien für ihre Schwierigkeiten verantwortlich, denn sie mußten dafür sorgen, daß es ihr „besser ging".

Nun konnte sie auf der Couch liegen, ohne mich dabei anzusehen. Als sie auf der Couch lag, kam ihr ein Bild von einem Acker in den Sinn, den sie bestellen sollte, ohne die Gerätschaften dafür zu haben. Dieses Bild erzeugte bei ihr Angst, ein Gefühl von Unzulänglichkeit und Hilflosigkeit, und sie konnte diese Gefühle beschreiben und ebenso ihren Wunsch, diese Gefühle lieber „loszuwerden", als sie so spüren zu müssen, wie es jetzt gerade der Fall war. Es quälte sie sehr, diese Gefühle zu durchleben. Trotzdem war sie erfreut und aufgeregt, weil sie entdeckte, was für ein reichhaltiges Innenleben sie hatte, und weil die Produktion dieses Bildes ihre Phantasie anregte. Sie spürte, daß sie ein bisher unbekanntes Potential in sich entdeckt hatte.

Wie dieses Beispiel illustriert, kann die Entscheidung, sich mit der Interaktion zu beschäftigen, manchmal erfordern, daß man vorher klärt, ob dies nicht eine Form von Widerstand sein kann.

Wir können eine einzigartige Intimität erzeugen, wenn wir uns mit den subtilsten Feinheiten der psychoanalytischen Interaktion beschäftigen, und die Beziehung zwischen Psychoanalytiker und Patient wird bewußter erlebt, wenn beide klären, was sie beim jeweils anderen auslösen und wie sie aufeinander reagieren. Auf diese Weise entstehen neue Erfahrungen von Gegenseitigkeit, konstruktiver Intimität und Selbstbewußtheit. Dadurch rückt auch ins Blickfeld, daß der psychoanalytische Prozeß auf der kooperierenden Verantwortung beider beruht; denn beide sind in diesem Prozeß von einander abhängig, und es gibt bestimmte Qualitäten von Bewußtheit (und bestimmte Qualitäten von Erfahrung), zu denen keiner von beiden ohne den anderen vordringen könnte.

Die Erfahrung, die an der *intimen Grenze* entsteht, wird nicht einfach durch die Zeit hervorgebracht, die Analytiker und Patient gemeinsam verbringen, sondern hierzu ist die aktive Anstrengung beider notwendig. Dabei handelt es sich nicht um eine bloße intellektuelle Anstrengung, bei der jeder Teilnehmer eher seine Spitzfindigkeit zur Geltung bringt, als daß er sich in einen tieferen persönlichen Austausch einließe. Es ist auch nicht einfach nur ein affektives Geschehen, weil es leicht ist für jeden Teilnehmer, emotional zu sein, ohne sich je vom anderen berühren zu lassen; noch ist es einfach nur ein persönliches Geschehen, da das Mitteilen intimer Details über sich selbst sich nicht von einer Rede unterscheiden muß, in der die Wörter eher als Barriere denn als Brücke fungieren. Die essentiellen Qualitäten dieser Art des Engagements, die ich hier beschreibe, sind *Gegenseitigkeit und erweiterte Bewußtheit durch eine authentische Beziehung.* Dies beinhaltet die Bereitschaft beider, das Unbekannte zu riskieren.

KAPITEL 4

ÜBER DIE FRAGE
DER ANALYSIERBARKEIT

Wenn wir die interaktive Natur der psychoanalytischen Praxis deutlicher wahrnehmen, erkennen wir, in welchem Umfang die Beteiligung des Analytikers Entwicklungen der Übertragung und Gegenübertragung sowie Fortschritte in der Analyse beeinflussen kann. Im Zentrum dieses Kapitels steht die Beschäftigung damit, inwiefern die Form der Teilnahme des Analytikers eine Schlüsselfunktion für die Frage der Analysierbarkeit werden kann.

Die Arbeiten von Fromm-Reichmann (1939, 1950, 1952), Winnicott (1949, 1969), Little (1951, 1957) und Searles (1965), um nur einige zu nennen, waren bahnbrechend. Sie zeigen, daß es durch bestimmte Formen der Teilnahme des Analytikers möglich ist, wirksam mit Menschen zu arbeiten, die früher als „unanalysierbar" galten. Diese Arbeiten weisen darauf hin, daß die Patienten zu oft verantwortlich für etwas gemacht werden, was vielleicht eigentlich durch unsere Grenzen als Analytiker oder die Grenzen unserer Theorie der analytischen Technik verursacht wird. Sie weisen ebenfalls darauf hin, daß in manchen Fällen die Frage der Analysierbarkeit von unserer Bereitschaft abhängen kann, das Risiko einzugehen, uns dem Streß und den Belastungen auszusetzen, welche die Arbeit mit schwierigeren Patienten mit sich bringen kann.

Wenn wir – aus welchem Grund auch immer – annehmen, daß ein Patient nicht analysierbar ist, kann dies leider für ihn die Chance verbauen, jemals seine eigenen Fähigkeiten zu erkennen.

Winnicott schreibt dazu, daß „jede gescheiterte Analyse [...] ein Scheitern des Analytikers, aber nicht des Patienten" sei (1956/1983, S. 227). Stone (1954, 1961), Lipton (1977a, 1977b, 1983) und Klauber (1981), die aus der Perspektive einer klassischen Orientierung schreiben, sowie Tauber (1954), der aus einer interpersonalen Perspektive schreibt, haben diskutiert, daß in vielen Fällen eine scheinbare „Unanalysierbarkeit" eine iatrogene Konsequenz der „klassischen" Technik des Analytikers sein kann.

Es wird zunehmend anerkannt, daß es oft ebenso sehr von unseren eigenen Fähigkeiten abhängt, ob ein entwicklungsfähiger analytischer Prozeß zustande kommt, wie von denen unserer Patienten. Bestimmte Arten der

Teilnahme des Analytikers können schädigend sein und die Entwicklung der Interaktion negativ beeinflussen oder die negative Entwicklung zumindest nicht verhindern; andere Arten seiner Teilnahme können den analytischen Prozeß schützen und fördern. Dies trifft insbesondere zu bei Patienten mit schwereren Störungen, bei denen ein großes Potential für paranoide Reaktionen vorhanden ist. Ein Analytiker, der zu neutral oder zu mehrdeutig ist, kann in solchen Fällen die Eskalation der Ängste beim Patienten auslösen, und ein Analytiker, der sich zu stark mit dem Erleben des Patienten identifiziert, kann auf andere Weise Angst auslösen.

Im Zusammenhang mit Schwierigkeiten beim Aufbau eines psychoanalytischen Prozesses ist es für uns wichtiger, unsere Technik zu hinterfragen und uns damit zu beschäftigen, ob sie vielleicht ungeeignet sein könnte, als anzunehmen, der Patient sei nicht analysierbar. In vielen solchen Fällen sind Veränderungen der Technik nicht mit der Verletzung der analytischen Integrität oder der Preisgabe des analytischen Prozesses gleichzusetzen; vielmehr können sie *wesentlich* sein für den Aufbau oder die Bewahrung des analytischen Prozesses.

Wie können wir schützende Bedingungen gestalten und helfen, Erfahrungen zu erzeugen, die ausreichend positiv sind, unsere Patienten, die schwer traumatisiert wurden und die furchtbare Angst haben, zu befähigen, eine weitere Katastrophe zu riskieren, wenn sie das Wagnis der Psychoanalyse eingehen und des Lebens überhaupt?

Lacans Bemerkung „mit dem Angebot habe ich die Nachfrage geschaffen" (1958/1973, S. 207), scheint mir in diesem Zusammenhang sachdienlich. Die Frage ist: Welche Art von „Angebot" wird verlangt? Was muß der Analytiker anbieten?

Meiner Erfahrung nach kann es äußerst nützlich sein, wenn wir bei Patienten, bei denen die Gefahr toxischer Wirkungen besteht, unsere Aufmerksamkeit auf die feinsten (häufig affektiven) Details der psychoanalytischen Interaktion richten (Ehrenberg, 1974, 1982a, 1984a, 1985, 1990). Besonders bei der Arbeit mit Patienten, die große Angst vor Übergriffen, Verletzungen, Benachteiligung, Repression, Dominierung, Verfolgung oder Kontrolle haben, konnte ich feststellen, daß man ausreichend schützende Rahmenbedingungen für beide, Patient und Analytiker, schaffen und den analytischen Prozeß in eine positive Richtung bringen kann, wenn man im unmittelbaren Augenblick klärt, warum die Interaktion problematisch wird, und dann dies zum Fokus einer sorgfältigen Untersuchung macht. Dadurch wird es möglich, „eng verbunden" auf einer Ebene relativ intensiven affektiven Engagements zu arbeiten, sogar mit Patienten, die ansonsten extrem isoliert und verschlossen sind. Wenn die Gefahr einer interaktiven Sackgasse groß ist, werden *toxische Entwicklungen auf diese Weise transzendiert, oder man kann ihnen vorbeugen, nicht indem man oberflächlich oder übertrieben vorsichtig vorgeht, sondern indem man die Aufmerksamkeit auf die subtilsten Empfindlichkeiten und Verletzbarkeiten richtet.* Dieser Prozeß, in dem man die feinsten Details der Interaktion sorgfältig untersucht, bringt eine neue, transformierende Dimension in das unmittelbare Erleben, und dadurch wird die Möglichkeit für ein vitales, lebendiges Engagement geschaffen, sogar bei sehr verängstigten und verzweifelten Patienten.

Wenn Patienten Probleme haben, ihre Grenzen zu spüren, Agieren an der Tagesordnung ist, extreme Isolation beobachtbar ist und primitive Formen das Verhalten und die Kommunikation bestimmen, sollte man dies als wichtiges Material für die Psychoanalyse betrachten; dann kann man die affektive Reaktion jedes Teilnehmers auf den anderen in den feinsten Nuancen aufspüren und klären, und es kann auch geklärt werden, wie unterschiedlich jeder von beiden dieselbe Interaktion erlebt.

Dieser Prozeß, an dem Ort zu arbeiten, der dadurch zur intimen Grenze wird, dient dazu, die Beziehung zu erden, damit sie nicht zweideutig wird (wodurch Tür und Tor für alle möglichen unbegründeten Vermutungen geöffnet sind) und damit Patient und Analytiker in Verbindung bleiben.

In manchen Fällen kann es dem Patienten helfen, in der unmittelbaren Situation zu begreifen, wie er sich selbst täuscht oder auf welche Weise er in Gehorsam und masochistische Unterwürfigkeit oder in verschiedene Arten von Projektion oder Introjektion involviert ist. Besonders bei schwereren pathologischen Formen, bei denen primitive Projektionen in der Übertragung das Potential bergen, primitive Gegenübertragungsreaktionen hervorzurufen, kann man mit dieser speziellen Aufmerksamkeit für interaktive Feinheiten dafür sorgen, daß Übertragung und Gegenübertragung nicht wild um sich greifen und außer Kontrolle geraten, und man kann den psychoanalytischen Prozeß auf diese Weise vor Kollusion schützen. Darüber hinaus können so auch Verletzbarkeiten geklärt werden. Wenn der Analytiker auf diese Weise die Möglichkeit herstellt, konstruktiv mit Aspekten des Erlebens zu arbeiten, die andernfalls als bedrohlich empfunden würden, können abgelehnte und geleugnete Aspekte der Erfahrung allmählich wieder zugänglich werden.

Dieses Verfahren steht in direktem Gegensatz zu der Vorstellung, man sollte einer Übertragungs-(oder Übertragungs-Gegenübertragungs-)Neurose oder Psychose erlauben, sich zu entfalten. Es dient im Gegenteil dem Schutz vor dieser Art von iatrogener Entwicklung und der Bewahrung der Sicherheit und analytischen Integrität in der Beziehung. Indem der Analytiker den Patienten vor der potentiellen Demütigung schützt, „in der Übertragung im Regen zu stehen" und zu agieren (oder die Regung nach innen zu leiten), schafft er in riskanten Situationen die Möglichkeit, konstruktiv mit Aspekten des Erlebens zu arbeiten, die andernfalls als zu bedrohlich empfunden werden könnten. Dadurch können sadomasochistische Phantasien, paranoide Ängste oder schmerzhafte und potentiell störende Erinnerungen und Gefühle analytisch bearbeitet werden, die andernfalls unzugänglich blieben, und es können abgelehnte und geleugnete Aspekte der Erfahrung wieder zugänglich werden.

Ziel dieser Arbeitsweise ist die Exploration von Impulsen, bevor sie problematisch werden können. *Auf diese Weise unterstützt man einen progressiven – im Gegensatz zu einem regressiven – Prozeß, in welchem dem Patienten geholfen wird, bei der analytischen Exploration potentiell störender oder zerrüttender Aspekte seiner Erfahrung mitzuarbeiten und schmerzhafte Affekte und Erinnerungen wiederzuentdecken und zu erleben, ohne einer Dekompensation oder dem Agieren ausgesetzt zu sein (was demütigend und schwächend sein kann) und ohne unnötige Risiken oder Provokationen beim Patienten oder Analytiker hervorzurufen.*

Für viele Patienten ist es schon eine wichtige neue Erfahrung, wenn sie die Chance haben zu entdecken, daß es möglich ist, die Kontrolle zu behalten und konstruktiv mit Erfahrungsaspekten umzugehen, vor denen sie sich gefürchtet haben. Die Entdeckung dieser Möglichkeit birgt an sich ein Heilungspotential, und sie kann zur Basis für die Entwicklung von Hoffnung und Risikobereitschaft werden. Sie trägt außerdem zur Bildung eines soliden Arbeitsbündnisses bei, weil Patient und Analytiker kooperierende Partner in einer gemeinsamen psychoanalytischen Unternehmung werden.

Meine Arbeit mit Sara illustriert einige dieser Punkte.

SARA

Sara, eine alleinstehende Frau in den Dreißigern, hatte in einer früheren Therapie traumatische Erfahrungen gemacht. Sie zögerte lange, bevor sie sich endlich entschloß, mich anzurufen. Als sie mich dann anrief, war sie in einem akuten Angstzustand. Sie schien in Panik zu sein und war kaum in der Lage zu sprechen. Sie wollte einmal in der Woche zu einer Sitzung kommen, und weil deutlich wurde, daß sie nicht sicher war, ob sie das überhaupt schaffen konnte, stimmte ich zu.

Während der ersten Therapiemonate war ihr häufig schlecht. Sie mußte sich vor jeder Sitzung übergeben, und sie befürchtete, daß sie am Anfang der Sitzungen nochmals erbrechen müßte. Sie kam oft zu spät und ging schon, bevor die Sitzung zu Ende war. Wenn sie da war, saß sie zusammengekauert in ihrem Mantel da, buchstäblich zitternd und frierend, sogar wenn es ziemlich warm war. Ich gab ihr eine Decke, wenn sie keinen Mantel anhatte, und bot an, das Fenster zu schließen, falls sie dies wünschte. Sie entschuldigte sich übertrieben für ihren Zustand und war extrem besorgt um mich. Sie hatte Angst, daß sie mich kränken oder mir zur Last fallen könnte. Ich betonte, daß sie sich wegen ihrer Angst nicht zu schämen brauche, sondern daß sie hier sei, um sich damit zu beschäftigen. Sie war von meiner Geduld und Anteilnahme ebenso überrascht wie von meiner Sanftheit in Momenten, in denen sie Geringschätzung oder Kritik zu erwarten schien.

Sie war äußerst verwirrt wegen der Vorfälle in ihrer vorherigen Therapie und kaum in der Lage, darüber zu sprechen. Als ich versuchte, die Arbeit auf ihr Erleben in der momentanen Situation zu konzentrieren, produzierte sie jedoch viele Assoziationen. Ich erfuhr, daß sie meinte, es sei ihre Aufgabe im Leben, andere zu schützen und sich um andere zu kümmern, häufig ohne Rücksicht auf sich selbst, und daß sie angenommen hatte, sie würde so auch mit mir umgehen. Sie schien nicht das Gefühl zu haben, auf irgend etwas einen berechtigten Anspruch zu haben, und sie hatte keinerlei eigene Wünsche. Sie schien sich tatsächlich damit abgefunden zu haben, nichts zu bekommen und nichts für sich selbst zu wollen.

In der folgenden Zeit gab es einige merkwürdige Momente in Sitzungen mit Sara, in denen ich entdeckte, daß ich abgelenkt war trotz ihres offensichtlichen Schmerzes. Einmal, als sie zu weinen anfing und ich bemerkte, wie zerstreut ich war, reagierte ich entsetzt über meine mangelnde Sensibilität. Obwohl sie dies kaum zu bemerken schien, sagte ich ihr, daß ich nicht verstanden hätte, was geschehen war. Ich hatte das Gefühl, ich müßte mich wenigstens entschuldigen. Sie versuchte, das alles unter den Teppich zu kehren. Ich insistierte und sagte, meines Wissens sei eine derartige Unsensibilität nicht typisch für mich. Ich versuchte sie dazu zu bringen zu erzählen, was ihrer Meinung nach geschehen sei. Zu meiner Überraschung antwortete sie tatsächlich und sagte, dies sei immer die typische Reaktion ihrer Mutter gewesen, wenn sie versucht hatte, über irgend etwas mit ihr zu sprechen. Sie wiederholte, sie habe das Gefühl, dies sei nun für sie nicht mehr so wichtig, daß sie sich darüber aufregen müsse. Ich antwortete, daß es sehr wohl wichtig sei, soweit mich das anging, und daß aus meiner Sicht ihr mangelndes Verständnis für die Wichtigkeit dieser Angelegenheit und ihre Bereitschaft, eine derartige Behandlung von mir (oder irgend jemand anderem) ohne Protest hinzunehmen, ein Teil des Problems zu sein schien. Sie sagte nichts.

Einige Zeit später gab es einen Vorfall, bei dem wir beinahe ein ähnliches Szenario aufgeführt hätten. Ich konnte genau beobachten, wie sie sich in einem sehr schmerzvollen Moment zurückzog und mich so subtil wegstieß, daß wir es kaum bemerkt hätten, wenn ich nicht als Folge der früheren Interaktion wachsam gewesen wäre. So konnten wir genau aufschlüsseln, wer tatsächlich was mit wem getan hatte und in welcher Reihenfolge – damals mit ihrer Mutter und jetzt mit mir.

In diesem Zusammenhang kamen allmählich Assoziationen zu qualvollen Kindheitserlebnissen. Ich war zu Tränen gerührt, als sie von bitteren Enttäuschungen und extremen Kränkungen erzählte und beschrieb, wie sie gelernt hatte, sich von ihren Gefühlen abzutrennen, um sich zu schützen. In diesen Sitzungen schilderte sie, wie sie jetzt – zum erstenmal – den Schmerz spürte, gegen den sie sich damals immunisiert hatte. Sie sagte, daß sie nun dank unserer Interaktion zumindest anfangen könnte, sich vorzustellen, daß es damals anders hätte gewesen sein können, und diese Erkenntnis löste eine große Traurigkeit aus.

Der Höhepunkt dieser frühen Phase unserer Arbeit zeigte sich darin, daß sie bewußt spürte, welche Anspannung damit verbunden war, bis zur jeweils nächsten Sitzung eine ganze Woche warten zu müssen, und sie wurde hoffnungsvoller und wollte dringend und so intensiv wie möglich an die Arbeit gehen. Sie bat um eine Erweiterung unserer Treffen auf zwei Sitzungen in der Woche und bald darauf auf drei.

Wünsche wurden nun ein zentrales Thema, denn sie wollte nun mehr von mir und von der Therapie, und sie begann, der sich entwickelnden Intimität auf eine Weise zu vertrauen, wie sie es früher nicht hätte zulassen können. Sie gestand, daß sie bis jetzt nicht mit der Vorstellung, etwas zu „wollen" und enttäuscht zu sein, hatte umgehen können. Daher hatte sie sich „geschützt", indem sie „nichts wollte".

Sie erzählte, daß in ihrer Familie Vertrauensmißbrauch an der Tagesord-

nung war und „Verständnis als Waffe benutzt werden konnte". Wenn sie
die anderen um etwas bat, hatte sie die Erfahrung gemacht, daß sie sich
besondere Mühe gaben, es ihr vorzuenthalten und ihre offensichtliche Verletzbarkeit auszunutzen. Sie fürchtete positive Erfahrungen, weil sie Hoffnungen weckten. Es war leichter, das Schlimmste oder gar nichts zu erwarten; dann lief sie keine Gefahr, enttäuscht zu werden.

Als wir an diesem Thema arbeiteten, verriet sie mir, daß sie eine
„geheime" Beziehung zu mir hatte, in die sie etwas von mir und meinem
Zimmer auf geheime Weise „miteinbezog", um sich vor dem Risiko der
Zurückweisung und des Vertrauensmißbrauchs zu schützen, dem sie sich
ausgesetzt fühlte, wenn sie offen sagte, was sie wollte. Sie gestand, daß sie
seit Beginn unserer Zusammenarbeit absichtlich Papiertaschentücher aus
meinem Büro mitgenommen hatte. Sie hatte meine Taschentücher in den
Taschen aller Kleidungstücke, die sie besaß, und sie fühlte sich wohl, weil
sie wußte, daß sie da waren. Sie beichtete auch, daß sie vor meinem Urlaub
ein kleines Stück von meinem Fußabstreifer mitgenommen hatte, um es bei
sich zu haben, solange ich fort war.

Als wir dem nachgingen, konnten wir einen komplizierten internen
„Code" aufdecken, den sie glaubte von ihrer Mutter „bekommen" zu
haben: Man sollte von anderen nichts wollen und nichts annehmen. Sie
schilderte, wie gut sie gelernt hatte, so zu „nehmen", daß sie nicht zugeben
mußte, daß sie nahm.

Als Kind war sie häufig zurückgewiesen und gedemütigt worden, wenn
sie um Dinge gebeten hatte. Dies führte sie zu der Frage, wie sie lernen
könnte, den „Schmerz zu lindern". Sie sprach davon, daß sie mein Mitgefühl anstelle ihrer Selbstverachtung „in sich hereinnehme", und überlegte,
ob das eine Form von Diebstahl sei.

Ihr Gefühl war nun eine komplizierte Mischung aus Angst und Erleichterung, aber auch neuer Hoffnung und Neugier. Sie fühlte sich, als ob sie
„eine entzündete Wunde hätte pflegen und reinigen müssen."

Es kamen dann Assoziationen zu ihren Eltern und daß sie nie wußte, ob
sie nüchtern oder betrunken waren. Sie hatte nie gewußt, ob Geld für das
Mittagessen da war, und in der Wohnung war es nicht nur emotional kalt
gewesen, sondern auch von der physikalischen Temperatur her. Oft ging die
Heizung nicht, weil die Ölrechnungen nicht bezahlt waren, und es gab
kein Essen, weil kein Geld da war.

Als sie berichtete, sie habe gemerkt, daß sie fürchte, die Therapie könne
funktionieren, und wenn dies so wäre, dann könne sich so viel verändern,

daß sie Angst bekommen und sich zu Dank verpflichtet fühlen würde, gab es einen bewegenden Moment, in dem ihr am Ende warm genug war, den Mantel auszuziehen.

Nach etwa einem Jahr und sieben Monaten Therapie bat Sara darum, die Anzahl unserer Sitzungen auf viermal in der Woche zu erweitern. Es hatte auch Auswirkungen auf ihr Leben außerhalb der Analyse, daß sie sich selbst erlauben konnte, mehr zu „wollen", mehr zu verlangen. Sie wollte „besser leben": Sie wünschte sich materielle Dinge (vor allem Kleidung) und ein geselliges Leben, und sie spürte plötzlich auch – in einem sehr buchstäblichen Sinn – physischen Hunger. Ihr wurde nun klar, daß sie sich nie zugestanden hatte, etwas zu wollen, weil sie spürte, daß sie Verletzungen nicht hätte ertragen können. Sie interessierte sich jetzt auch für ihre Figur und ihre Gesundheit, und sie wollte sich „in Ordnung" bringen; außerdem bereitete sie sich darauf vor, mit dem Rauchen aufzuhören und vom Alkohol und den Drogen wegzukommen. In diesem Zusammenhang erzählte sie den folgenden Traum:

„Ich war zu einem Bankett eingeladen, wurde jedoch vorher in etwas hineingezogen und mußte jemandem beistehen, der Hilfe brauchte, so daß ich zu dem Bankett zu spät kam. Als ich am Anfang den Raum betrat, war ich betrübt, weil alle anderen schon aufgehört hatten zu essen, und ich war traurig, weil ich dachte, es sei kein Essen mehr für mich übriggeblieben. Dann entdeckte ich zu meiner Überraschung, daß es noch viele köstliche Speisen gab, und ich konnte mir einen Teller zusammenstellen, der wirklich nichts zu wünschen übrig ließ."

In der folgenden Zeit veränderte sie viele wichtige Dinge in ihrem Leben. Sie zog sogar in eine neue Wohnung, was bedeutete, eine erhebliche finanzielle Mehrbelastung auf sich zu nehmen. Sie hatte auch eine neue anspruchsvolle Arbeit gefunden. Sie war nervös, aufgeregt und ziemlich hin- und hergerissen, denn diese Veränderungen bedeuteten, daß sie, zumindest für eine gewisse Zeit, unsere Sitzungen auf einmal pro Woche reduzieren mußte, aber sie war entschlossen, ihre Lebenssituation zu verbessern.

Sie begann sich jetzt damit zu beschäftigen, wie vernichtend die vielen Enttäuschungen und der häufige Vertrauensmißbrauch in der Beziehung mit ihrer Mutter (die sie andererseits als recht fürsorglich empfunden hatte) für sie gewesen waren. Es kamen Assoziationen dazu, wie sehr es sie damals verletzt hatte und wie schockierend es war, als ihre Mutter sie einmal brutal geschlagen hatte. Danach hatte sie furchtbare Angst gehabt und sich wegen der Prellungen geschämt, in die Schule zu gehen.

Das Ergebnis dieser Therapiephase war, daß sie nun Wutgefühle zuließ, statt hoffnungslos zu resignieren, und sie erzählte, sie fühle sich wieder benachteiligt und sei neidisch, aber sie wolle nun auch Dinge, die sie sich selbst vorher nie zugestanden hatte. Sie erzählte, wie wütend sie jetzt darüber war, daß sie es sich aus finanziellen Gründen nicht mehr leisten konnte, viermal in der Woche zu kommen wie früher. Sie sagte: „Ich habe Angst, daß ich einen Punkt erreiche, an dem ich erkenne, daß es für mich keine Hoffnung gibt..., und daß Sie dann wissen, was ich wirklich wollte, und unfähig war, es zu erreichen. Und dann bin ich unfähig, weiterhin so zu tun, als ob mir alles mögliche nichts ausmachen würde, und in Wirklichkeit macht es mir doch etwas aus."

Sie spielte jetzt mit dem Gedanken, die Analyse zu beenden.

Als wir untersuchten, warum sie die Therapie beenden wollte, gestand sie, daß ihre Zurückhaltung und ihre Wut teilweise darauf zurückzuführen waren, daß sie Abstand halten wollte, um mich zu schützen. Sie war besorgt, daß sie mich dem Risiko aussetzen könnte, wirklich in ihre innere Welt zu geraten. Für sie war die Distanz auch ein Mittel, sich selbst zu schützen.

Ich gab ihr zu verstehen, daß es ein Jammer sei, wenn sie dies alles durchgestanden hätte, um jetzt aufzugeben und wiederholte meine verbindliche Bereitschaft, die Analyse fortzusetzen.

Sie sagte mir, wie dumm ich sei, wie naiv und wie hochmütig; sie wirkte dabei trotzdem sehr bewegt und ermutigt.

In der folgenden Sitzung sprach sie von der Angst, ich könnte sie im Stich lassen. Natürlich war die Angst vor Vertrauensmißbrauch immer noch ein Thema in ihrem Leben.

Sie erzählte einen Traum:

„Ich bin mit einem jungen Mann, der viel jünger ist als ich (und nach dem ich nicht nur im Traum ‚verrückt' bin), im Bett. Ich liege oben. Wir haben noch keinen Geschlechtsverkehr, aber wir sind auf dem Weg dazu. Dann macht er eine Bemerkung darüber, daß ich oben bin. Ich lasse mich also heruntergleiten, so daß er oben ist, und er dringt in mich ein. Und dann fällt mir ein, daß wir kein Kondom benutzen, und ich springe aus dem Bett, um eines zu holen. Dann bin ich auf einem Areal, auf dem viele Leute sind, und ich gehe nicht mehr zurück ins Bett."

Sie assoziierte dazu, daß sie Angst hatte, jemand könnte sie dazu bringen, daß sie sich auf eine Beziehung einläßt, und sie deutete an, daß dies auf ihre Beziehung zu mir zutrifft.

„Ich will nicht zulassen, daß mich jemand in eine solche Position bringt und dann im Stich läßt ..., vielleicht fühle ich mich hier zu offen, zu ungeschützt. Vielleicht ist es leichter, frustriert und wütend zu sein. Das ist wie aus dem Bett springen in dem Traum. Ich habe Angst, daß man mit mir spielt, daß man mich in die Position bringt, mitzumachen, und daß sich dann der andere nicht um mich kümmert. Das Spiel geht so: Erst bringt man mich dazu, darauf einzugehen und dann verletzt man mich."

Es kamen viele Assoziationen zu ihrem Vater, der Alkoholiker war. Sie hatte sich von ihm permanent betrogen gefühlt und war in der Beziehung zu ihrem Vater über die Maßen enttäuscht worden. Sie schilderte, wie er immer wieder falsche Versprechungen gemacht hatte, „trocken" zu werden und ein „richtiger Vater" zu sein, und wie er sie und die ganze Familie betrogen und gedemütigt hatte.

In der folgenden Wochen erzählte sie von einem Treffen (in der Realität) mit demselben jungen Mann, mit dem sie in dem Traum, den sie zuvor geschildert hatte, im Bett gewesen war. Sie hatten viel Spaß miteinander gehabt. Sie erzählte auch einen Traum, den sie am Wochenende gehabt hatte, in dem sie „lachte und lachte, so intensiv und so glücklich. Ich habe schon lange nicht mehr so viel gelacht".

In dieser Sitzung sagte sie, sie habe beschlossen, wieder dreimal in der Woche zu kommen, trotz der finanziellen Engpässe. Sie sagte: „Ich habe mich stärker auf die Analyse eingelassen, und ich habe größere Angst. Dann werde ich wütend und bin abweisend und schlecht gelaunt... Trotzdem bin ich dankbar, auch wenn ich es Ihnen nie sage. In letzter Zeit fühle ich mich sehr einsam und habe Sehnsucht nach einer Liebesbeziehung. Der dankbare Teil ist, daß ich denke, das ist es, was ich fühle und worüber ich eigentlich beunruhigt sein sollte; ich habe trotzdem das Gefühl, es ist richtig so, obwohl es mich quält. Ich glaube, ich möchte lieber das spüren, als mich tot zu fühlen oder meine Gefühle abzuspalten."

Im vierten Jahr ihrer Therapie einigten wir uns nach einer Periode finanzieller Schwierigkeiten, in denen Sara wieder auf zwei Sitzungen in der Woche hatte reduzieren müssen, auf drei Sitzungen in der Woche. Aufgrund unerwarteter Umstände mußte ich den Beginn unserer neuen Vereinbarung um ein paar Wochen verschieben. Ich bat sie um Verzeihung, sagte ihr, wie leid es mir tue, wüßte ich doch, wie schwierig das für sie sein würde, und bot an, das Versäumte nachzuholen, obwohl es für mich schwierig war (was ich ihr nicht sagte). Sara, die in der ersten Zeit unserer Zusammenarbeit so rücksichtsvoll und aufmerksam im Hinblick auf meine

Bedürfnisse gewesen war, konnte nun ihren Zorn und ihren Haß unmißverständlich ausdrücken.

In der folgenden Sitzung berichtete sie, daß sie an dem Tag eigentlich gar nicht in die Sitzung kommen wollte und sich sogar überlegt habe, die Analyse abzubrechen. Sie sagte, es sei zu schmerzhaft, mit der Enttäuschung fertig zu werden, weil es sie an ihre Familie erinnere und an die permanente Verzweiflung, die damit verbunden war. Sie wollte nicht „hoffen", weil sie Angst hatte, vernichtet zu werden – hier und jetzt, genauso wie damals bei ihren Eltern. Ziemlich ärgerlich sagte sie, ich würde sie genau so „vertrösten", wie man sie auch in ihrer Familie immer „vertröstet" habe.

„Ich habe immer gewartet, gewartet und gewartet – darauf, daß mein Vater mit dem Trinken aufhören, darauf, daß meine Mutter sich um mich kümmern würde. Es kam nie dazu. Ich mußte mich immer hinten anstellen. Meine Mutter sagte oft: „Das ist jetzt nicht der richtige Zeitpunkt", aber es gab nie einen richtigen Zeitpunkt. Es wird zu schmerzhaft jetzt. Ich verkrafte diese Gefühle nicht. Mein Leben ist immer noch dasselbe. Nichts hat sich geändert, und es wird sich auch nichts ändern."

Ich wies darauf hin, daß die Unterstellung, es hätte in der Vergangenheit nie einen richtigen Zeitpunkt gegeben zwischen uns und daß es auch künftig nie einen geben würde, unfair sei, gemessen an all dem, was wir zusammen durchgestanden hätten. Wenn sie jetzt behauptete, ich sei völlig unsensibel gewesen, fügte ich hinzu, sei sie selber unsensibel dafür, daß auch ich Bedürfnisse und Probleme hatte und daß ich den Termin nicht leichtfertig abgesagt hatte. Ich war ja schließlich von meiner Regel abgewichen, als ich versuchte, die Sitzungen zu ersetzen, eben weil ich wußte, wie wichtig dies für sie war.

Sie fing an zu weinen und gab zu, daß dies stimmte. Sie sagte, sie sei sich bewußt, wie sehr ihre Reaktion mit der Beziehung zu ihrer Mutter verbunden war, und schilderte in Einzelheiten, wie das mit ihrer Mutter gewesen war. Sie sagte, es sei zwischen uns ganz anders als in ihrer Familie aufgrund der Tatsache, daß wir beide über unsere Gefühle für die jeweils andere sprechen konnten: „Jedesmal, wenn ich etwas von mir preisgegeben habe, wurde ich vernichtend und demütigend behandelt, und man sagte, ich sei dumm."

Sie fügte hinzu, daß sie nun, selbst wenn die Dinge noch so schlecht stünden, erkenne, wie sehr sie sich verändert habe, einfach dadurch, daß sie mit dem Drogen- und Alkoholmißbrauch aufgehört hatte, auch wenn sie jetzt aus dem Gleichgewicht geraten sei. Dann räumte Sara in einem heiteren Moment ein, sie wüßte, daß unsere Beziehung anders sei, obwohl sie immer noch aus der Fassung geriet, wenn ich sie enttäuschte, und sie scherzte herzlich, sie „müßte eben das Schlechte mit dem Guten in Kauf nehmen".

Einige Sitzungen später war Sara jedoch wieder verzweifelt und vorwurfsvoll. Sie schien mit ihrem Zorn wegen der Terminverschiebungen beschäftigt zu sein. Sie legte in ziemlich selbstgerechtem Ton dar, ich hätte abgesagt und ich hätte sie verletzt.

Mir wurde allmählich klar, daß ich mich ausgenutzt fühlte. Ich hatte angeboten, Sitzungen zu Zeiten zu ersetzen, die für mich eigentlich ungünstig waren. Als sich dies herauskristallisierte, noch bevor ich ein Wort darüber verlor, war sie besorgt, sie würde mich verärgern und sie ginge „zu weit". Ich antwortete, dies stimme in der Tat und mir sei klargeworden, daß es mein Problem sei, daß ich, weil ich mich ohnehin schon schuldig fühlte wegen der Terminverschiebungen, besonders verletzbar durch ihre Angriffe sei, und ich fügte hinzu, dies sei mein eigenes Problem. Sie schien über meine Offenheit überrascht.

In dieser Sitzung konnten wir feststellen, daß wir dieselbe Art von Verstrickung wiederholten, in die sie früher mit ihrer Mutter geraten war. Es wurde deutlich, daß Sara sich über ihre eigene Unfähigkeit ärgerte, anstatt zu erkennen, wie maßlos früher die Forderungen ihrer Mutter gewesen waren, oder sich darüber zu ärgern, daß ihre Mutter sie emotional oder körperlich bestrafte, wenn sie deren Forderungen nicht erfüllen konnte. Was zwischen uns geschah, schien in gewisser Hinsicht eine Verkehrung der Rollen zu sein: Ich fühlte mich schuldig, weil ich Saras Forderungen nicht alle erfüllen konnte, anstatt ihre Erwartung (und meine eigene) kritisch zu durchleuchten – genau wie Sara sich gegenüber ihrer Mutter gefühlt hatte.

Es hatte eine befreiende Wirkung auf uns beide und unsere Interaktion, als ich diese Zusammenhänge schließlich erkennen konnte.

Dann bemerkte ich, daß Sara anscheinend generell von sich erwartete, eine Art „Überfrau" zu sein, und daß sie sich immer mehr aufbürdete, als je ein Mensch bewältigen konnte, und daß sie dann Schuldgefühle hatte, weil sie nicht in der Lage war, das alles zu schaffen. Sie schien fasziniert, als sie bestätigte, daß das stimmte, und sie war sehr erleichtert, dies zu hören. Dann zählte sie Beispiele auf, die belegen sollten, daß das stimmte, und brachte einschlägige Beweise aus der Vergangenheit und Gegenwart, vor allem aus ihrer Arbeit.

Daraufhin war es möglich, gemeinsam darüber nachzudenken, daß es nun darum ging, wie wir respektvoll miteinander und unseren Wünschen, füreinander dazusein, umgehen könnten, *ohne unsere eigenen realen Bedürfnisse zu vernachlässigen, und mit dem angemessenen Respekt für unsere menschlichen Grenzen, ohne daß wir uns schuldig fühlten.* Daraufhin erzählte sie, daß ihr nun klar geworden sei, daß sie mir unterstellt hatte, ich hätte gedankenlos und ohne mich um sie zu kümmern, die Termine verschoben. Dieser Aspekt, und weniger die tatsächliche Verschiebung, hatte sie am meisten gestört. Sie schilderte dann, wieviel es ihr bedeute, daß wir in der Lage gewesen seien, den Prozeß, den wir gerade hinter uns hatten, miteinander durchzugehen.

Diese Art von Intimität war völlig anders als alles, worauf sie sich mit ihrer Mutter (oder mit irgendeinem anderen Menschen) je hatte einlassen können.

In der folgenden Sitzung brachte sie mir Blumen und sagte, sie habe sich nach der letzten Sitzung so ruhig gefühlt wie noch nie in ihrem Leben.

Einige Wochen später, als Sara wieder verzweifelt war und auf Distanz ging, war sie es, die sich eingestehen konnte, daß dies „vielleicht Abwehr" sein könnte, ein Mittel, sich vor Enttäuschungen zu schützen. Auf meine Frage, warum sie meinte, sich jetzt schützen und Abstand zu mir herstellen zu müssen, sagte sie, ich würde ihrem Empfinden nach einem anderen Patienten, den sie nach einer der letzten Sitzungen in meinem Wartezimmer gesehen hatte, mehr Zuneigung entgegenbringen. Ich erwiderte einfach – und dabei bezog ich mich auf ihre frühere Äußerung, als sie ihre Angst davor geschildert hatte, ich würde sie „vertrösten" –, ob sie denn „noch ganz bei Trost" sei, denn sie wüßte doch ganz genau, wie gern ich sie hätte.

Ich hätte eine unverbindlichere Haltung einnehmen können; allerdings glaube ich, daß es ein Spiel mit ihren Gefühlen gewesen wäre, gerade zu einem Zeitpunkt, als sie eindeutig eine neue Stufe von Offenheit riskierte, und das wäre verletzend und kontraproduktiv gewesen.

In der folgenden Sitzung berichtete sie, wie sehr die Intensität ihrer Gefühle für mich sie ängstigte. Als sie über unsere Beziehung sprach, sagte sie: „Je weiter es geht, desto mehr schütze ich mich. Dieser Schutz ist wie ein Airbag im Auto. Wenn ich Angst habe oder mich verwundbar fühle, öffnet sich der Airbag. Vielleicht würde ich psychotisch werden, wenn ich ihn nicht hätte."

Ich erwiderte: „Vielleicht ist das der Schlüssel."

Sara antwortete: „Daß ich psychotisch sein könnte?"

Daraufhin erwiderte ich: „Oder daß Sie davor Angst haben."

Jetzt gestand Sara: „Wenn ich mit einem anderen Menschen zusammen bin, erlebe ich oft eine ganz intensive Angst, daß ich verrückt werde oder mich verrückt verhalte und daß ich nicht für mich selbst sorgen könnte und daß der andere das nicht auf einer Ebene halten kann, die es mir ermöglicht, mich sicher zu fühlen und vertrauensvoll zu sein."

Sie fuhr fort: „In meiner vorigen Therapie spürte ich, daß ich krank war. Ich konnte rein gar nichts davon durcharbeiten. Ich hatte Angst, ich würde das Gefühl von Abspaltung bekommen... Es ist, als ob man anfinge, ein bißchen psychotisch zu werden. Ich hatte das auch oft, wenn ich mit Männern verabredet war. Es war eine Katastrophe... Von jeher, schon als ich noch ein Kind war, merkte ich, daß ich von meinen Eltern verrückt gemacht wurde. Ich machte dann allein lange wütende Spaziergänge, auf denen ich versuchte, mich davor zu bewahren, verrückt zu werden. Ich mußte unbedingt da herauskommen."

Ich fragte, ob der Wunsch, an dieser Stelle auszusteigen, wie sie es früher oft wollte, auf der Angst beruhte, verrückt zu werden, wenn sie es nicht tat. Und ich fragte noch genauer: Hatte sie Angst, sie könnte verrückt werden, wenn sie „in" ihren Gefühlen „bliebe"?

Sie erwiderte: „Ich habe solche Gefühle vorher nie zugelassen. Nie habe ich sie durchgestanden, um zu sehen, ob ich auf der anderen Seite herauskommen könnte. Ich konnte das nie. Ich habe immer gedacht, ich würde einfach verrückt werden. Es ist etwas völlig Neues, mir vorzustellen, daß es möglich sein könnte, zu der anderen Seite zu gelangen, mir vorzustellen, daß ich das vielleicht durcharbeiten könnte..."

In der nächsten Sitzung berichtete sie, sie sei nach der letzten Sitzung erschöpft „bis in die Knochen" gewesen.

Dann hatte sie sich eines Tages mit ihrer Schwägerin zum Abendessen getroffen, und „es passierte etwas völlig Neuartiges. In einer Situation, in der ich mich früher von meinen Gefühlen abgespalten hätte, tat ich es nicht! In diesem Moment war ich weniger in Panik, ich könnte verrückt werden!"

Als wir die Episode in allen Einzelheiten durchgingen, schilderte sie, was ihre Schwägerin über ihren Sohn (Saras Neffen) erzählt hatte. Die Schwägerin hatte gesagt, ihr Sohn sei ein Lügner, und sein Vater habe ihn deswegen heftig angeschrien. Sara berichtete: „Das ist eine Situation, in der ich mich früher zurückgezogen hätte, mich von meinem Gefühl abgespalten hätte, weil ich bei mir selbst gedacht hätte ,mein Bruder ist selbst ein Lügner'. Statt dessen erzählte ich meiner Schwägerin: ‚Aber mein Bruder lügt selbst wie gedruckt'.“

Für Sara war es ungeheuer wichtig, daß sie nun an ihrer eigenen Wahrnehmung festhalten und sie sogar äußern und für sie streiten konnte. Sie arbeitete weiter an diesem Thema. Diese Art von Realitätsleugnung, der ihr Neffe bei seinen Eltern ausgesetzt war, war in ihrer Kindheit typisch für ihre eigene Situation. Sie sagte, das konnte „einen verrückt machen“.

Sie erzählte weiter: „Als ich dann nach Hause ging, tobte ich innerlich. Ich wußte, daß ich mich mit meinem Neffen identifizierte. Ich wußte genau, was er durchmachte... Dann hatte ich am Wochenende eine sehr lebendige Erinnerung an etwas, was ich mein ganzes Leben vergessen hatte, daß ich nämlich die einzige in unserer Familie war, die meinen Vater offen als Alkoholiker bezeichnet hatte. Das könnte in der Mittelschule gewesen sein. Und er attackierte mich. Er griff mich tätlich an. Und eigentlich passierte das häufig. Und wenn ich zu meiner Mutter sagte, er sei Alkoholiker, reagierte sie einfach nicht. Sie besprach so etwas grundsätzlich nicht mit mir.“

Ich halte die Dimension der Begegnung und der Intimität für wesentlich in meiner Beziehung mit Sara, und auch die sorgfältige und genaue Wahrnehmung jedes Details der Interaktion war wichtig, um zu verhindern, daß schädigende Entwicklungen von Übertragung und Gegenübertragung eskalierten. Sara konnte sich daher geschützt und sicher genug fühlen, um sich allmählich auf Erfahrungsaspekte einzulassen, die für sie viel zu bedrohlich und überwältigend waren, so daß sie sich damit früher nicht beschäftigen konnte, ohne zu dissoziieren. Weil sie sich dann in der Analyse doch mit sehr schwierigen Erfahrungen beschäftigen konnte, ohne „psychotisch“ oder destruktiv zu werden, wie sie gefürchtet hatte, und die Verletzbarkeit ertragen konnte, die mit dem Erwachen ihres Begehrens einherging, konnte sie ein Potential in sich selbst entdecken, von dem sie nichts geahnt hatte, und diese Entdeckung wurde zu einer heilsamen Erfahrung.

Es könnte von Interesse sein, daß Sara, nachdem sie diesen Text gelesen hatte, folgendes berichtete: „Ich glaube, Sie haben wirklich ein tiefes Gefühl berührt. Ich hatte eine Vorstellung von einer tiefen Kammer, die innen geöffnet wird, wie bei einer archäologischen Ausgrabung. Und es war nicht leicht, diese Kammer zu öffnen. Sie war eine Art Vorraum zu einer Gruft. All das Zeug war da drin. Zwei Menschen standen am Rand der Kammer, der eine waren Sie, und der andere war ich. Ich wollte nicht, daß irgend etwas berührt würde. Ich vertrat die Position, daß es nicht rechtens wäre, diese Dinge aufzumachen oder irgend etwas von dem Zeug da drinnen zu stören. Sie könnten schließlich zerbrechen. Und Sie vertraten die Position, daß sie angeschaut und erforscht werden sollten."

In einer der folgenden Sitzungen kehrte sie zu diesem Bild zurück. Sie glaubte, wenn ich nicht fähig gewesen wäre, mit ihr zu arbeiten oder unsere gemeinsame Arbeit unproduktiv gewesen wäre, „hätte ich etwas darübergedeckt und Gewichte daraufgelegt, anstatt am Rand der Kammer zu stehen und zu grübeln, was ich tun sollte. Ich glaube nicht, daß ich sie je wieder angeschaut hätte."

Ich bin derselben Meinung wie Sara, daß der Psychoanalytiker nicht nur die Fähigkeit hat, den Prozeß zu fördern, sondern auch ihn zu verhindern – manchmal für immer. Wenn das Risiko, den Prozeß zu hemmen oder gar zu verhindern, groß ist, sind wir ständig gefordert, Mittel und Wege zu finden, ihn zu unterstützen.

KAPITEL 5

DIE STRUKTUR DES PSYCHO-ANALYTISCHEN ENGAGEMENTS

Wie können wir eine emotionale, lebendige Psychoanalyse gestalten bei Patienten, die verschlossen, unzugänglich und von ihren Gefühlen abgetrennt sind und oft als nicht analysierbar gelten? Wie können wir die Analyse in „Schwung" bringen, wenn traditionelle Arbeitsweisen nicht nur unwirksam sind, sondern vielleicht sogar den psychoanalytischen Prozeß hemmen?

Inzwischen ist weitgehend anerkannt, *daß Psychoanalytiker und Patient sich auf eine Interaktion einlassen können, ohne daß ein psychoanalytischer Prozeß stattfindet.* Auch traditionelle Kriterien, wie Häufigkeit der Sitzungen, Verwendung der Couch, Einhaltung des Settings, freie Assoziation und sogar die Analyse von Übertragung und Gegenübertragung garantieren keinen psychoanalytischen Prozeß – ebensowenig wie Veränderungen des traditionell definierten Settings ihn notwendig verhindern (siehe Ehrenberg, 1984a; Gill, 1984, 1985, 1991)[9]. Dieselbe Intervention kann in einem Kontext inspiriert sein und in einem anderen schädlich. In manchen Fällen kann ein Prozeß, der traditionell als „psychoanalytischer" Prozeß definiert ist, in Wirklichkeit (und paradoxerweise) kontraproduktiv für die Analyse sein.

---

[9] Meiner Erfahrung nach können gewisse Abweichungen von einem rigiden Rahmen toleriert und integriert werden, wenn die innere Stabilität der Arbeit gewährleistet ist. Dies wurde mir besonders deutlich während meiner zwei Schwangerschaften, als es nötig war, die Termine mit den Patienten flexibler zu gestalten. Dies erwies sich nicht als Störung der Arbeit, sondern führte zu wichtigen Assoziationen und Reaktionen, die sonst nicht aufgetaucht wären oder nicht ansprechbar gewesen wären. Damals wurde mir auch klar, daß es nicht nur hilfreich, sondern auch unbedingt erforderlich ist, um bei starken Angstzuständen den analytischen Prozeß aufrechtzuerhalten, wenn ich bei Patienten mit schweren Störungen in kritischen Situationen zusätzliche Sitzungen einrichtete oder bereit war, die Termine an die Bedürfnisse der Patienten anzupassen, wie etwa Doppelstunden zu Zeiten, in denen sie sehr belastet waren.

Aus einer interaktiven Perspektive gesehen, ist jedoch der entscheidende Punkt, ob der Patient signifikant berührt oder erreicht wird, so daß ein *innerer Prozeß* mit affektiver Bedeutung in Gang gesetzt wird und eine psychische Veränderung stattfindet. Was für den psychoanalytischen Prozeß förderlich ist, muß in jedem neuen Kontext neu bestimmt werden, denn wir erfahren in der Praxis, wie der Analytiker mit *jedem einzelnen Patienten* am sinnvollsten arbeitet und wie er sich am sinnvollsten auf den Prozeß einläßt, um ihn zu unterstützen. Es kann sogar sein, daß es am wichtigsten ist, zu lernen, wie man aus der Arbeit mit jedem einzelnen Patienten lernen kann, erfolgreich mit zu ihm arbeiten.

Wenn wir feststellen wollen, was in der Psychoanalyse wirksam ist, müssen wir untersuchen, wie der Analytiker und sein Patient einander beeinflussen, und wir müssen erkennen, daß *unser Verständnis dieses wechselseitigen Einflusses sich nur aus der praktischen Arbeit entwickeln kann und der Kooperation beider bedarf.*

Wenn wir erkennen, daß wir immer durch unsere Subjektivität und Verletzbarkeit in der Gegenübertragung begrenzt sind, wird deutlich, daß es keine andere Methode gibt, als aus dieser Subjektivität heraus zu arbeiten. Das befreit uns von jeglicher Illusion, die wir uns vielleicht über unsere potentielle Objektivität machen, und befähigt uns, die Interdependenz von Patient und Analytiker sowie die Notwendigkeit der Kooperation anzuerkennen. Es hilft uns auch zu erkennen, wie immens wichtig es ist, unsere Aufmerksamkeit auf die subtilsten Nuancen der Interaktion zu richten – nichts, was im Praxiszimmer geschieht, ist tabu. Auf diese Weise wird die Reichweite der Psychoanalyse radikal erweitert.

Es ist zum Beispiel ein Unterschied, ob wir den permanenten Versuchen des Patienten auf den Grund gehen, eine analytische Entwicklungsmöglichkeit im unmittelbaren interaktiven Kontext zu zerstören, indem wir seine Wirkung auf uns selbst beschreiben und fragen, ob für diese Destruktionsversuche gewisse Verhaltensweisen unsererseits verantwortlich sein könnten, die uns vielleicht nicht bewußt waren, oder ob wir diese Versuche als Verhalten des Patienten untersuchen, das mit dem Analytiker nichts zu tun hat. Wir können bedeutsame Fortschritte erzielen, wenn wir bewußt wahrnehmen, wie unsere Patienten uns emotional berühren, und diese Wahrnehmung als Information für unsere Arbeit nutzen; und wir können einen weiteren entscheidenden Beitrag leisten, wenn wir ihnen vermitteln, daß wir offen dafür sind, auch zu untersuchen, wie wir emotional auf sie wirken und sie vielleicht sogar bedrohen. Weder der Patient noch der Analytiker kann sich auf die Position einer bloßen intellektuellen Exploration zurückziehen. Jeder muß sich damit, was er in der unmittelbaren Interaktion erlebt, als mit etwas ganz Realem beschäftigen und nicht, als hätte er es mit irgendeinem schemenhaften klinischen Phänomen zu tun. Dieser Prozeß, der entsteht, wenn man Aspekte der unmittelbaren Interaktion anspricht, transformiert den Augenblick und strukturiert einen Dialog und eine Intimität, die potentiell grenzenlos erweitert werden können. Für manche Patienten war dies vielleicht vorher unvorstellbar. Es kann emotional sehr intensiv sein und Erfahrungsaspekte erschließen, die vorher unzugänglich waren.

Weil wir immer Einfluß ausüben und gleichzeitig selbst beeinflußt werden – auch wenn wir schweigen oder uns dessen nicht bewußt sind –, wird die Beziehung zwischen Patient und Analytiker dadurch charakterisiert, daß der Analytiker die Feinheiten dieses wechselseitigen Prozesses offen thematisiert und erforscht. Wenn Patienten befürchten, nur schmerzhafte und enttäuschende Erfahrungen zu machen oder sich oder den anderen (oder andere) zu gefährden, wenn sie sich öffnen, kann dieser Prozeß die analytische Atmosphäre bereinigen und die Voraussetzung für beide Teilnehmer schaffen, sich tiefgehend, produktiv und geschützt auf die Analyse einzulassen.

Widerstände beider Teilnehmer gegen eine kooperative Beziehung sind leicht erkennbar, und sie können identifiziert und untersucht werden, statt daß sie wirksam werden, wenn man sich direkt auf die unmittelbare Interaktion konzentriert. Die Bemühung, eine Grundlage für beide Teilnehmer zu schaffen, kooperativ zusammenzuarbeiten, ohne sich gegenseitig zu verletzen, kann natürlich selbst schon eine Bemühung sein, die Kooperation voraussetzt. Wenn uns die Vorstellung einer kooperativen Zusammenarbeit, die auf Gegenseitigkeit beruht, bei einem bestimmten Patienten unangenehm ist, bildet dies bereits einen wichtigen Anhaltspunkt für die Analyse.

Um auf dieser Ebene arbeiten und den Dialog so erweitern zu können, daß seine eigene Beteiligung an diesem Prozeß berührt wird, muß der Analytiker bereit sein, sehr direkt über sich selbst zu sprechen. Dadurch vermittelt er seine innere Verpflichtung, sich relativ persönlich auf den Prozeß einzulassen. Außerdem wird dem Patienten dadurch vermittelt, auf welche Weise dieser erweiterte Dialog stattfinden kann, ohne daß die analytische Integrität und der Schutz der Beziehung dabei auf der Strecke bleiben. Für manche Patienten ist schon allein diese Art von Engagement eine bedeutsame neue Erfahrung.

86

Die Bereitschaft des Analytikers, ein gewisses emotionales Risiko einzugehen, kann der entscheidende Anstoß für einen entwicklungsfähigen Prozeß sein, wenn es schwierig ist, Angst und emotionale Abspaltung zu analysieren. Diese Erkenntnis ist im Einklang mit dem wachsendem Datenmaterial aller psychoanalytischen Lehrmeinungen, die davon ausgehen, daß ein direkteres affektives Engagement des Analytikers nicht nur konstruktiv für das Fortschreiten des analytischen Prozesses sein kann, ohne die analytische Integrität zu kompromittieren, sondern sogar das ausschlaggebende therapeutische Mittel sein kann. Ich bin der Ansicht, daß die Kombination eines strengen analytischen Prozesses mit einem lebendigen, persönlichen, affektiven Engagement entscheidend ist und daß der eine Aspekt ohne den anderen unzulänglich bleibt. Ich glaube, das Wichtigste ist die Integration beider Aspekte; sie funktionieren nicht abwechselnd, sondern nur kombiniert, so daß jeder Aspekt zur Bedingung für den anderen wird. Die Integration des emotionalen und des analytischen Aspekts gibt jedem dieser beiden Elemente mehr Spielraum[10]; keines kann allein psychoanalytisch so ertragreich sein wie beide zusammen.

Winnicott (1969) betont, wie wichtig es für einen Patienten sein kann zu entdecken, daß der Analytiker seinen Aggressionen standhalten und sie verkraften kann. Die Arbeitsweise, die ich hier vorschlage, bietet eine Mög-

---

[10] In einer älteren Veröffentlichung (Ehrenberg, 1984a) habe ich betont, daß die wachsende Literatur aller psychoanalytischen Denkrichtungen nahelegt, wie entscheidend manchmal das aktive affektive Engagement des Psychoanalytikers sein kann, und daß dies einen konstruktiven Beitrag für das Fortschreiten des analytischen Prozesses leisten kann, ohne die Integrität der Psychoanalyse preiszugeben. In bestimmten Situationen kann dies ausschlaggebend sein (Winnicott, 1949). Ich schrieb damals, daß diese Arbeiten deutlich machen, daß die direkte Teilnahme des Analytikers nicht das „Ausleihen von Egos", Agieren, Manipulation, Verführung, Verklärung, Zwang oder andere Gesten, die nicht in die Analyse gehören, beinhaltet. Diese Literatur umfaßt die Schriften von Rioch (1943); Winnicott (1949, 1969); Fromm-Reichmann (1950, 1952); Gitelson (1950, 1962); Little (1951, 1957); Tauber (1954, 1979); Stone (1954, 1961); Tower (1956); Nacht (1957, 1962); Fairbairn (1958), Wolstein (1959); Searles (1965, 1979); Guntrip (1969); Singer (1971, 1977); Levenson (1972, 1983); Bird (1972); Ehrenberg (1974, 1975, 1976, 1982a, 1982b, 1984a, 1985a,); Sandler (1976); McDougall (1979); Klauber (1981); Feiner (1979, 1982, 1983); Bollas (1983); Hoffman (1983); Symington (1983); und Tustin (1988), unter vielen anderen.

lichkeit für solche Entdeckungen. Sie macht auch die Erfahrung möglich, daß keiner der Beteiligten durch Bekundung positiver Gefühle und Erfahrungen von Nähe – Erlebnisse, die, wie ich meine, gleichermaßen tiefgreifend sein können – Schaden erleiden oder herabgesetzt werden muß. Manchmal ist allein schon die Entdeckung, daß bestimmte Arten von Intimität möglich sind, bedeutsam. In ähnlicher Weise kann auch die Chance zu entdecken, daß es möglich ist, Wiedergutmachung anzubieten, die auch akzeptiert wird, wenn einer der beiden den anderen in irgendeiner Weise enttäuscht hat (Fromm-Reichmann, 1950), zutiefst wichtig sein.

Manchmal ist die Arbeitsweise, die ich hier beschreibe, so neu für den Patienten, daß dadurch nicht nur Chancen entstehen, neue zwischenmenschliche Möglichkeiten zu entdecken, sondern es können auch innere Kapazitäten geweckt werden, die sonst vielleicht nie genutzt oder entwickelt würden. Stern machte in dieser Hinsicht eine wichtige Beobachtung. Er schreibt, daß bestimmte Erfahrungskategorien „sogar nie auftauchen könnten, wenn sie nicht durch den Einfluß anderer Menschen ausgelöst oder aufrechterhalten würden, und daß sie ohne andere nie als bewußter Bestandteil der Erfahrung unserer selbst existieren würden." (1983, S. 74)

Es ist natürlich problematisch, das analytische Engagement so zu gestalten, wie ich es hier beschrieben habe, wenn es eine überbordende Übertragung gibt, aber auch, wenn der Patient seine Gefühle abspaltet und affektlos ist. Intensive Gefühle können ein geschlossenes System natürlich ebenso tarnen, und dies kann die Einschätzung erschweren, wie zugänglich oder unzugänglich ein Patient tatsächlich ist. Meiner Erfahrung nach erreicht man bei einer so getarnten Unzugänglichkeit – gleichgültig, ob sie mehr oder weniger offenkundig ist – ein Arbeitsbündnis eher, indem man zuerst einen analytischen Prozeß herstellt, als umgekehrt. Der Patient entwickelt nur dann die Risikobereitschaft, die für eine größere Offenheit für die analytische Arbeit notwendig ist, wenn er tatsächlich erlebt, wie sie funktioniert und daß sie funktioniert.

Einige klinische Beispiele, bei denen es problematisch war, einen lebendigen psychoanalytischen Prozeß in Gang zu bringen oder zu stabilisieren, sollen das Engagement verdeutlichen, das ich hier beschrieben habe.

RONALD

Ronald, ein Mann in den Zwanzigern, wurde nach zwei Jahren Therapie, die anscheinend in eine Sackgasse geraten war, von einem Kollegen zu mir überwiesen. Trotz akuter somatischer Reaktionen auf Streß, einer schweren Kolitis, die mehrere Krankenhausaufenthalte notwendig machte, und einer Phase von Fettleibigkeit in der Vergangenheit war Ronald sich keiner emotionalen Belastung bewußt, außer hinsichtlich seiner körperlichen Verfassung. Er war zombieartig und von seinen Gefühlen abgespalten. Er behauptete, „keine Gefühle" zu haben. Er hatte wenig zu sagen und wußte nicht, warum er zu mir kam.

Er versäumte Sitzungen und war zynisch, als würde er sagen „Was soll's?" Seine Haltung war generell zynisch: zu seiner Arbeit und zu allen zwischenmenschlichen Beziehungen. Wenn er kam, waren die Sitzungen geprägt von einer Art Schalheit, und sie wurden für mich ebenso frustrierend, wie sie es für ihn zu sein schienen.

Ich versuchte, Ronald seine Wirkung auf mich zu vermitteln, und bestand darauf, daß zumindest mir wichtig war, daß unsere Sitzungen sinnvoll seien, auch wenn es ihm gleichgültig zu sein schien. Ich fragte mich, warum er überhaupt kam, wenn es ihm tatsächlich gleichgültig wäre. Dann fragte ich ihn, ob ihm diese Wirkung auf mich bewußt sei. Er schien ziemlich überrascht zu sein und wurde neugierig.

Als wir uns damit beschäftigten, was er zu erreichen hoffte, wenn er zu den Sitzungen kam, was er mit seinem Verhalten ausrichtete und wie er mich erlebte, wurde er tatsächlich zugänglicher, und verschiedene Dinge wurden deutlich.

Zuerst brachte er seine Überraschung darüber zum Ausdruck, daß er einen derartigen Einfluß auf mich hatte. Er hatte angenommen, seine erstarrte emotionslose Haltung sei ein Mittel, sich „unsichtbar" zu machen. Daß dies eine derartige Reaktion bei mir auslöste, war eine Offenbarung für ihn, und er sprach darüber, wie tief ihn diese Reaktion von mir berührte.

Dann erkannte er allmählich, daß seine Art, auf diese Weise eine Beziehung aufzunehmen, für ihn eigentlich ein Selbstschutz war und jede Gefahr, verletzt oder enttäuscht zu werden, verhindern sollte. In diesem Zusammenhang begann er langsam, mit tiefen Gefühlen von Verletztheit, Schmerz, Traurigkeit und Wut Kontakt aufzunehmen. Dies wiederum aktivierte viele Assoziationen zu seiner Kindheit, die sehr traumatisch gewesen war.

Er erinnerte sich an zahlreiche Szenen, in denen sein Vater, ein Alkoholiker, seine Mutter mit einem Messer bedroht hatte, und an die furchtbare Angst, die er empfunden hatte, als er dies beobachtete. Als ich darauf hinwies, daß er auch jetzt noch manchmal die Qual, die er damals wohl empfunden hatte, herunterspielte, war er sehr berührt, weil ich seine Versuche, die Intensität seiner Qual zu minimieren, nicht akzeptierte. Zum erstenmal – solange er sich erinnern konnte – weinte er und konnte zugeben, wie verletzt, hoffnungslos und verzweifelt er sich fühlte.

Der Mann, der sich sonst unberührbar gab und dem „alles egal" war, zeigte sich jetzt sehr emotional. Er konnte schildern, wie er als Kind aus Wut und Verzweiflung beschlossen hatte, nie wieder verletzbar zu sein, und er konnte offen darüber sprechen, daß er lieber tot wäre. Durch diese Interaktion wurde seine furchtbare Angst vor Gefühlen, Anteilnahme und Wünschen in diesem Kontext zugänglich.

ELIZABETH

Als ich Elizabeth, eine Frau in den Zwanzigern, kennenlernte, war sie unfähig, mit irgend jemandem zu sprechen oder die einfachsten Dinge des Lebens zu handhaben. Sie war in unseren ersten Sitzungen kaum hörbar, aber sie schaffte es, mir zu vermitteln, daß sie einmal in der Woche zu mir kommen wollte und für einmal in der Woche eine Gruppe finden wollte, und sie bestand darauf, daß sie medizinische Betreuung benötigte. Ich sagte ihr, daß ich den Eindruck hatte, dieser Plan sei ein Zeichen für ihre Angst, alles auf eine Karte zu setzen. Bereitwillig bestätigte sie meinen Eindruck. Sie hatte schon früher verschiedene Therapieerfahrungen gemacht und hatte Zeiten hinter sich, in denen sie ihren Alltag nicht ohne starke Medikamente bewältigen konnte. Bis vor kurzem war sie anorektisch gewesen. Obwohl sie eine positive therapeutische Beziehung kennengelernt hatte, waren für sie die meisten therapeutischen Beziehungen in der Vergangenheit – innerhalb und außerhalb der Therapie – destruktiv und sadomasochistisch gewesen. Sie fragte: „Warum sollte ich annehmen, daß die Erfahrung mit Ihnen anders sein wird als all die anderen?"

Ich erklärte ihr, daß sie, wenn sie unserer Arbeit eine Chance geben wollte, ein Risiko eingehen müßte und nicht nur der Form halber zu den Sitzungen kommen könnte. Ich ermutigte sie, zweimal in der Woche zu kommen und weiterhin in die Gruppe zu gehen und auch die Einnahme ihrer Medikamente so lange fortzusetzen, bis sie beurteilen könne, ob die Arbeit mit mir irgendeinen Nutzen für sie haben könnte. Sie hatte entsetzliche Angst, war skeptisch und zynisch. Wir kämpften damit über eine ganze Reihe von Sitzungen.

Ich wies sie ausdrücklich darauf hin, daß es entscheidend sei, ihre Ängste bezüglich der Therapie zu klären und auch ihre Phantasien darüber, wie sie die Therapie nutzen wollte, bevor wir eine sinnvolle Arbeit erwarten könnten. Meiner Meinung nach war der kritische Punkt ihr Zynismus und ihre Verzweiflung, weil sie keine Chance sah, daß sich jemals etwas ändern könnte oder daß man ihr überhaupt helfen könnte. Wir hätten „Dienst nach Vorschrift" machen können, aber sie hatte das schon oft genug getan und wußte, daß sie etwas anderes brauchte. In gewisser Hinsicht mußte zuerst geklärt werden, wie wir sinnvoll und produktiv zusammen arbeiten könnten, trotz ihres Widerwillens dagegen.

Nach einigen Sitzungen beschloß sie, die Gruppe und die Medikamenteneinnahme fortzusetzen, und wir trafen uns zweimal in der Woche zu Sitzungen. Sie blieb argwöhnisch. Während dieser Zeit beobachtete sie aufmerksam und in allen Einzelheiten, wie ich mich verhielt. Sie registrierte jeden Gesichtsausdruck, jede Veränderung in der Körperhaltung und konfrontierte mich mit diesen Beobachtungen als Beweis meines mangelnden Interesses an ihr. Ich mußte mich anstrengen, sie zu hören, weil sie mit so leiser Stimme sprach, daß sie kaum vernehmbar war. Ich bemerkte, wie sensibel und verletzbar sie offensichtlich war, aber auch, wie herausfordernd und fordernd in bezug auf mich. Es schien, daß sie unsere Interaktion eher danach ausrichtete, mich zu testen, als zu versuchen herauszubekommen, ob die Analyse bei mir für sie wirklich von Nutzen sein könnte. Dadurch wurde die Wahrscheinlichkeit, daß die Analyse für sie von Nutzen sein könnte, gezielt sabotiert, und es war sinnlos, eine Therapie zu beginnen, weil sie nur dazu diente, die nächste Enttäuschung zu sichern. Außerdem beeinträchtigte die Angst, die sie in bezug auf mich und die Analyse spürte, ihr Leben und ihre Erfahrungen auch außerhalb unserer Sitzungen.

In diesen Sitzungen der Anfangszeit konnte sie erzählen, wie sie beschlossen hatte, undurchdringlich zu werden, um sich vor der Gefahr zu schützen, infiltriert, verletzt oder destruktiv beeinflußt und verändert zu werden. Sie sah das als eine Art heroischen Versuch an, ihre Integrität aufrechtzuerhalten; ihre Anorexie hatte eine ähnliche Funktion gehabt. Sie hatte Angst, sie wäre vollkommen verletzbar und schutzlos, wenn sie sich auch nur im geringsten öffnete, oder in irgendeiner Weise bedürftig oder abhängig wäre. Sie schilderte viele qualvolle Erfahrungen von Verletzung und Demütigung, und sie sprach darüber, wie bitter sie enttäuscht und wie furchtbar sie hintergangen worden war, wenn sie gewagt hatte, Risiken einzugehen. Sie konnte sich nicht vorstellen, auf welche Weise sie selbst vielleicht daran beteiligt sein könnte. Die sorgfältige und detaillierte Klärung unserer unmittelbaren Interaktion trug entscheidend dazu bei, daß wir erkennen konnten, wie sie selbst daran beteiligt war, solche Erfahrungen zu wiederholen.

Es hatte eine heilende Wirkung, herauszufinden, daß auf diese Weise etwas Positives bei unserer Arbeit herauskommen konnte, und das ermutigte sie, mehr zu wagen. Unsere Beziehung wurde zunehmend wichtiger für sie, und sie beschloß, dreimal in der Woche zu kommen.

Als ich einige Zeit später eine Sitzung absagen mußte, war sie erschüttert und fühlte sich verraten. Ihre Wut war so groß, daß sie glaubte, alles, was wir bis dahin erreicht hatten, sei nun zerstört. Sie weigerte sich, meine Entschuldigung anzunehmen, und trotz meiner Versuche, darüber zu diskutieren, war sie absolut unnachgiebig. Sie war nicht bereit, auch nur das Geringste von dem zu berücksichtigen, was ich sagte, und sie war sehr selbstgerecht. Ich sagte ihr, daß ich sehr wohl verstand, wie schmerzhaft diese Erfahrung für sie sei, aber ich wies auch darauf hin, wie rücksichtslos und strafend sie war. Ich beharrte darauf, ich hätte auf der Grundlage unserer bisherigen Arbeit wenigstens verdient, daß sie in Erwägung zöge, daß ich den Termin nicht leichtfertig oder gleichgültig oder unverantwortlich abgesagt hätte, auch wenn sie zu glauben schien, sie habe nun das „Recht", mich wie einen Putzlumpen zu behandeln. Und ich fügte hinzu, wenn sie meinte, sie könnte nicht im Zweifelsfall zu meinen Gunsten verfahren oder mir gar vergeben, dann hätte ich genauso ein Recht darauf, mich über sie zu ärgern, wie sie. Anschließend erzählte ich ihr, daß ich die Sitzung hatte absagen müssen, weil ich zu der Beerdigung eines Freundes gehen wollte. Das war anscheinend der Durchbruch durch die ansonsten unerbittliche Mauer ihres rasenden Zorns. Sie deutete sogar ein Lächeln an, als sie sagte: „Wenn man arm und hungrig ist, kann man es sich nicht leisten, großzügig zu sein."

Im Anschluß an diese Interaktion konnten wir untersuchen, wie groß ihre gefräßige Bedürftigkeit und ihr emotionaler Hunger waren. Es kamen viele Assoziationen und Erinnerungen. Früher war ihr Vertrauen immer, wenn sie Nähe zugelassen hatte, entsetzlich mißbraucht worden, besonders in der Beziehung mit ihrem Vater. Sie hatte Angst, es könnte ihr mit mir genauso gehen.

92

In der nächsten Sitzung berichtete sie, daß es ihr seit unserer letzten Sitzung so gut gegangen sei wie schon seit Wochen nicht mehr. Es hatte sie sehr „berührt", daß ich bereit war, mit ihr zu „kämpfen". Wir konnten erkennen, daß es ihre gewohnte Art war, lieber gar nichts zu nehmen, wenn sie nicht alles haben konnte. Sie merkte allmählich, wie widersinnig das war. Im Gegensatz zu dem verzweifelten Hungergefühl, das sie früher beschrieben hatte, schilderte sie jetzt mit einiger Verlegenheit, wie „satt" sie sich durch unsere Sitzungen fühlte.

Nun wurde sie in der Analyse offener, und alle Ängste, der Willkür des anderen ausgeliefert zu sein, wenn sie sich jemandem nahe fühlte, wurden intensiver. Sie entwickelte Ängste, ich könnte sexuelle oder andere Ansprüche erheben und daß sie unfähig sei, sich dagegen zu wehren. Dann erzählte sie, sie habe sexuelle Gefühle für mich entwickelt. Das sei bisher bei jedem Therapeuten geschehen – männlich oder weiblich –, auch bei Therapeuten, die sie nicht mochte und zu denen sie sich gar nicht hingezogen fühlte. Das war der Beginn einer Arbeitsperiode, in der wir erkennen konnten, daß die Gefahren, die sie von anderen fürchtete, oft ihre eigenen projizierten Wünsche widerspiegelten. Wir konnten auch untersuchen, wie stark ihr inneres Zerstörungspotential, ihre Neigung zur Selbstvernichtung war. Einige Zeit später begann sie eine Sitzung mit einer pantomimischen Darstellung, die ich nicht verstand. Als ich sie bat, mir das zu erklären, ignorierte sie meine Frage und machte weiter. Das ging so eine ganze Weile. Ich fühlte mich zunehmend unwohler und machte mir Sorgen über ihren Geisteszustand. Schließlich sagte sie, sie habe sich so verhalten, um mich und unsere Beziehung zu prüfen. Sie hatte Angst, daß unsere Beziehung nur Bestand haben könnte, wenn sie mich zufriedenstellte. Sie wollte sehen, ob ich es ertragen würde, wenn sie nicht tat, was ich wollte, und für sie war ihr Verhalten ein Zeichen ihres Mutes und ihrer Hoffnung.

Als dies deutlich ausgesprochen war, spürte ich, wie irritiert ich war, weil sie mit mir gespielt hatte, und ich sagte ihr das.

Das schien sie emotional auf sehr komplexe Weise zu berühren; viele Aspekte ihrer Reaktion wurden erst später erkennbar. Damals sagte sie, sie habe erkannt, daß sie mich verärgern und auf diese Weise Distanz zwischen uns schaffen könne, und dadurch sei ihr bewußt geworden, wie wertvoll für sie die Nähe zwischen uns sei und daß sie darauf selbst Einfluß nehmen konnte. Das war eine Offenbarung für sie. Sie hatte verstanden, daß sie immer versuchte, die Reaktionen der anderen zu kontrollieren, indem sie sich bemühte, sie zufriedenzustellen.

Ich erwiderte, daß ich sie mochte (und das stimmte) und daß ihre Bemühungen, mich zufriedenzustellen, für meine Gefühle zu ihr unerheblich waren. Sie fing an zu weinen, und allmählich verstand sie, daß es möglich ist, daß sich Menschen übereinander ärgern, ohne daß sie zwangsläufig sadistisch miteinander umgehen oder die Beziehung beenden müssen. Sie merkte, daß sie zwar ein Recht hatte zu verlangen, daß man sie nicht sadistisch behandelte, aber nicht darauf, daß der andere nicht wütend auf sie sein durfte. Nun konnten wir uns mit ihrer Angst befassen, zu sich selbst zu stehen. Auch ihre verzweifelte Bedürftigkeit und ihr Glaube, daß ihr Überleben davon abhinge, sich selbst preiszugeben oder herabzusetzen, um Beziehungen aufrechtzuerhalten, konnten nun näher untersucht werden.

Dadurch, daß sie sich mit der Realität meiner Person und unserer Situation konfrontieren und Wege finden mußte, damit umzugehen, konnte sie erkennen, wie wenig Spielraum sie hatte, Frustration und Enttäuschung über die Unvollkommenheit der Welt zu ertragen, und sie konnte sich allmählich mit ihren Schwierigkeiten befassen, nicht nur meine Unvollkommenheit zu akzeptieren, sondern auch die ihren.

Später erzählte mir Elizabeth spontan, daß meine Bereitschaft, diese Erfahrungen mit ihr zu durchleben und sie nicht nur als „Fall", sondern als Person zu behandeln, entscheidend für sie war. Aufgrund dieser Erfahrung konnte sie die Risiken eingehen, die notwendig waren, damit sich etwas verändern konnte. Ausschlaggebend für diese Entwicklung war meine Beharrlichkeit, von ihr zu fordern, konstruktiv und ehrlich mitzuarbeiten und mich trotz meiner Unvollkommenheit anständig zu behandeln.

JUSTIN

Justin, der scheinbar eifrig „frei assoziiert" hatte, war frustriert, weil ich relativ wenig sagte. Er hatte das Gefühl, daß „nichts" passierte. Seiner Ansicht nach war es meine Aufgabe, dafür zu sorgen, daß etwas in Gang kam. Er war besorgt, weil ich seine dritte Analytikerin war und er nicht noch eine „gescheiterte Analyse" wollte.

Ich hatte eine Vorstellung – die ich ihm auch mitteilte –, wie sein vorheriger Analytiker hektisch versuchte, ihn irgendwie zu erreichen (er hatte diesen Mann als sehr aktiven Analytiker beschrieben, der nichts durchgehen ließ und ein wenig nörglerisch zu sein schien). Ich erklärte ihm, welchen Eindruck ich von dem Geschehen hatte. Meiner Meinung nach hatte

Justin seinen Analytiker hinters Licht geführt und ihm hin und wieder ein paar „Brocken" zugeworfen, aber nicht mehr. Tatsächlich hatte er die Analyse mit dem Triumphgefühl beendet, ungeschoren davongekommen zu sein: Er hatte seinen Therapeuten überlistet, indem er ihn dazu gebracht hatte, so fleißig und doch vergeblich zu „arbeiten".

Ich sagte, es sei wichtig für ihn zu überlegen, warum er diesmal in die Analyse komme und was er damit zu erreichen hoffe, und ich meinerseits sei interessiert und bereit, sehr engagiert mit ihm zu arbeiten, wenn er es wollte – aber er hätte zu entscheiden, was er wollte. Ich sagte ihm auch, daß ich ihn mochte, wie er war, und wenn er sich ändern wollte, sei das seine Sache. Er antwortete, ihn habe dies „innerlich tief erschüttert" und er brauche Zeit, darüber nachzudenken. Er fügte hinzu, er sei ratlos und wisse nicht, wie er meine Frage beantworten könnte. Soweit ihm bewußt sei, wolle er nur „glücklich" sein, aber er erkenne auch, daß er dafür selbst nichts tun wolle. Das sei meine Aufgabe. Ich erklärte, es sei gleichgültig, was ich machen würde, es würde erfolglos sein, wenn er nicht mit mir arbeiten wolle. Er antwortete mit der folgenden Assoziation:

„Als ich auf dem College noch LSD nahm, wenn ich beängstigende Gedanken hatte, hatte ich die Vorstellung, ich hielte einen Baseballschläger in den Händen. Wenn die Gedanken auf mich zukämen, würde ich sie einfach weghauen. Die Resultat war, daß keiner dieser Gedanken mich erreichte."

Dieses Bild half mir zu klären, was ich immer erlebt hatte, wenn ich versuchte, ihn zu interessieren. Obwohl ich es bis dahin nicht erkannt hatte, fühlte ich mich jedesmal, wenn ich etwas zu ihm sagte, „weggehauen".

Als ich ihm dies erzählte, gab er zu, daß „ich mich auf meinen Lorbeeren ausgeruht habe". Er erklärte: „Ich habe das Gefühl, ich habe meinen Beitrag schon geleistet." Er spielte damit darauf an, daß er seine Heroinabhängigkeit erfolgreich bekämpft hatte. Er betonte, er wolle gegenwärtig nicht noch mehr Kämpfe durchstehen müssen, und er wolle weder von mir noch von sonst jemandem „belästigt" werden.

Dann schilderte er die intensive Angst, welche durch die Fragen, die ich aufgeworfen hatte, bei ihm ausgelöst worden war. Es war viel einfacher für ihn, sich zum Beispiel damit zu beschäftigen, warum er mit irgend jemandem zu einer bestimmten Gelegenheit geschlafen hatte, als sich mit der Frage zu befassen, was er von der Therapie oder vom Leben erwarte. Er hatte diesmal offensichtlich den Ball nicht weghauen können, und es war spürbar, wie intensiv dadurch seine Gefühle berührt waren.

In einer der folgenden Sitzungen konnte er darüber sprechen, wie demütigend es für ihn war, zuzugeben, emotional engagiert zu sein, zuzugeben, wenn ihn etwas emotional berührte. Es kamen ausführliche Assoziationen zu einem Erlebnis in der Kindheit, bei dem er belästigt worden war. Er sagte, dies sei immer sein „dunkles Geheimnis gewesen, das vor sich hinschwelt, das unablässig an mir nagt. Ich verweile dabei nie zu lange. Ich wende den alten Baseballtrick an und hau es einfach weg."

Er erzählte von seiner Wut, seinen Selbstvorwürfen und sprach darüber, wie sehr er sich schäme und daß es ihn demütige, weil er nicht dagegen ankomme, daß dieser Vorfall immer noch an ihm nage. Ich machte eine Bemerkung darüber, wie sich die Themen verändert hatten, seit wir begonnen hatten, darüber zu diskutieren, daß er kooperativ mitarbeiten mußte. Er erwiderte: „Bei mir wurde etwas geweckt, und das war der Schlüssel zur Motivation. Die Vorstellung, die Sie mir schilderten, war etwas, worüber ich noch nie nachgedacht hatte. Was will ich werden? Wer will ich sein? Ich muß darüber sprechen, wer ich bin, wenn ich der werden will, der ich sein möchte. Ich glaube, ich habe mir nie Gedanken darüber gemacht, wer ich sein will."

Anschließend berichtete er von einem unerwarteten Treffen mit seiner geschiedenen Frau, die selbst drogensüchtig gewesen war. Er bekam ziemlich große Angst, von ihr wieder dazu verführt zu werden können, Drogen zu nehmen, und spürte, daß er nicht so „immun" war, wie er gehofft hatte.

Ich hatte den Eindruck, einer der Gründe, warum er Bedenken hatte, sich auf die Analyse einzulassen, war der, daß er dadurch zwangsläufig mit der Vergangenheit in Berührung käme und seine Drogensucht wieder zum Thema würde. Er antwortete, dies würde genau „ins Schwarze treffen". Der Gedanke, sich emotional zu „öffnen", bedeutete, daß er sich dann mit dem „Zeug" herumschlagen müßte, das er lieber als gestorben behandelte. Im Gegensatz zu der Haltung, seine Überlegungen formal und von seinen Gefühlen getrennt mitzuteilen, die unsere früheren Sitzungen charakterisiert hatte, waren seine Schilderungen nun emotional und voller Bedeutung für ihn.

JULIA

Nach einer Sitzung, in der sie starke positive Gefühle für mich beschrieben hatte, kam Julia, eine relativ neue Patientin, das nächste Mal sichtlich bekümmert zu mir. Sie verkündete, ihr sei kalt und sie sei deprimiert, als sie, in ihren Mantel gewickelt und zitternd, am anderen Ende der Couch saß. Sie sagte, sie sei besorgt, ob diese Beziehung „funktionieren" könne, und sie brauche Raum, und was sie nun von mir wolle, sei, daß ich still sei und sie in Ruhe ließe.

Zuerst hatte ich die Neigung, ihr Verlangen zu respektieren; denn gewiß gibt es Zeiten, in denen jeder Kommentar des Analytikers eine notwendige Erfahrung unterbrechen oder verhindern kann. Aber allmählich begann ich zu zweifeln, ob dies ein solcher Moment wäre. Ich überlegte, ob es ein Zeichen von Kollusion sein könnte, wenn ich auf ihre Bitte einginge. Wollte sie mich auf irgendeine Art prüfen? Würde sie mein Schweigen als Hinweis darauf verstehen, daß ich ihr den labilen Zustand glaubte, oder vielleicht als Bestätigung ihrer schlimmsten Befürchtungen auffassen? Wenn ich weiterhin schwieg, würde ich dann an einem komplexen Szenario beteiligt sein, von dem ich nicht die geringste Ahnung hatte? Wenn ich weiterhin schwieg, würde es keine Möglichkeit geben, das herauszufinden. Nachdem ich sorgfältig darüber nachgedacht hatte, beschloß ich, zu reagieren, indem ich ihr mein Dilemma mitteilte. Ich sagte, ich sei unsicher, ob ich ihren Wunsch, ich solle schweigen, respektieren sollte oder ob dies an einem wichtigen Punkt unserer Arbeit ein analytischer Fehler sein könnte.

Sie sagte nichts. Ermutigt, weil keine negative Reaktion von ihr kam, fuhr ich in einer Art Monolog fort und sagte, daß es nicht unbedingt das Beste sein müßte, wenn ich schweigen würde, selbst wenn sie denke, es wäre am besten. Oder ob es sein könnte, fragte ich, daß hierbei etwas anderes eine Rolle spielte, was mit ihrer Familie zu tun hatte, die immer darauf beharrte, daß sie tat, was sie wollte? Ging es darum, die Situation und mich im Griff zu haben, und die Angst davor, was geschehen könnte, wenn sie das alles nicht unter Kontrolle hätte? Was würde geschehen, wenn ich nicht ruhig bliebe und sich herausstellte, daß genau das ihr helfen könnte, auch wenn sie das nicht geahnt hatte. Wäre das gut oder schlecht? Wenn ich weiterhin ruhig bliebe, wäre sie dann erleichtert oder enttäuscht? Oder, fuhr ich fort, hätte das mit gewissen Gefühlen zu tun, sich nicht selbst helfen zu wollen oder helfen zu lassen? Vielleicht legte sie es darauf an, daß diese Analyse nicht funktionieren sollte? Als sie sagte, sie sei besorgt, es würde zwischen uns nicht „funktionieren", wäre sie da besorgt gewesen, die Therapie könnte nicht funktionieren, oder wäre sie besorgt gewesen, daß ihr Wunsch, mich zu kontrollieren nicht funktionierte? Vielleicht wäre es beängstigend, sich auf einen Prozeß einzulassen, von dem sie spürte, daß sie ihn nicht vollkommen kontrollieren könnte?

Dann begann ich darüber nachzudenken, daß sie „fror" und dort saß, eingewickelt in ihren Mantel, und abwartete, ob ich reagieren würde und wenn ja, wie? Ich setzte meinen Monolog fort, indem ich laut meine Gedanken entwickelte. Ob sie sich fühlte wie jemand, der so friert, daß er nicht einmal mehr aufstehen kann, um Feuer zu machen, oder ob ihr so kalt wäre, daß es ihr nicht in den Sinn kam, um Hilfe zu bitten? Oder wartete sie ab, ob ich ihr Hilfe anbieten würde? Was würde geschehen, wenn ich einfach sagen würde: „Ich bin bei Ihnen. Wie wäre es, wenn ich jetzt mal Feuer mache, wenn Sie es nicht können?"

Sie blickte auf und sah mich interessiert an. Ermutigt durch ihre scheinbare Neugierde, fuhr ich fort: „Angenommen, ich hab gerade Feuer gemacht."

Ihre Reaktion darauf kam sofort, und sie war dramatisch. Im Gegensatz zu ihrem mißmutigen Gesichtsausdruck bis zu diesem Augenblick verkündete sie mit plötzlicher Lebhaftigkeit, sie friere nicht mehr und ihr sei auf einmal sehr heiß. Sie zog jetzt ihren Mantel aus. In dem Moment mußten wir beide lachen. Das Eis war buchstäblich gebrochen. Ich sagte: „Ich wette, Sie haben sich nicht vorstellen können, daß Sie heute noch so lachen könnten."

Sie grinste.

Ich sagte: „Das war ein wundervoller Augenblick."

Sie erwiderte in einem Tonfall, der bemüht schien, die Stimmung etwas zu dämpfen und mich in meine Schranken zu weisen: „Es war in Ordnung, aber nicht unbedingt wunderbar."

Dann fragte ich, was sie von den ganzen Gefühlen halte, die durch unsere Interaktion in Bewegung geraten waren.

Die ungeheuer starken – sowohl positiven als auch negativen – Gefühle für mich machten ihr Angst. Sie bezog sich damit gleichzeitig auf die vorige Sitzung und auf die unmittelbare Interaktion. Sie schien verärgert, als sie sagte, sie glaube nicht, daß ich ihr helfen könnte, auch wenn ich für sie die „einzige Hoffnung" sei. Sie fügte hinzu, daß sie große Angst habe, weil sie in dieser Beziehung viel aufs Spiel setze und ich nicht. Sie sagte, ihr sei bewußt, wie neidisch sie auf mich sei. Ihrer Meinung nach hatte ich alles – ich hatte beruflichen Erfolg, und ich hatte eine Familie. An dieser Stelle legte sie sich auf die Couch und schilderte sehr ausführlich ihre Angst. Wie konnte sie wissen, ob das Ganze hier funktionieren würde? Konnte sie sicher sein, nicht verrückt zu werden? Ich war emotional sehr bewegt, als sie über ihre Angst sprach, sie könnte verrückt werden, den Verstand verlieren, und ich könnte sie dann vielleicht nicht retten.

Ich glaube nicht, daß es dieselbe Wirkung erzielt hätte, wenn ich einfach zu einem früheren Zeitpunkt gedeutet und ihr gesagt hätte, daß ihr Verlangen, ich solle schweigen und sie in Ruhe lassen, eine Reaktion auf ihre Angst vor den Gefühlen war, die in der vorherigen Sitzung in Bewegung geraten waren und darauf, wie unwohl sie sich deswegen gefühlt hatte. Weil sie in der Interaktion zwischen uns nun selbst darauf gekommen war, hatte diese Einsicht eine viel größere Kraft. Ich glaube auch, daß es über den aktuellen Inhalt dessen hinaus, was ich ihr vermittelte, sinnvoll und wichtig war, daß ich ihr meine Schwierigkeiten mitteilte, daß ich mich als ganze Person bemühte, sie zu erreichen, und daß ich bereit war, ihr die Hand zu reichen, sogar als sie mich wegstieß.

JANE

Jane, eine Frau in den Vierzigern, redete viel, und ihre Schilderungen wirkten wie üppige Traumbilder. Ich hatte trotzdem den Eindruck, daß sie sehr abgeschottet und von ihren Schilderungen emotional getrennt und ebenso weit entfernt war wie von mir. Ich sprach darüber, daß ich stärker ihre Selbstisolierung spürte und der Inhalt ihrer Schilderung für mich eine geringere Rolle spielte. Ich stellte die Vermutung an, ob das, was jetzt gerade zwischen uns geschah, vielleicht ähnlich sei wie das, was sie in früheren Sitzungen oft berichtet hatte, wenn sie von sexuellen Episoden sprach, bei denen sie „ihren Körper hingab", aber nicht sich „selbst". Dies regte Assoziationen an, und sie erzählte, wie enttäuscht sie am vorigen Wochenende war. Sie hatte mit ihrem Freund geschlafen, und er hatte nicht bemerkt, wie „abwesend" sie war, und er hatte sich auch nicht bemüht, sie zu „finden".

Unter Tränen schilderte sie, wie sehr es sie verletzt hatte, daß er auf ihre „Abwesenheit" nicht reagiert hatte. Für sie war deshalb klar, daß sie ihm nicht „wichtig" sei. Ich würde mich ihr gegenüber ganz anders verhalten als er, und ich würde sie nicht mit dieser Art von Distanz weggehen lassen. Für sie war mein Verhalten ein Beweis, daß sie mir „wichtig" war, und sie hatte das Gefühl, „lebendig" und „real" zu sein, wenn wir miteinander kämpften. Etwas unbehaglich fügte sie hinzu, dies würde auch erotische Gefühle für mich wecken, und sie habe Angst davor.

Nun konnten all die Nuancen ihres komplexen „Versteckspiels", bei dem sie es dem anderen wirklich schwer machte, sie zu finden, exploriert werden; auch die Gefühle, die geweckt wurden, wenn der andere mitspielte oder auch nicht, konnten nun untersucht werden. In diesem Zusammenhang war sie in der Lage, über ihren Wunsch zu sprechen, die anderen sollten beweisen, wie wichtig sie ihnen sei, indem sie ihr sogar dann nachliefen, wenn sie sich gegen sie wehrte und sie wegstieß. Sie wünschte sich, daß sie dem anderen so wichtig war, daß er sie fand und gegen ihren Protest festhielt: Das erregte sie sexuell, und so hatte sie mein Verhalten erlebt.

Sie konnte nicht nur erkennen, wie groß ihr Anteil daran war, mich dazu zu bringen, so zu reagieren, sondern auch, daß sie nur unter solchen Bedingungen das Gefühl nicht verlor, „am Leben" zu sein. Als sich dies schmerzlich herauskristallisierte, beschäftigten wir uns anhand unserer Interaktion damit, was jeweils die Veränderung ihres Zustands von „sich tot" und „sich lebendig fühlen" bewirkte, und warum sie das Gefühl hatte, daß sich diese Zustände unabhängig von ihr veränderten. Im Rahmen dieser Exploration konnte sie auch über ihre erotischen Gefühle für mich sprechen und darüber, daß sie panische Angst bekam, wenn sie mich nicht mindestens um Armeslänge auf Distanz halten konnte.

Ich will an dieser Stelle nicht Janes Therapie in allen Einzelheiten erörtern. Mir geht es darum zu verdeutlichen, daß sie es möglicherweise als Beweis meiner Gleichgültigkeit interpretiert hätte – wie bei ihrem Freund – und daß es zu einer anderen Entwicklung der Übertragung geführt hätte, wenn ich ihr meinen Eindruck nicht mitgeteilt oder mich auf den Inhalt ihrer ersten Darstellung bezogen hätte. Das komplexe Geflecht ihrer Gefühle wäre vielleicht nicht aufgedeckt worden, wenn ich der Wirkung meines Verhaltens nicht nachgespürt hätte. Das Dilemma war natürlich, daß jede Reaktion als Frustration oder Erfüllung ihrer Phantasie interpretiert worden wäre. In diesem Fall hatte sie meine Bemühung wiederzugeben, was zwischen uns vor sich ging, als Beweis meines Interesses an ihr gedeutet. Jede andere Reaktion hätte sie als Teil eines Spiels erlebt, das Wirkungen und Konsequenzen gehabt hätte – gleichgültig, ob mir das bewußt gewesen wäre oder nicht und ob ich guten Willens gewesen wäre oder nicht. Es ist natürlich eine Herausforderung an die Kreativität des Analytikers, bei diesen Gegebenheiten einen psychoanalytischen Prozeß in Gang zu bringen. Für die Bewältigung dieser Herausforderung ist die Fähigkeit, wachsam und aufmerksam für die Feinheiten der Interaktion zu sein und aufgrund sorgfältiger Überlegung damit zu arbeiten, unsere wertvollste Eigenschaft.

Die aktive Beteiligung des Analytikers kann natürlich auf ganz eigene Weise verführerisch sein. Besonders wenn er versucht, den Patienten zu unterstützen, weil dieser dadurch eine neue Erfahrung macht, die für ihn möglicherweise eine ersehnte Art von Zuwendung darstellt. Der Patient kann die neue Erfahrung zum Beispiel als Erfüllung der Phantasie erleben, daß ein weiser oder mächtiger Mensch ihn in seine Obhut nimmt. Wenn wir es mit einem Patienten zu tun haben, der große Sehnsucht nach Zuwendung durch den Analytiker hegt, kann schon die bloße Bemühung, die Wirkung unseres Verhaltens auf den Patienten zu analysieren, zu einer solchen Befriedigung werden. In manchen Fällen können die Phantasien des Analytikers und des Patienten konvergieren, ohne daß dies einem von beiden bewußt ist. Trotzdem lassen sich diese Überlegungen auch auf jedes andere Verhalten des Psychoanalytikers anwenden. So kann Schweigen in manchen Fällen unter anderem auch als Beweis höchster Aufmerksamkeit, als Zeichen von Weisheit, als Verständnis oder sexuelles Interesse gedeutet werden. Gerade deshalb ist die rigorose Beachtung jedes Details der Interaktion so entscheidend (hierbei sind natürlich die affektiven Details besonders wichtig).

KAPITEL 6

GEFAHREN DES WIDERSTANDS IN DER GEGENÜBERTRAGUNG

Früher dachte man, die Gegenübertragung sei eine Behinderung der psychoanalytischen Arbeit. Obwohl es immer noch Kontroversen darüber gibt, wie man sie am besten nutzt, und obwohl es reale Gefahren gibt, sie falsch zu handhaben, wird heute von nahezu allen Psychoanalytikern anerkannt, daß sie nicht nur ein fester (bewußter oder unbewußter) Bestandteil der Beziehung zwischen Analytiker und Patient ist, sondern auch ein potentiell machtvolles und oft entscheidendes psychoanalytisches Instrument. In manchen Fällen mag die Sensibilität für die Gegenübertragung sogar die einzige Basis sein, uns auf den Patienten einzustimmen, um psychoanalytisch arbeiten zu können.

In diesem Kapitel beschäftige ich mich mit dem Problem des *Widerstands in der Gegenübertragung* und arbeite heraus, warum ich glaube, daß dieser Widerstand nicht nur verhindern kann, Material der Gegenübertragung für den Fortschritt der Analyse einzusetzen, sondern auch die Wahrscheinlichkeit erhöht, daß die Gegenübertragung die Arbeit auf weniger optimale Weise beeinflußt. Unser Widerstand kann zu einer der tiefgreifendsten Bedrohungen für den psychoanalytischen Prozeß werden.

Häufig taucht Widerstand in der Gegenübertragung auf, wenn wir uns der Gegenübertragung bewußt sind und wir uns deshalb mit Aspekten unserer selbst und unserer Gefühle konfrontieren müssen, die bedrohlich sein können. In dieser Hinsicht ist es wichtig, darauf hinzuweisen, daß positive Gefühle ebenso bedrohlich sein können wie negative, wie es schon Ende des vergangenen Jahrhunderts geschah, als Josef Breuer „Frl. Anna O." behandelte (Breuer, 1885).

Widerstand in der Gegenübertragung beinhaltet natürlich auch den Widerstand gegen das Bewußtwerden von Kollusion. Er kann sich in den Abwehrmechanismen von Identifizierung und Reaktionsbildung ebenso äußern wie als Isolierung, Widerstand gegen das Bewußtmachen der eigenen affektiven Reaktionen und als Widerstand gegen das Bewußtwerden bestimmter Schattierungen der Interaktion von Übertragung und Gegenübertragung. In manchen Fällen jedoch kann sich der Widerstand in der Gegenübertragung nicht nur als Widerstand gegen das Bewußtwerden eigener Gefühle und Gedanken zeigen, sondern auch darin, keinerlei emotionales Engagement für den Patienten zuzulassen. Vielleicht tut man gut daran, über diese Art der „Abspaltung der Gefühle" des Analytikers als eine Form der Gegenübertragung nachzudenken.

Der Widerstand in der Gegenübertragung kann auch die grundsätzliche Haltung des Analytikers zur Aufgabe der Psychoanalyse widerspiegeln (siehe zum Beispiel die Position A. Reichs 1951, 1960). Das Neutralitätsprinzip wird von den verschiedenen psychoanalytischen Gruppierungen unterschiedlich aufgefaßt. Die einen verstehen darunter die Forderung, der Analytiker dürfe nicht oder nur wenig emotional reagieren; für die anderen ist Neutralität definiert als Kategorie, die erfaßt, wie der Analytiker seine zwangsläufig auftretenden affektiven Reaktionen nutzbar macht. Aus der ersten Perspektive kann eine emotionale Reaktion des Analytikers als Beweis dafür betrachtet werden, daß er nicht in der Lage ist, die richtige psychoanalytische Haltung beizubehalten. Aus der zweiten Perspektive wird durch das Tabu des affektiven Erlebens verhindert, daß der Analytiker sich selbst als sensibles analytisches Instrument nutzbar machen kann, und es wird ausgeschlossen, daß er sich auf eine Weise affektiv engagiert, die entscheidend für das Gelingen des analytischen Prozesses sein könnte.

Letzteres stützt sich auf Heimanns Beobachtung, daß „die Emotionen, die (beim Analytiker) auftauchen, dem Kern der Sache viel näher kommen als der Verstand, oder, um es in anderen Worten zu sagen, seine unbewußte Wahrnehmung des Unbewußten des Patienten ist scharfsinniger und seiner bewußten Konzeption der Situation voraus... Die emotionale Reaktion des Analytikers auf seinen Patienten in der psychoanalytischen Situation ist eines der wichtigsten Instrumente für seine Arbeit." (1950, S. 82)

Meiner Erfahrung nach ist die Fähigkeit des Analytikers, im Verlauf der Arbeit alles, was bei ihm innerpsychisch aktiviert wird, zu respektieren und die bewußte Kenntnis dieser Vorgänge zu nutzen, eine Quelle inspirierter Kraft. Aus dieser Perspektive können wir – sogar wenn wir wissen, daß unsere eigenen Phantasien dabei eine Rolle spielen – noch wichtige Informationen gewinnen, wenn wir überlegen: Warum mit *diesem* Patienten und nicht mit einem anderen, und auch, warum jetzt mit diesem Patienten und nicht mit demselben Patienten zu einem anderen Zeitpunkt?

Hierzu möchte ich ein Beispiel von einem Ausbildungskandidaten erzählen, dessen Arbeit merkwürdig zäh vorankam, obwohl er aufmerksam und sensibel war. Etwas beklommen gestand er schließlich, daß seine Energien durch den permanenten Kampf absorbiert wurden, das aus der

Arbeit herauszuhalten, was er als seine eigenen „verrückten" Phantasien bezeichnete. Als ich darauf hinwies, daß es wertvoll sein könnte zu überlegen, ob diese Phantasien vielleicht damit zusammenhingen, was gerade bei ihm im Behandlungzimmer vor sich ging, war er skeptisch. Trotzdem suchten wir nach einer möglichen Verbindung; er war erstaunt, als er entdeckte, daß seine Phantasien nicht nur etwas damit zu tun hatten, was mit seinen Patienten geschah, sondern auch daß sie ziemlich scharfsinnig und durchdringend waren und er sie sehr gut nutzen konnte, um wichtige Informationen für seine Arbeit zu gewinnen.

Die meisten Analytiker haben ähnliches erlebt wie ich zum Beispiel mit einer Patientin, bei der ich plötzlich die Phantasie hatte, sie würde zu einer bestimmten Sitzung einen Revolver mitbringen; und tatsächlich eröffnete sie mir in dieser Sitzung – ich hatte meine Phantasie nicht erwähnt –, daß sie Mordphantasien gegen mich hege und furchtbare Angst sie daran gehindert hatte, darüber zu sprechen. Wenn Patienten uns solche Phantasien nicht erzählen, kann Sensibilität für diese Dimension unseres eigenen Erlebens uns zu wichtigen Erkenntnissen führen.

Es ist ein weitverbreitetes Beispiel für eine Spielart des Widerstands in der Gegenübertragung, wenn der Analytiker in bestimmten Momenten schläfrig wird und er das nicht mit dem Patienten in Verbindung bringt. Manchmal können wir die Verbindung zu dem Geschehen mit dem Patienten erst herstellen, wenn wir in der nächsten Sitzung zu unserer großen Überraschung bemerken, daß wir hellwach sind. Dann wird deutlich, daß die schläfrige Reaktion in der vorhergehenden Sitzung offenbar stark mit der Interaktion verbunden war, die gerade stattgefunden hatte. Natürlich können wir dann unsere bewußte Erkenntnis als Grundlage für die Gestaltung einer psychoanalytischen Exploration verwenden.

Diese Erfahrungen zeigen, daß es normalerweise ratsam ist, auch dann zu überlegen, ob unser momentanes Erleben vielleicht eine Reaktion auf Einzelheiten der unmittelbaren Interaktion sein könnte, wenn es den Anschein hat, daß unsere Reaktionen unabhängig vom unmittelbaren Geschehen sind, daß wir müde sind oder abgelenkt, weil wir uns mit unseren eigenen Sorgen beschäftigen oder unserer eigenen Pathologie unterliegen. Wenn wir nicht bedenken, daß unsere Müdigkeit oder Ablenkung vielleicht eine Reaktion auf irgendeine subtile Entwicklung der Interaktion sein könnte, kann dies tatsächlich den Wunsch widerspiegeln, die Beschäftigung mit momentanen Ängsten oder möglicherweise mit der Angst vor Kränkungen durch den Patienten zu vermeiden. Wenn Vermeidung der Grund ist, kann es sich tatsächlich um Widerstand in der Gegenübertragung handeln. In solchen Fällen kann man die Spur der Feinheiten der Interaktion nur dann so verfolgen, wie sie sich zwischen Analytiker und Patient entwickeln, wenn beide sich kooperativ engagieren, denn dabei sind Aspekte der Interaktion berührt, die weder der Patient noch der Analytiker allein aufdecken könnten.

Weil Patienten unsere Stimmung ebenso beeinflussen wie wir ihre, verrät die Art, wie ein Analytiker mit der Gegenübertragung umgeht, sehr viel über seine Beziehung zu seiner eigenen Erfahrung und über seine Vertrauenswürdigkeit und Authentizität, und dies beeinflußt gleichermaßen die Interaktion.

Freud schrieb bereits im Jahr 1915: „Da man vom Patienten strengste Wahrhaftigkeit fordert, setzt man seine ganze Autorität aufs Spiel, wenn man sich selbst von ihm bei der Abweichung von der Wahrheit ertappen läßt." (1915a, S. 312)

In diesem Zusammenhang betont Ferenczi, daß Patienten „ein merkwürdiges, fast clairvoyantes Wissen um Gedanken und Emotionen, die im Analytiker vorgehen, verraten. Eine Täuschung des Kranken scheint hier kaum möglich, und wenn sie versucht wird, hat sie nur böse Folgen". (1932, S. 517)

Lacan schreibt: „Wir wollen zeigen, wodurch die Unfähigkeit zu authentischer *Praxis*, wie es in der Geschichte der Menschen so geht, sich auf die Ausübung einer Macht reduziert." (1958/1973, S. 173)

Little nähert sich dem Thema aus einem anderen Blickwinkel. Sie schreibt: „Für meine Begriffe ist es die Frage einer paranoiden oder phobischen Haltung des Analytikers gegenüber seinen eigenen Gefühlen, welche die größte Gefahr und Schwierigkeit bei der Gegenübertragung bildet. Die sehr reale Angst, von Gefühlen jeglicher Art überflutet zu werden, wie etwa Wut, Angst, Liebe usw. in bezug auf unseren Patienten, und die Angst, ihm passiv ausgeliefert zu sein, führt zu einer unbewußten Vermeidung oder Leugnung. Daß wir solche Gefühle aufrichtig erkennen, hat entscheidenden Einfluß auf den analytischen Prozeß, und der Analysand ist natürlich sensibel für jede Unaufrichtigkeit seines Analytikers und wird darauf unweigerlich mit Feindseligkeit reagieren. Er wird sich mit der Unaufrichtigkeit des Analytikers (durch Introjektion) identifizieren, als Mittel, seine eigenen Gefühle zu leugnen, und wird dies generell auf alle möglichen Weisen ausnutzen, zum Nachteil seiner Analyse." (1951, S. 38)

Die Erkenntnis, daß der Patient sich in das einklinkt, was der Analytiker fühlt – ob der Analytiker nun offen darüber spricht oder nicht –, und daher empfindlich gegenüber jeglicher Inauthentizität ist, wurde von vielen Psychoanalytikern unterschiedlichster Orientierung betont[11]. Aus der soeben beschriebenen Perspektive würde die Position von Alexander (1956) ebenso wie die einiger zeitgenössischer Analytiker, daß es von Nutzen sei, eine festgelegte Haltung gegenüber dem Patienten einzunehmen, als unhaltbar betrachtet, weil sie den analytischen Prozeß unterminiert. Eine solche Haltung würde die Möglichkeit verhindern, das unmittelbare Erleben als Information für die Analyse zu nutzen und als Mittel für die Klärung subtiler Muster der Interaktion zu verwenden, die sich andernfalls dem Bewußtsein entziehen würden.

Dennoch geht es hier nicht einfach darum, um jeden Preis „authentisch" zu sein. Es gibt Arten, authentisch zu sein, die unsere Patienten unnötig belasten können und den psychoanalytischen Prozeß zurückwerfen, statt ihn voranzubringen.

Wenn wir den Gedanken akzeptieren, daß Verleugnung oder Widerstand gegen das Bewußtwerden von Reaktionen der Gegenübertragung schädlich für den Prozeß sein kann, und daß das Bewußtwerden dieser Reaktionen uns Möglichkeiten eröffnet, die wir sonst nicht hätten, stehen wir dennoch vor der Frage, wie wir dieses bewußt gewordene Material am besten nutzen können. Es ist klar, daß es eine heikle Angelegenheit ist, dieses Material in der Arbeit mit dem Patienten direkt zu verwenden; wenn wir nicht sorgfältig überlegen, wie wir dieses Material am besten nutzen, kann es kontraproduktiv und sogar traumatisierend wirken. Jede Verwendung der Gegenübertragung erfordert Sensibilität, Taktgefühl und Geschicklichkeit. Dies gilt ebenso für den aktiven Gebrauch wie für die Entscheidung, darüber zu schweigen, denn es gibt Momente, in denen das Schweigen ebenso destruktiv, unsensibel oder unpassend sein kann wie verbale Interventionen (Tauber 1954, 1979).

Es ist daher entscheidend zu erkennen, daß es nicht dasselbe ist, vom theoretischen Wert – oder sogar der Notwendigkeit – einer Nutzung der

---

[11] Etwa Rank (1929), Fromm (1941), Rioch (1943), Winnicott (1949), Fromm-Reichmann (1950, 1952), Gitelson (1952, 1962), Fairbairn (1958), Tauber (1954, 1979), Nacht (1957, 1962), Wolstein (1959), Loewald (1960), Searles (1965, 1979), Guntrip (1969), Feiner (1970), Singer (1971, 1977), Levenson (1972, 1983) und Ehrenberg (1974, 1982a, 1984a, 1985a, 1990).

Gegenübertragung überzeugt zu sein, wie die Fähigkeit zu haben, dies auch konstruktiv umzusetzen. In diesem Zusammenhang kann es schon die ganze Weisheit sein, seine eigenen Grenzen zu kennen. Trotzdem kann es nicht die Alternative sein, unsere Gefühle aus Angst zu unterdrücken, in einer Situation falsch zu handeln oder verführt zu werden, die analytischen Spielregeln zu unterlaufen; denn dadurch könnte eine sinnvolle psychoanalytische Arbeit verhindert werden. Diese Art von Widerstand in der Gegenübertragung kann ein Spiel der Gegenübertragung sein, in dem sich unsere Ängste widerspiegeln.

Eine Ausbildungskandidatin erzählte einmal, sie würde sich bei einem Patienten fühlen, als bewege sie sich auf „dünnem Eis". Sie versuchte, in den Sitzungen „vorsichtig vorzugehen, um eine Explosion zu verhindern". Was war hier los? Ging es um eine falsche Konzeption ihrer Rolle? Oder hatte sie scharfsinnig erkannt, daß sie keine andere Alternative hatte als zu schweigen? Vielleicht spürte sie, daß sie nicht wußte, wie sie mit einer „Explosion" umgehen könnte, an deren Ausbruch sie ihren Anteil hätte? Oder hatte sie einfach Angst vor Vergeltungsmaßnahmen des Patienten oder auch vor einem Racheakt ihrerseits? Begriff sie die kritischen Punkte nicht? Befand sie sich in einer kollusiven Verbindung mit dem Patienten, die ihren eigenen Bedürfnissen entgegenkam? War das ihre Art von Vergeltung? Oder war sie paralysiert von der Angst vor den Reaktionen ihrer Supervisorin?

Tatsache war, daß sich die Ausbildungskandidatin in einer heiklen Situation befand, und die Herausforderung bestand darin, ihr Gefühl, sich „auf dünnem Eis" zu befinden, bewußt zu nutzen, um aus dem Dilemma herauszukommen. Es stellte sich heraus, daß die Lösung dieses Problems darin lag, ihr Gefühl, in der Klemme zu sitzen, als Basis für die Exploration zu nutzen.

Widerstand in der Gegenübertragung ist häufig ein Zeichen dafür, daß der Psychoanalytiker die Gefahr des Mißbrauchs der Gegenübertragung durch einen bestimmten Patienten spürt. Wir müssen lernen, wie wir unsere Fähigkeit weiterentwickeln können, diesen Widerstand als wertvolle Information zu nutzen.

Unsere theoretischen Annahmen haben einen Einfluß darauf, wie wir unsere Erfahrung der Gegenübertragung bewerten; ein Beispiel hierfür ist die Identifizierung. Ein Psychoanalytiker, der glaubt, Identifizierung würde nur dazu beitragen, daß er die Fähigkeit zur Empathie entwickelt, übersieht vielleicht, daß die Identifizierung eine mögliche Spielart der Gegenübertragung sein kann, da er sie ausschließlich als angeblich wünschenswerte psychoanalytische Haltung betrachtet. Trotzdem kann sie, genauso wie auf seiten des Patienten, auch beim Psychoanalytiker im Dienste der Abwehr stehen. Bei beiden kann Identifizierung ein Ausdruck unbewußter Verschmelzungsphantasien oder sexueller Wünsche sein. Sie kann Ausdruck sein von Wünschen nach Macht und Dominanz oder von verschlingenden, kannibalistischen, zerstörerischen, vergewaltigenden, verletzenden Phantasien oder auch von Wünschen, sich selbst oder andere vor diesen Gefahren zu schützen (Widlocher 1985). Identifizierung kann ein Mittel sein, dem anderen zu schmeicheln, ihn zu idealisieren, zu verführen oder zu beeindrucken. Sie kann die Funktion haben, die Analyse oder die Erfahrung oder die Vorstellung von Liebe, Zärtlichkeit, Haß und Zorn oder von anderen Gefühlen, die auftauchen könnten, zu verhindern. In manchen Fällen kann Identifizierung ein echtes Engagement verhindern oder dem Wunsch entspringen, nicht den Zorn des anderen zu provozieren. Sie kann dazu dienen, das Bewußtwerden von Wünschen und Gefühlen bei uns selbst oder bei anderen zu vermeiden, deren Erkenntnis belastend oder sogar traumatisch sein könnte. Identifizierung kann auch helfen zu vermeiden, daß wir die Pathologie des Patienten in ihrem ganzen Umfang und in ihrer Tiefe bloßlegen. Durch die vielen Funktionen, welche die Identifizierung übernehmen kann, wird deutlich, daß wir unseren Patienten durch unsere „empathische" Identifizierung, diese Haltung, die oft gleichgesetzt wird mit der des einfühlsamen Psychoanalytikers, schaden können (Levenson, 1972, Beres und Arlow, 1974).

Eine Patientin beschrieb einmal, wie sie versuchte, eine sehr schwierige Situation so zu bewältigen, wie sie dachte, ich würde es tun. Und sie schilderte, wie sehr ihr das geholfen hatte. Ihrer Meinung nach hätte sie das ohne mich nicht geschafft. Zuerst freute ich mich über ihren Triumph und ihre Dankbarkeit. Später jedoch, als ich begann, darüber nachzudenken, was geschehen war, schockierte mich die Erkenntnis, daß die Art, wie sich meine Patientin verhalten hatte, nicht im geringsten dem gleichkam, wie ich in dieser Situation reagiert hätte, und ich war entsetzt, weil mir das nicht aufgefallen war, als sie mir davon erzählte. Ich überlegte, warum sie mir das Verdienst für ihren Erfolg zuschrieb und nicht sich selbst und warum ich stillschweigend damit einverstanden gewesen war (denn ich hatte es nicht hinterfragt). Ich begann darüber nachzudenken, was da los war, und grübelte herum, inwiefern eine Form von Widerstand in der Gegenübertragung wohl daran beteiligt gewesen sein mochte, daß ich nicht bemerkt hatte, daß da irgend etwas nicht stimmte.

An diesem Punkt wurde mir klar, daß jeder Versuch, herauszufinden, was geschehen war, von dieser Patientin möglicherweise als Bedrohung ihres Gefühls, „eins" mit mir zu sein, erlebt werden könnte, und das hätte sie eher als destruktiven Bruch unserer Beziehung aufgefaßt, denn als Versuch, sie weiterzuentwickeln. Ich konnte den Widerstand in der Gegenübertragung überwinden und meine eigene Kollusion in der Gegenübertragung erkennen. Dadurch konnte ich viel genauer darüber nachdenken, wie ich am besten vorgehen könnte, um den psychoanalytischen Prozeß zu fördern.

Es ist natürlich wichtig, äußerst wachsam zu sein, denn jeder Versuch, sich mit einem Set von Aspekten der Übertragung und Gegenübertragung zu befassen – wie begründet dies auch sein mag – birgt die Gefahr, daß es sich um eine sehr subtile Form von Widerstand in der Gegenübertragung handeln könnte, der sich auf andere Aspekte der Interaktion bezieht, oder daß dabei andere Aspekte der Gegenübertragung wirksam werden. In ähnlicher Weise kann jede Entscheidung darüber, wie man die Gegenübertragung nutzen will, ausschließlich durch persönliche Belange des Analytikers begründet sein oder durch Impulse der Gegenübertragung, wie etwa, sich zu rächen, zu belohnen, zu verbergen, zu schützen, den anderen zu beeindrucken oder zu vermeiden, daß etwas zur Sprache kommen könnte.

Es gibt andere Aspekte unserer eigenen innerpsychischen Zustände, die verhältnismäßig schwer faßbar sind, wie Gefühle großer Befriedigung oder innere Abwehr, störende Gedanken und Phantasien, Zerstreutheit oder Unaufmerksamkeit. In solchen Fällen handelt es sich nicht allein um Gegenübertragung, sondern auch um Widerstand in der Gegenübertragung.

In Fällen, in denen ein Patient den Analytiker dazu bringt, auf eine bestimmte Weise zu reagieren, wird durch Widerstand in der Gegenübertragung die Möglichkeit verbaut, diese Feinheiten der Interaktion und ihre symbolische Bedeutung zu klären. Enthüllt es Wünsche, den anderen zu beherrschen und zu dominieren, wenn wir uns so auf den Patienten beziehen? Gibt es einen erotischen Aspekt in dieser Art der Interaktion? Handelt es sich dabei um eine Art symbolischer Vergewaltigung oder Verletzung? Welche Ängste wehrt der Patient ab, wenn er sich in dieser Weise auf uns bezieht? Kann die Interaktion dem Bemühen des Patienten dienen, sich selbst oder sogar den Analytiker zu heilen?

Da Widerstand in der Gegenübertragung unser Verstehen blockiert, müssen wir unsere Aufmerksamkeit darauf richten, uns seiner Inhalte bewußt zu werden, was auch immer es sein mag. Wir können dies auf zweierlei Weisen anstreben: einmal, indem wir sehr genau beobachten, ob unser Identitätsgefühl in der Arbeit wechselt (Grinberg, 1962, 1979; Searles, 1965, 1979), und zum anderen, indem wir das Erleben des Patienten beobachten und genau darauf achten, wie er die Gegenübertragung interpretiert (Little, 1951, 1957; Langs, 1976; Hoffman, 1983). Wenn wir davon ausgehen, daß die Entwicklung der Übertragung immer in gewissem Ausmaß durch die Beteiligung des Psychoanalytikers geformt wird, folgt daraus, daß die Übertragung auch ein Schlüssel zu Aspekten unserer Gegenübertragung sein kann, die uns vielleicht nicht bewußt sind.

Zur Illustration meiner Ausführungen über die Komplexität in der aktuellen klinischen Situation möchte ich einige kurze Fallbeispiele aus meiner Praxis darstellen.

LAURA

Laura begann eine Sitzung mit der Verlautbarung, sie sei von Qualen gepeinigt und ärgere sich, weil ich nicht auch litt, wenn sie litt. Als ich versuchte, Näheres über ihren Schmerz und ihren Wunsch, ich solle leiden, wenn sie litt, zu erfahren, reagierte sie ärgerlich, fast vorwurfsvoll und sagte, sie habe nicht gesagt, ich sollte auch leiden, wenn sie litt.

Ich versuchte, mich auf das zu konzentrieren, was gerade geschehen war, und fragte, warum sie abstreite, was sie gerade gesagt hätte, und warum sie so ärgerlich sei und mich angreife. Sie wurde noch zorniger. Dann entstand der folgende Wortwechsel:

PATIENTIN: Ich weiß nicht mehr, was ich gesagt habe, aber vielleicht habe ich gar nicht das gesagt, was Sie sagen, daß ich gesagt hätte.
ANALYTIKERIN: Ich dachte, ich hätte einfach wiederholt, was ich gehört hatte.
PATIENTIN: Was glauben Sie, wer Sie sind, daß Sie sich Ihrer Wahrnehmung so sicher sind?
ANALYTIKERIN: Was meinen Sie?
PATIENTIN: Ich glaube, ich sage, wer zum Teufel bin ich, daß ich meiner Wahrnehmungen nicht sicherer bin.

Dann sagte sie, sie könne sich nicht daran erinnern, was sie gesagt hätte. Danach folgten Assoziationen über einen Mann, den sie kannte und der sich häufig widerwärtig benahm.

PATIENTIN: Er erwartet immer Mitgefühl, wenn er sich ekelhaft benimmt. Ich habe von Ihnen Mitgefühl verlangt wie ein Kind, das sich wehgetan hat.

In ihrer Assoziation schien sie sich selbst zu vergleichen mit dem Mann, der unausstehlich war, wenn er Mitgefühl wollte, und ich sagte ihr das.

PATIENTIN: Wenn es das ist, was ich bewirkt habe, dann war mir das nicht bewußt. Sie stellen große Forderungen an mich, und ich hasse Sie dafür. Als ich sagte, ‚was glauben Sie, wer Sie sind, daß Sie sich Ihrer Wahrnehmungen so sicher sind?', spürten Sie, daß ich aggressiv war, und für meine Begriffe war ich defensiv. Wenn ich als defensiv erlebe, was ich tue, und Sie tun so, als hätte ich Sie angegriffen, macht mich das konfus und verzerrt mir die Realität.

Ich sagte, daß sie im Endeffekt meine Realität in Frage stelle, wenn sie mich beschuldige, ich würde ihre Realität verzerren. Ich fügte hinzu, ich hätte nicht gesagt, es sei nicht defensiv. Offensichtlich war sie ihrer Meinung nach defensiv, und ich fühlte mich angegriffen. Mein Standpunkt war einfach, daß jede von uns ein Anrecht auf ihr eigenes Erleben hatte.

PATIENTIN (als hätte es keine Meinungsverschiedenheit gegeben): Ich war die ganze Zeit Ihrer Meinung.

Nun war ich aber wirklich verblüfft und gab das auch zum Ausdruck, indem ich sagte, daß diese Bemerkung den ganzen Prozeß leugne, der soeben zwischen uns stattgefunden hatte.
  Sie sagte daraufhin, sie sei verwirrt, und bat mich, zu rekapitulieren, was gerade zwischen uns abgelaufen war.
  Ich ging die Sequenz unserer Interaktion durch, wie ich sie wahrgenommen hatte. Ich wies darauf hin, daß alles, was ich versuchte zu sagen, war, daß sie ihren Standpunkt im Verlauf unseres Wortwechsels geändert und dies dann abgestritten habe: zuerst bezüglich ihrer Aussage, sie wolle, daß ich mit ihr litte, und dann bezüglich ihres Eingangsarguments, ihr Verhalten könne nicht aggressiv sein, wenn es defensiv sei.

Sie sagte, sie verstehe immer noch nicht recht, was geschehen sei, aber sie halte es für sehr wichtig. Sie fügte hinzu: „Wenn ich so raffiniert bin, lüge ich mir selbst etwas darüber vor, was geschehen ist. Es ist nicht auszumalen. Wenn ich das wirklich mache, dann weiß ich nicht, ob ich meiner Wahrnehmung trauen kann. Ich bin sehr verwirrt. Ich weiß nicht, ob ich mich selbst belüge oder ob ich Sie jetzt ungeschoren davonkommen lasse."

Es tat ihr gut, daß sie darüber sprechen konnte, ohne wie so oft in früheren Perioden unserer Arbeit vor Zorn zu platzen. Es war beruhigend für sie, etwas Konkretes zu haben, was sie anprechen konnte. Sie verkündete: „Wenn dies eine Entdeckung ist, dann ist es eine größere Entdeckung, und das ist gut."

In der folgenden Sitzung berichtete sie:

„Ich glaube, das abrupte Wechseln meiner Haltung mittendrin spielt in meinem ganzen Leben eine Rolle. Ich ändere sehr schnell meine Meinung. In einem Moment halte ich etwas für wichtig und im nächsten schon überhaupt nicht mehr. Das ist keine böse Absicht, sondern ein Lebensstil, eben meine Art, wie ich mich auf das beziehe, was ich erlebe. Ich kann nie etwas bestimmt wissen, weil meine Wahrnehmung von einem Moment auf den anderen anders ist."

Es kamen viele Assoziationen fast zu allen Einzelheiten ihres Lebens. In ihren Assoziationen kam zur Sprache, wie sie früher mit ihren Erfahrungen umgegangen war und es auch heute noch tat. Sie spürte, daß dies die Art war, wie ihre Mutter mit ihr umgegangen war – die Mutter verdrehte die Wahrheit und bog die Vergangenheit zurecht, wie es ihr gerade paßte. Trotzdem betonte Laura, daß ich ihrer Meinung nach nicht bemerkte, wie qualvoll es war, das alles durchzumachen. Sie war wütend, weil die vorige Sitzung so quälend gewesen war, und brachte uns mehr oder weniger wieder an genau denselben Punkt, an dem wir in der vorigen Sitzung begonnen hatten. Während sie sich damals geärgert hatte, weil ich nicht mit ihr litt, war sie diesmal wütend, weil ich der Auslöser ihrer Qualen war.

Dann schilderte sie einen Vorfall vom letzten Wochenende. Ein Mann, der anscheinend betrunken war, wankte den Gehsteig entlang. Plötzlich machte er eine Vierteldrehung und ging direkt auf sie zu. Sie riß ihre Hände hoch, um sich zu verteidigen. Sie stießen zusammen, und er fiel mit dem Gesicht auf den Gehsteig. Sie fühlte sich entsetzlich schuldig, weil sie keine Ahnung gehabt hatte, wie wackelig er auf den Beinen war, und weil ihr bewußt war, daß sie sich geärgert hatte, weil er sie belästigt hatte. Sie konnte nicht sagen, ob er sie angerempelt oder sie ihn geschubst hatte.

112

Sie sagte: „Es macht mich ganz wirr, weil wir über meine Feindseligkeit gesprochen haben, und doch weigere ich mich in gewisser Hinsicht, es zu glauben. Trotzdem war es furchtbar. Ich finde mich grauenhaft und brutal. Was mir Angst macht, ist, daß ich nicht einmal meiner eigenen Wahrnehmung trauen kann."

Es kamen Assoziationen zu einem anderen Vorfall, bei dem sie jemanden geschlagen hatte. „Meine Rachsucht macht mir Angst, und außerdem habe ich Angst, daß ich sie ausleben könnte. Was wäre, wenn ich wirklich wild geworden wäre? Jeder, der nicht gesehen hat, was passiert ist, würde glauben, ich hätte diesen Kerl auf den Gehweg gestoßen."

Schließlich stellte sie fest, daß in diesen Sitzungen eine ganze Reihe von Dingen entscheidend für sie waren: Erstens hatte sie in unseren Interaktionen die Chance gehabt zu erkennen, daß ihre Wirkung auf mich völlig anders war als das, was sie erlebte. Sie hatte nur ihren Schmerz und ihr Bedürfnis, sich zu verteidigen, bewußt erlebt. Es war etwas völlig Neues für sie, ihre Aggressivität und deren Auswirkungen kennenzulernen. Zweitens war die Vorstellung, daß wir beide dieselbe Interaktion durchaus unterschiedlich erleben konnten, neu für sie. Bis dahin hatte sie immer geglaubt, es gebe nur eine „Wahrheit". Drittens hatte es sie erschreckt, hautnah zu erleben, wie sie ihre Wahrnehmung mitten im Geschehen plötzlich umschaltete. Es kamen Assoziationen zu ihrer Mutter, die es ganz genauso gemacht hatte und die sich selbst eine ganze Menge „in die eigene Tasche log". Viertens erkannte sie, daß ein Teil ihrer Feindseligkeit mir gegenüber dadurch entstand, daß sie durch unsere Interaktion mit Anteilen ihrer Persönlichkeit konfrontiert wurde, von denen sie eigentlich lieber nichts wissen wollte. Es quälte sie, sich von dieser Seite kennenzulernen.

Ich glaube, es war entscheidend für ihre Einsicht, daß ich so beharrlich darauf bestand, mit ihr zusammen aufmerksam und sehr genau zu beobachten, was zwischen uns ablief, und auch die kleinste Sequenz nochmals durchzugehen. Durch meine ständigen Bemühungen, bis ins kleinste Detail zu verfolgen und zu klären, was zwischen uns geschah und wie wir jeweils in diese Verstrickungen geraten waren, wurde unserer Beziehung nicht der Boden entzogen, und keine verlor die Verbindung zur anderen. Dieser Prozeß half uns, exakt zu klären, wer was gesagt oder getan hatte, um wen zu provozieren, wenn die Interaktion verworren wurde; das Ergebnis war, daß sie ihren Beitrag zu der Konfusion zwischen uns nicht mehr ignorieren oder leugnen konnte und sah, wie sie selbst die Wahl traf, ihre eigene Wahrnehmung der Realität zu verspielen.

Die Klärung des Ausmaßes, in dem sie sich durch ihre Bemühungen, es den anderen „recht zu machen" selbst preisgab und sich dann als Opfer fühlte, half ihr, sich weniger paranoid zu fühlen, denn sie entdeckte allmählich, daß sie mehr Macht hatte, als sie wußte. Als Folge davon konnte sie ihre Ängste deutlich erkennen – Ängste, die unsere Beziehung betrafen, und Ängste, die durch ihre Unsicherheit entstanden, ihrem eigenen Urteil zu vertrauen, sowie Ängste, hinsichtlich ihrer Schutzlosigkeit vor dem Einfluß durch andere. Sehr erschrocken sagte sie, sie fürchte, „sich selbst zu verlieren" und nicht zu wissen, ob ihre Gefühle ihren eigenen authentischen Wünschen entsprächen oder von ihrem Wunsch geleitet würden, es mir recht zu machen oder mich zu beschwichtigen. Sogar als sie klagte, wie deprimierend es war, zu erkennen, daß sie offensichtlich immer noch viel Arbeit vor sich hatte, sagte sie dennoch, daß ihr diese Interaktionen mit mir ermöglichten, sich auf eine Weise ganz und für sich zu fühlen, wie sie es vorher nie erlebt hatte. Sie erlebte dies als großen Schritt vorwärts.

Sie hatte furchtbare Angst, jemanden zu brauchen oder von jemandem abhängig zu sein und vielleicht nicht in der Lage zu sein, Enttäuschungen und Verletzungen zu verkraften, wenn sie sich wirklich und offen auf einen anderen Menschen einließe. Nun wurden Einzelheiten von quälenden Kindheitserlebnissen zugänglich.

Wenn ich diese Daten nun Jahre später aus der Perspektive des Widerstands in der Gegenübertragung durchgehe, habe ich plötzlich die Vermutung, die Assoziationen zu dem ekelhaften Mann und zu dem Betrunkenen könnten vielleicht auch Ausdruck der Übertragung gewesen sein. Meine mangelnde Aufmerksamkeit damals könnte ein Hinweis auf Widerstand in der Gegenübertragung bei mir gewesen sein. Gab es bei den Phantasien über beide Männer Aspekte, die für mich bedrohlich waren, so daß ich nicht darüber nachdachte? Wenn sich ihre Angst darum drehte, daß sie fähig war, zu zerstören oder zu verletzen – wie in der Episode mit dem Betrunkenen –, ist es möglich, daß ihre Schilderung bei mir Ängste auslöste, sie könnte vielleicht mich verletzen? War die Konfrontation mit ihrer Aggressivität eine Demonstration meiner Stärke, die uns beiden verdeutlichen sollte, daß ich sehr wohl auf mich selbst aufpassen konnte (im Gegensatz zu dem betrunkenen Mann)? Wären mir diese Fragen damals in der Interaktion bewußt gewesen, hätte ich vielleicht Hinweise bekommen, die aber so durch meine fehlende Aufmerksamkeit im dunkeln blieben.

Einige Monate später erzählte mir Laura während einer Sitzung, wieviel besser es ihr gehe und daß sie sich mir „nahe" fühle. Sie schien einen Grad an Verletzbarkeit zu riskieren, wie sie es vorher nie gewagt hätte. Dann war sie besorgt: Sie wisse nicht, woran sie erkennen könne, wann es Zeit würde, die Analyse zu beenden.

In der folgenden Sitzung fing sie an, mir jedes Mal, wenn ich sie verletzt hatte, vorzurechnen. Sie fuhr ärgerlich fort, daß alles, was wir getan hatten, in Wirklichkeit sowieso nutzlos sei. Sie zweifelte am Wert unserer Arbeit. Vielleicht wäre es mit einem anderen Analytiker besser gegangen?

Ich war verärgert und in Abwehrhaltung. Vielleicht wäre tatsächlich jemand anders weniger verletzbar gewesen als ich und hilfreicher für sie?

Jetzt hatte sie mich offensichtlich getroffen. Nach einigen Minuten stillen Nachdenkens darüber, wie ich reagieren sollte, sagte ich schließlich, es sei ihre Wahl, ob sie alles, was wir zusammen getan hatten, negieren oder ob sie es nutzen wollte.

Sie reagierte darauf, indem sie auf meine Abwehr hinwies und erwiderte, ihr sei bewußt, daß das, was sie gerade mit mir gemacht hätte, ihr Muster widerspiegelte, wie sie Menschen „traf": indem sie ihre wunden Punkte herausfand und damit spielte, ohne daß ihr unbedingt bewußt wäre, daß sie so etwas gerade tat. Sie gab mir eine Reihe von Beispielen und beschrieb, wie das ihre Mutter ihrer Meinung nach mit ihr gemacht hatte.

Als wir dann versuchten herauszufinden, was sie veranlaßt hatte, mich „treffen" zu wollen, kam zum Vorschein, daß sie sich bei jeder Sitzung von mir verletzt fühlte, schlicht, indem ich ihr sagte, daß wir am Ende der Sitzung aufhören müßten. Es machte sie ständig perplex, und sie konnte mit dem Verlustschmerz nicht fertig werden. Offenbar hatte der Gedanke, daß auch die Analyse irgendwann zu Ende sein würde, den sie in der vorhergehenden Sitzung geäußert hatte, weil es ihr besser ging, diese Gefühle bei ihr ausgelöst. Auf diese Weise versuchte sie, mit diesen Gefühlen umzugehen, daher wurde sie auf mich wütend und leugnete, daß unsere Beziehung von Bedeutung sei.

Als diese Sitzung zu Ende war, neckte sie mich spielerisch: „Ich werde Sie trotzdem zähmen." Dann lächelte sie warmherzig.

Man könnte fragen, ob ich mit meiner unbeirrbaren Beharrlichkeit im ersten Beispiel und mit meiner Verletzbarkeit in der zweiten Interaktion auf subtile Zeichen der Patientin reagierte, die mir damit zu verstehen gab, was sie brauchte, und ob mein Verhalten eine Form des Agierens widerspiegelte, die ich möglicherweise immer noch nicht vollkommen begriffen habe.

Was war in jeder einzelnen Interaktion ausgeklammert worden? Es ging um zwei Themen, die getrennt behandelt werden mußten: Ihr Schmerz und ihr Wunsch, ich solle mit ihr leiden, waren das eine, die Leugnung dieses Wunsches selbst und die Leugnung, daß sie ihn mir mitgeteilt hatte, das andere. Habe ich versucht, ihrer psychischen Qual und ihrem Leiden aus dem Weg zu gehen, indem ich mich darauf konzentrierte, daß sie ihren Wunsch leugnete? Wenn dies so wäre, könnte es sich bei meiner Offenheit für einen Bereich von Übertragung und Gegenübertragung um Widerstand gegen andere Themen gehandelt haben, die für uns beide bedrohlicher gewesen wären. Ganz ähnlich schafften wir es auch in der zweiten Interaktion – sogar als wir uns mit ihrem Trennungsschmerz und dem möglichen Ende der Analyse beschäftigten – nicht, uns mit den Gefühlen von Nähe zu beschäftigen, die nun aktiviert waren. Wie später deutlich wurde, tauchten bei ihr in der unmittelbaren Situation – und nicht in der vorweggenommenen Zukunft – vielfältige, tiefe Ängste auf. War hier Kollusion in der Gegenübertragung im Spiel, weil angesichts der einleitenden Bemerkung der Patientin, sie wolle, daß ich litt, wenn sie leide, die Vorstellung von Nähe, um die es hier ging, deutlich ambivalent war?

Man könnte fragen, ob es möglich gewesen wäre, den psychoanalytischen Prozeß zu beschleunigen, wenn all diese subtilen Feinheiten der bewußten Aufmerksamkeit zugänglich gewesen wären. Oder inwiefern könnte eine mögliche Kollusion für den Prozeß notwendig gewesen sein? Oder war die beidseitige Bemühung, die ganze Komplexität dessen, was zwischen uns vor sich gegangen war, der eigentlich wichtige Prozeß? Was wäre geschehen, wenn ich anders vorgegangen wäre oder wenn sie tatsächlich die Analyse bei jemand anderem gemacht hätte? Bis zu welchem Maß war meine Bereitschaft entscheidend gewesen, mich auf meine Weise einzulassen und auf meine Weise mit ihr zu ringen?

Ich glaube, daß die Sensibilität für Gefahren des Widerstands in der Gegenübertragung außerordentlich hilfreich sein kann, damit wir die Gegenübertragung für einen größeren Fortschritt der Analyse nutzen können. Im nächsten Kapitel werde ich entwickeln, wie wir die Gegenübertragung konstruktiv nutzen können.

KAPITEL 7

DER KONSTRUKTIVE GEBRAUCH
DER GEGENÜBERTRAGUNG

Trotz zunehmender Übereinstimmung darüber, daß die Gegenübertragung eine vitale Quelle psychoanalytischer Daten ist, gibt es viele Kontroversen über die Frage, ob sie in der Arbeit mit dem Patienten direkt genutzt werden sollte, und wenn, wie man sie mit dem größten Nutzen anwendet. Es ist keine Frage, daß es reale Gefahren des Mißbrauchs gibt. Paula Heimann (1950) warnte vor Manipulation, vor der wilden Psychoanalyse und davor, daß der Psychoanalytiker dem Patienten seine Residualpathologie aufzwingt. Sie machte auch eindringlich darauf aufmerksam, der Psychoanalytiker dürfe seine Gefühle wegen des damit verbundenenen Risikos des Agierens nicht undiszipliniert entladen. Ihre Warnungen sind heute noch so gültig wie damals. Sie betonte, der Psychoanalytiker müsse in der Lage sein, „den Gefühlen zu *widerstehen*, die in ihm aufgerührt werden, und sie nicht zu entladen (wie der Patient), um sie dem psychoanalytischen Ziel *unterzuordnen*" (Heimann, 1950; kursiv im Original). Wir wissen nun auch, daß es, ebenso wie andere Verhaltensweisen des Analytikers, eine Spielart der Gegenübertragung sein kann, wenn wir unsere Gefühle und Gedanken verschweigen. Gegenübertragung kann nicht vermieden werden, und es kann gefährlich sein, ihre Macht zu leugnen. Die Frage ist nicht, ob man die Gegenübertragung nutzt, sondern *wie*.

Bei der Überlegung, wie man die Gegenübertragung am sinnvollsten anwendet, ist es meines Erachtens nützlich, die *reaktive* Dimension der Gegenübertragung von ihrer *aktiven* Dimension zu unterscheiden. Die reaktive Dimension der Gegenübertragung umfaßt unsere emotionale Reaktion auf den Patienten – und diese ist oft eher eine Überraschung als eine bewußte Entscheidung. Die *aktive* Dimension der Gegenübertragung verwendet diese reaktive Dimension als Information für eine durchdachte und bewußte klinische Intervention. Alle Verhaltensweisen des Analytikers können unter jede dieser beiden Kategorien fallen, auch das Schweigen.

Ein Beispiel: Eine Ausbildungskandidatin berichtet Einzelheiten von der Behandlung einer Patientin, die sich von ihrem Freund mißhandeln läßt. Die Ausbildungskandidatin übt an ihrer Patientin deutliche Kritik, weil sie sich mißhandeln läßt. Ohne es zu bemerken, reagiert die Analytikerin auf die Patientin nicht anders als deren Freund, wenn sie so drastisch Kritik übt. Analytikerin und Patientin wiederholten auf diese Weise das Szenario zwischen der Patientin und ihrem Freund. In gewissem Sinn könnte man sagen, daß die Analytikerin trotz ihrer Aktivität passiv auf einen starken Sog der Interaktion reagierte. In diesem Fall wäre es vielleicht eine „aktivere" Reaktion gewesen, nichts zu sagen.

Der aktiven Anwendung der Gegenübertragung muß unbedingt ein sorgfältig durchdachter Entscheidungsprozeß darüber zugrunde liegen, wie man die bewußte Erkenntnis seiner *reaktiven* Gegenübertragung umsetzt, um zu psychoanalytisch begründeten Verhaltensweisen zu kommen.

In manchen Fällen entscheidet der Psychoanalytiker vielleicht bewußt, den Impuls der Gegenübertragung direkt zu äußern. In anderen Fällen trifft er vielleicht die Entscheidung zu schweigen. Manchmal entstehen potentiell konstruktive Optionen durch das Eingeständnis und die Diskussion eines Impulses der Gegenübertragung oder der Schwierigkeiten, seine eigenen Reaktionen zu verstehen oder mit ihnen umzugehen. Es kann auch hilfreich sein, den Denkprozeß, der stattfindet, wenn wir überlegen, wie wir die Daten der Gegenübertragung am besten nutzen können, bewußt mitzuverfolgen.

Das Entscheidende dabei ist, daß nicht die Menge direkter Aktivitäten anzeigt, ob der Analytiker auf Impulse seiner Gegenübertragung aktiv oder passiv reagiert, denn dieselbe offene Reaktion kann sowohl einen aktiven als auch einen passiven innerpsychischen Prozeß widerspiegeln.

Damit will ich nicht andeuten, daß jede Reaktion wohlüberlegt sein muß. Es gibt Momente, in denen unsere Unfähigkeit, über unsere Reaktionen immer genau Bescheid zu wissen – sogar, wenn wir bei einem Patienten einmal die Beherrschung verlieren –, nützlich sein kann. Wie Winnicott (1949, 1969) schreibt, kann der unerschütterliche Psychoanalytiker nutzlos sein, wenn es für den Patienten unbedingt nötig ist zu wissen, daß er einen Einfluß auf den Analytiker haben kann. Winnicott warnt, daß ein unerbittlicher Psychoanalytiker manchmal destruktive Formen des Agierens, bis hin zum Suizid, provozieren kann.

Ich will damit auch nicht andeuten, daß der Psychoanalytiker seine Gegenübertragung „verstehen" muß, um sie konstruktiv einzusetzen. In manchen Fällen kann die Bereitschaft des Analytikers, dem Patienten Einblick in sein Erleben zu gewähren (sogar wenn er vielleicht im Moment seine Reaktion selbst nicht versteht), den psychoanalytischen Prozeß voranbringen – schlicht durch die Chance zu kooperativem Verhalten, die

118

dadurch geschaffen wird. Selbst wenn der Psychoanalytiker glaubt, er sei mit seinem Latein am Ende, und er mit Bedacht vorgehen muß, kann das Eingeständnis, daß er mit seinem Latein am Ende ist, eine aktive Anwendung der Gegenübertragung sein. Dadurch wird betont, daß in der psychoanalytischen Beziehung Kooperation notwendig ist, und es wird eine Ebene der Aufrichtigkeit und Offenheit begründet, die in sich selbst und aus sich selbst heraus bedeutsam sein kann. Ein solches Vorgehen läßt auch Raum für eine kreative Geste des Patienten; es kann helfen zu klären, worum es geht, wenn der Psychoanalytiker vielleicht nicht weiß, wie er die Spur aufnehmen kann. In manchen Fällen ist dies der einzige Weg, sich bestimmten Dimensionen des Erlebens zu nähern und einzigartige Chancen des Augenblicks zu wahrzunehmen, die sich im psychoanalytischen Prozeß ergeben.

Ein so gestalteter Prozeß bietet die Gelegenheit zu erkennen, daß es möglich ist, Gefühle zu erleben und auszudrücken, die man nicht versteht, und sich an das Verständnis heranzutasten, ohne befürchten zu müssen, daß man die Kontrolle verliert. Weil dadurch der Interaktion neue Dimensionen hinzugefügt werden, kann dies zu neuen Stufen der Intimität und zu unerwarteten Entwicklungen der Interaktion führen. Außerdem wird deutlich, daß Kooperation notwendig ist, wenn man verstehen will, wie jeder der beiden Teilnehmer jeweils die Interaktion erlebt.

Natürlich ist nun die naheliegende Frage, wie wir für jeden gegebenen Moment bestimmen können, auf welche Weise wir die Gegenübertragung anwenden müssen, damit wir den größten Nutzen erzielen. Und es erhebt sich die Frage: Wie bleiben wir im psychoanalytischen Sinn effektiv und lebendig, wenn wir unter dem Einfluß gerade der Art von Gegenübertragung stehen, die unsere Fähigkeit gefährden kann, sie konstruktiv einzusetzen, etwa wenn der Patient ermüdend auf uns wirkt oder wenn wir uns in Szenarios befinden, ohne zu verstehen, wie oder warum wir in sie hineingeraten sind?

Häufig ist der bestimmende Faktor für die Erfolgschancen einer Psychoanalyse – besonders bei Patienten mit schweren psychischen Störungen - die Fähigkeit des Analytikers, die Gegenübertragung konstruktiv anzuwenden.

Es folgen einige Beispiele aus meiner klinischen Praxis, die illustrieren, wie wir die Gegenübertragung konstruktiv nutzen können.

MICHAEL

Michael, ein Mann in den Zwanzigern, der schon einige Therapien hinter sich hatte, litt unter vielen somatischen Beschwerden. Diese stufte er jedoch in seinen Beschreibungen als nebensächlich ein. Seiner Darstellung zufolge waren seine Beschwerden blutrünstige Phantasien, die ihn schon früher geplagt hatten und auch jetzt noch quälten. In diesen Phantasien wurde er körperlich verletzt, verstümmelt oder mit Rasierklingen kastriert.

In der frühen Phase unserer gemeinsamen Arbeit war die Atmosphäre in den Sitzungen gespannt und bedrückend. Sie hatten diese blutrünstigen Phantasien zum Inhalt, nun jedoch in bezug auf mich. Er hielt sie für unberechenbar, und für ihn standen sie mit nichts in Verbindung; für ihn waren sie der Beweis seiner „Verrücktheit".

Er hatte das, was er als sein „pathologisches Phantasieleben" bezeichnete, vor anderen geheimgehalten. Die Folge davon war, daß er an einem „morbiden Gefühl der Isolation" litt. Da er jedoch in der Lage war, mir all das zu erzählen, konnte er sich mit mir ein wenig mehr verbunden fühlen als mit irgend jemand anderem, und er fühlte sich weniger isoliert.

In dieser frühen Phase unserer Arbeit bemühte ich mich angestrengt, einige Muster in unserer Interaktion zu entwirren. Indem ich scheinbar triviale Einzelheiten detailliert verfolgte, konnte ich ihn darauf aufmerksam machen, daß er mit Sicherheit eine blutrünstige Phantasie erlebte, wenn ich auch nur im geringsten abgelenkt wirken würde, während er gleichzeitig nach außen so tat, als ob er scheinbar akzeptiere, was geschehe. Ich hatte allmählich erkannt, daß er unvermeidlich mit einer dieser Verstümmelungsphantasien aufwarten würde, wenn ich gähnte oder auf die Uhr schaute. Zuerst weigerte er sich zu erkennen, daß seine selbstdestruktiven Gedanken in Verbindung damit standen, daß er offensichtlich meine Aufmerksamkeit verloren hatte. Trotzdem wurde es schwierig für ihn, diesen Zusammenhang zu ignorieren, weil sich dieses Muster häufig wiederholte und weil ich jedesmal beharrlich darauf hinwies, wenn es auftauchte.

Allmählich wurden die Sitzungen weniger bedrückend, ohne daß es einer von uns bewußt bemerkte. Als er sich seiner Sensibilität stärker bewußt wurde, konnten wir uns damit beschäftigen, inwieweit er anscheinend ein Bedürfnis hatte, die Punkte zu leugnen, an denen er wirklich sensibel war.

Einige Zeit später mußte ich eine Sitzung absagen. Als er zu seiner nächsten Sitzung kam, erwähnte er die Absage nicht, aber er betrat mein Büro mit einen eigenartigen Blick. Er behauptete, er habe meine nackten Brüste gesehen, als ich die Tür öffnete, um ihn hereinzulassen. Als ich von ihm wissen wollte, was los sei, machte er unmißverständlich deutlich, daß er keinerlei Exploration seines gegenwärtigen Erlebens zulasssen würde. Er wirkte völlig fremd und sogar bedrohlich.

Nach einigem Überlegen sagte ich ihm, ich verstünde nicht, was gerade vor sich gehe, und ich würde mich sehr unwohl fühlen angesichts dessen, daß er mir jetzt wie ein Fremder vorkomme, den ich nicht kannte und nicht erreichen konnte. Ich hatte wirklich Angst. Ich fügte hinzu, ich hätte fast das Gefühl, der Mensch, zu dem ich glaubte eine Beziehung zu haben, habe mich verlassen.

Seine Reaktion war ergreifend. Der wilde Ausdruck in seinen Augen verschwand, und er begann, aufgewühlt zu berichten, daß er plötzlich sein Verhalten als Reaktion verstand, mich zu verlassen, um mir heimzuzahlen, daß ich ihn verlassen hätte. Jetzt war ihm klar, wie wütend er darüber war, daß ich die letzte Sitzung abgesagt hatte.

Für mich ist interessant, daß ich damals, als die Interaktion stattfand, offensichtlich so getroffen war von seinem Verhalten, daß ich nicht einmal die Verbindung zu meiner Absage herstellte (er war es, der deutete). Es ist jedoch ebenso interessant, daß meine Entscheidung, offen über meine Gefühle zu sprechen, offenbar eine katalytische Wirkung hatte. Ich glaube, der Prozeß hatte, so wie er sich entwickelte, eine viel kraftvollere Wirkung als jede Deutung, die ich vielleicht gegeben hätte, wenn mir die Verbindung mit der Absage aufgefallen wäre. Dafür gibt es verschiedene Gründe. Erstens schien meine Offenheit die Chance für ihn zu eröffnen, zu einem Zeitpunkt seine eigene Stärke zu erleben, als seine Gefühle von Hilflosigkeit und Ohnmacht offensichtlich stärker waren, als er ertragen konnte. Zweitens konnte er dadurch selbst in seinem Erleben eine Bedeutung entdecken und erkennen, daß es hier eine innere Logik gab, die er vorher nie verstanden hatte. Obwohl der Inhalt seiner Rede – meine Brüste nackt gesehen zu haben – „verrückt" zu sein schien, konnte er sein Verhalten allmählich im Zusammenhang betrachten und neugierig auf sein Erleben und dessen symbolische Bedeutung werden, anstatt sich davon terrorisiert zu fühlen. Drittens schien ihn die Konfrontation mit meiner Verletzbarkeit in einer ganz anderen Weise zu berühren. Sicherlich gibt es in dieser Interaktion noch viele andere Sphären, die exploriert werden könnten.

Hier ist von Bedeutung, daß er aufgrund dieser Interaktion ausdrücken konnte, wie verletzbar er sich durch mich fühlte und wie angsterregend und verwirrend es für ihn war, sich so abhängig von mir zu fühlen. Es kam eine Flut von Erinnerungen an Ängste, Träume und Erlebnisse in seiner Kindheit, besonders daran, wie seine Mutter mit seiner Abhängigkeit gespielt und sein Vertrauen mißbraucht hatte. Sich mit all diesen Erinnerungen und Gefühlen zu befassen brachte intensive Gefühle in Bewegung, mit denen er nur schwer umgehen konnte, und anscheinend war das „Verrücktsein" seine Art, diese Zustände nicht aufkommen zu lassen.

Dies führte zu einer Arbeitsperiode, in der er allmählich intensive sexuelle Gefühle und Mordgedanken in bezug auf mich ausdrückte, aber auch Angst vor diesen Gefühlen. Als er seinen Ärger, seine Kränkung und seine Wut unverstellt spüren konnte, begann er Verbindungen zu Kindheitserlebnissen herzustellen, mit denen er früher nicht umgehen konnte. Während dieser Zeit kamen viele Assoziationen zu seiner Kindheit; er erzählte, daß er ähnliche sexuelle Gefühle für seine Mutter gespürt und Mordgelüste gegen sie gehegt hatte. Auch wenn es belastend für ihn war, sich mit diesen Erinnerungen zu befassen – wir konnten nun darüber sprechen, und die Angst, die in dem unheimlichen Moment entstanden war, als er so unerreichbar schien, war verschwunden.

Indem wir pendelnd zwischen der unmittelbaren Interaktion und seinen Erinnerungen und Assoziationen arbeiteten, die durch all die geweckten Gefühle auftauchten, entwickelten wir schließlich die Hypothese, daß die Gefühle, die er in bezug auf mich erlebte (und mir unterstellte), vielleicht daher rührten, wie er seine Mutter gegenwärtig erlebte. Dies führte ihn zu einer mutigen und bewegenden Konfrontation mit ihr. Sie bestätigte, daß sie damals aufgrund der starken Spannungen in ihrer Ehe während seiner Kindheit an Selbstmord gedacht hatte. Ihre Selbstmordphantasien hatten auch beinhaltet, ihn und seine Geschwister mit sich in den Tod zu nehmen, um sich an ihrem Mann zu rächen. Er berichtete, er habe bewußt erlebt, daß sie sexuell sehr herausfordernd gewesen sei, als sie ihm dies erzählte. Das alles war eine Offenbarung für ihn, und es hatte starke Auswirkungen auf sein Erleben. Die Erfahrung, daß er in der Lage war, dies herauszufinden, war ebenso wichtig wie der Inhalt, der geklärt wurde; diese Erfahrung schien insgesamt eine befreiende Wirkung auf ihn zu haben.

Als er daraufhin erkannte, daß seine „verrückten" Phantasien weniger „krank" waren, als er vermutet hatte, wurde er von ihnen allmählich weniger terrorisiert. Er staunte, als er nun wahrnehmen konnte, welche Imaginationskraft und Kreativität er in der Konstruktion seiner Phantasien bewiesen hatte. Er wurde neugierig darauf, die Logik dahinter zu entschlüsseln,

122

und er war gespannt, mit welchen ungeahnten Möglichkeiten der analytische Prozeß noch aufwarten würde.

Es kamen viele Assoziationen zu seinem Vater und auch zu seiner Mutter und seinen Geschwistern. Er wurde daraufhin noch neugieriger und noch mutiger, und das zeigte sich sehr konkret in seiner Beziehung zu mir. Er wurde direkter und bestimmter; gleichzeitig konnte er zunehmend zärtlich, verspielt und selbstbewußt sein. Die Sitzungen veränderten sich und bekamen manchmal den Charakter einer Art spielerischer Exploration, die ein Vergnügen für uns beide war. (Die Details des folgenden Prozesses werde ich im nächsten Kapitel herausarbeiten.)

MARLA

Die Arbeit mit Marla ist ein Beispiel für die Kommunikation, die jenseits der Wörter stattfindet. In den ersten Monaten ihrer Analyse war ich so verblüfft wie noch nie. Trotz aller Bemühungen konnte ich mich nicht an ihren Namen erinnern, wenn ich mit ihr zusammen war. Ich hatte auch keine Erklärung, die ich auf meine Erfahrung hätte gründen können, was mir dies über sie, über unsere Interaktion oder mich selbst sagen könnte. Ich überlegte, ob ich dies offen mit ihr besprechen sollte, tat es dann aber doch nicht, weil ich den Eindruck hatte, es wäre nicht sinnvoll, ihr zu sagen, ich hätte Schwierigkeiten, ihren Namen zu erinnern. Ich befürchtete, dies könne problematisch werden und sie unnötig kränken. Nach sorgfältiger Überlegung sagte ich schließlich einfach: „Ich weiß nicht, was Sie mit Ihrem Namen verbinden."

Zu meiner Überraschung reagierte sie sofort und sehr heftig. Sie schien schockiert über meine Frage und schrie auf: „Woher haben Sie das gewußt?"

Es folgte eine Erklärung: Sie habe ihren Namen schon immer gehaßt. In ihrer Vorstellung habe sie sich einen anderen Namen gegeben, dies sei der Kern eines geheimen Phantasielebens, das sie nie jemandem verraten habe und wovon niemand bis jetzt auch nur die leiseste Ahnung habe, jedenfalls soweit sie wisse.

Offensichtlich hatte ich nichts „gewußt" in dem Sinn von „Wissen", das sie gerade enthüllt hatte. Alles, was ich wußte, war, daß es da etwas gab, auf das ich reagierte und das sich um ihren Namen rankte, und das bildete die Grundlage für meine Intervention.

123

JOHN

John, ein relativ neuer Patient, sagte ausgerechnet in einer Sitzung, bevor ich eine Woche Urlaub machen wollte, er wolle die Analyse abbrechen. Er sehe wirklich keinen Sinn darin, die Analyse fortzusetzen, wenn „in seinem Leben nichts passieren" würde, worüber er sprechen könne. Ich fragte, ob er meinte, seine Reaktion könnte damit in Zusammenhang stehen, daß ich für eine Woche fort sein würde. Er behauptete beharrlich, das sei nicht der Fall. Er sprach – eigentlich sprach er nicht wirklich mit mir, sondern redete an mich hin – ohne jeden Affekt. Was mich traf, war meine eigene Reaktion. Ich merkte, daß mich der Gedanke an eine freie Stunde freute, und mir wurde bewußt, daß es bei mir eine Regung gab, nichts weiter dazu zu sagen in der Hoffnung, er würde sich entscheiden zu gehen.

Zuerst war ich überrascht und fühlte mich wegen dieser Gedanken beinahe schuldig. Als ich überlegte, daß dies eine wichtige Information über die Situation sein könnte, stellte ich fest, daß ich innerlich umschalten konnte. Ich war nun nicht mehr „abgelenkt", sondern damit beschäftigt, wie ich dieses Material anwenden könnte. Nach einigen Überlegungen beschloß ich, ihm meine Reaktion mitzuteilen. Ich betonte, für mich sei weder seine Rede, er wolle die Analyse beenden, noch meine Reaktion, ihn gehen lassen zu wollen, eine Grundlage, die Beziehung aufzulösen, sondern vielmehr eine wichtige und notwendige Information für unsere Arbeit. Und ich fragte, ob meine Reaktion in seiner Erfahrung einzigartig sei.

Er wirkte sichtlich erschüttert und fing an zu weinen. Er sagte, genau das würde er anscheinend bei jedem auslösen, mit dem er zu tun habe. Dann erzählte er von einem Rendezvous in derselben Woche und von anderen Situationen, in denen ähnliche Interaktionen stattgefunden hätten. Er beschrieb nun ganz aufgewühlt, wie sehr es ihn quälte, daß er nicht fähig sei, mit anderen Menschen „Verbindungen" herzustellen, und nicht verstand, warum er es nicht konnte. Seine Offenheit und die Intensität seiner Gefühle bewegten mich, und ich sagte ihm das. Er erwiderte, meine Reaktion habe ihn sehr berührt, und er schöpfe neue Hoffnung, daß die Analyse ihm doch helfen könnte.

In der nächsten Sitzung wurde allmählich deutlich, wie schwierig es für ihn war, sich einzugestehen, daß Beziehungen mit anderen Menschen wichtig seien, und besonders schwer falle es ihm mit unserer Beziehung. Er hatte das starke Verlangen, vollkommen autark zu sein. Er wollte nie auf einen anderen Menschen angewiesen sein, der ihn möglicherweise enttäuschen, verletzen oder verlassen könnte (so wie ich es jetzt für eine Woche tun würde). Dieser Patient, dessen Mutter gestorben war, als er noch ein kleines Kind war, beschrieb nun, daß er unbedingt in der Lage sein wollte, „allein in einem Fuchsbau zu überleben".

Als wir diese Themen weiterverfolgten, kamen mehr Assoziationen zu seiner panischen Angst, von mir oder anderen Menschen „fallengelassen" zu werden, wenn er sich auf eine Beziehung einließe. Er sagte, wenn er sich einließe, würde es für ihn so intensiv und unkontrollierbar, daß es ihm furchtbare Angst einjage. Als früher eine Freundin mit ihm Schluß gemacht hatte, nahm er daraufhin achtzehn Kilogramm ab und hatte einen „Zusammenbruch". Er sagte: „Ich bin jetzt soweit, daß ich völlig reaktionslos bin, sogar, wenn mir eine Freundin den Laufpaß geben würde."

Nun konnten sein Zynismus, seine Verzweiflung und seine Neigung aufzugeben, ohne zu versuchen, etwas zu unternehmen – nicht nur in der Analyse, sondern auch im Leben –, angesprochen werden. Als ich betonte, ich sei überzeugt, er könne einige seiner Probleme lösen, begann er zu weinen.

Obwohl er sich sehr ambivalent zeigte, war er an dieser Stelle bereit, sich mit der Vorstellung zu befassen, daß mein Urlaub eine größere Bedeutung hatte, als er sich selbst zugestanden hatte. Außerdem konnte er mir von seiner tiefen Traurigkeit, seinen Ängsten und seiner Bedürftigkeit erzählen sowie von der Angst, die er spürte, als er mir das alles offenbarte.

Nun waren wir auf eine sehr intensive Weise verbunden.

IAN

Ian, ein junger Mann in den Zwanzigern, sprach ausführlich, in abgehacktem Tonfall darüber, wieviel ich ihm bedeute und wie wertvoll für ihn die Analyse sei. Im Gegensatz dazu, wie sehr mich Bekundungen der Zuneigung von anderen Patienten bewegen können, blieb ich in diesem Fall ungerührt. Es machte mich eigentlich recht beklommen, obwohl ich nicht sofort wußte, warum.

Ich befand mich in einem Dilemma der Gegenübertragung, weil ich fürchtete, es könnte zerstörerisch sein, seine Authentizität in Frage zu stellen. Aber gar nichts zu sagen wäre eine Art Komplizenschaft gewesen. (Wie jetzt offensichtlich scheint, hätte ich meine Beklommenheit als Reaktion auf das, was er sagte, erklären müssen. Aber ich war damals so beklommen, daß mir das nicht in den Sinn kam.) Die Sitzungen verliefen weiterhin ähnlich, und ich kämpfte mit der Frage, ob und wie ich intervenieren sollte.

Dann klagte er in einer Sitzung – anstatt mir wieder zu sagen, wie sehr er mich mochte –, ich würde mich nicht für ihn interessieren und ihn nicht mögen und wahrscheinlich würde ich jeweils schon die Stunden fürchten, wenn er zu seinen Sitzungen käme. Als ich darüber mehr wissen wollte, sagte er, er fände sich selbst langweilig und könne sich nicht besonders gut leiden. Schließlich dämmerte mir, daß ich bei ihm so ungerührt blieb, weil er schon die geringste Emotion zu dramatisieren schien, wenn er über sich und seine Gefühle sprach. Ich sagte, ich hätte den Eindruck, er würde an seiner Fähigkeit zweifeln, Gefühle zu entwickeln. Ich fragte, ob er meine, er müsse sowohl sich selbst als auch mich beeindrucken und davon überzeugen, daß er imstande sei, etwas zu fühlen. Er wirkte empfänglich. Ich faßte zusammenen, zwei Themen seien nun eingegrenzt, wenn dieser Eindruck stimmte: seine Bemühungen, etwas vorzutäuschen, und seine Angst, er könne möglicherweise unfähig sein, Gefühle zu entwickeln.

Ian antwortete mit langem Schweigen, und er wirkte wie erstickt von seinen Gefühlen. Schließlich sagte er, es sei die Wahrheit, was ich gesagt hätte. Ich machte ihm klar, daß es viel produktiver sei zu versuchen, aufrichtig damit umzugehen. Es sei produktiver, damit als einem Problem umzugehen, an dem man in der Analyse arbeitet, als so zu tun, als ob es nicht wahr sei, denn das würde die Chance zerstören, daran zu arbeiten. Es kamen viele Assoziationen, in denen deutlich wurde, daß es ihm bewußt war, wie charakteristisch für ihn diese Weise war, sich auf andere zu beziehen, auch wenn er das für sich nie so deutlich hatte artikulieren können.

Meine Intervention hatte anscheinend eine Wirkung auf jeden von uns. Ich war nicht mehr beklommen und fühlte mich stärker mit ihm verbunden als die ganze Zeit vorher.

In der folgenden Sitzung hatte er Angst vor mir und davor, was in der Analyse alles zum Vorschein kommen könnte. Aber er sagte, für ihn sei die letzte Sitzung äußerst wichtig gewesen und er sei erleichtert, daß ich das verstand. Im Gegensatz zu früher, als mich seine Äußerungen kaltließen, war ich jetzt emotional bewegt. Die Kommunikation zwischen uns war nun authentisch und offen.

Einige Zeit später konnte er in einer sehr intensiven Sitzung eingestehen, daß er Angst hatte zu erfahren, was er fühlte, oder Gefühle zuzulassen, weil er fürchtete, er könnte intensive sexuelle Gefühle für mich entwickeln, und er wisse nicht, was er mit diesen Gefühlen anfangen solle. Er war besorgt, seine Gefühle könnten außer Kontrolle geraten, und er könnte sie dann nicht eingrenzen. Er erzählte, daß er nach der letzten Sitzung die Phantasie gehabt hatte, ich würde ihn anrufen und sagen: „Warum läufst Du nicht mit mir davon?", und er würde es tun.

Während der letzten Sitzung hatte er bemerkt, daß mich mein Haarschnitt jünger machte. Für einen Moment dachte er sogar, ich sei jünger als er (ich bin 16 Jahre älter als er). Er sagte, ich hätte erfreut gewirkt, als er mir gesagt hatte, ihm gefalle mein Haarschnitt. Das hatte ihm ein Gefühl von meiner Verletzbarkeit vermittelt, und dadurch fühlte er sich mir nahe. Aber er war in Sorge, es könnte mich verletzen, wenn er mir sagte, ich sei verletzbar. Er fürchtete, ich könnte herausfinden, wie verrückt er sei, und würde dann mit ihm nichts mehr zu tun haben wollen. Es sei dennoch liebenswert, meine Verletzbarkeit zu erkennen. Es fiel ihm schwer, mir dies zu sagen. Er befürchtete, mich nicht so zu sehen, wie ich bin. Er fuhr fort zu assoziieren. Er hatte große Angst, von mir abhängig zu sein, sich auf mich zu verlassen oder mich zu brauchen; denn dann müßte er sich mit seiner Angst befassen, ich könnte weggehen oder meine Praxis schließen. Er war sehr verletzbar. Für ihn war es genauso beängstigend zu denken, ich könnte ihn schätzen. Dann, glaubte er, müßte er für eine Erwartung leben oder ich könnte das Interesse an ihm verlieren. Er sagte, es sei erstaunlich, wieviel weniger paranoid er bei mir sei als bei den meisten anderen Menschen. Allmählich entwickelte er intensivere Phantasien über mich. Er stellte sich vor, womit ich mich wohl beschäftigte und wie ich in meinem Privatleben sei. Er drückte eine Überlegung wie folgt aus:

„Ich bin nicht sicher, ob es schon geschehen ist, oder ob ich Angst habe, daß es geschieht. Es ist schwer, Ihnen das zu erzählen. Meine Vorstellung ist, daß ich an Sie denken werde, wenn ich einen Orgasmus habe. Dann flipp ich aus. Ich weiß nicht, ob es tatsächlich schon geschehen ist oder nicht. Es passierte einmal, und damals dachte ich im Augenblick des Orgasmus an meine Mutter. Dabei bin ich wirklich ausgeflippt."

In den folgenden Sitzungen sprach er darüber, wie abhängig er sich fühlte, und er erzählte, daß er Angst hatte, sich in mich zu verlieben. Er frage sich, ob die Analyse eine Art masochistisches Training sei. Er beschäftigte sich mit Aspekten von Macht und Kontrolle. Beschämt berichtete er von ausdrücklich sexuellen Phantasien über mich, dabei war er besorgt, ich könnte erschrecken. In seinen Phantasien gelang es ihm manchmal, mich in sexuelle Erregung zu versetzen. Manchmal war ihm dies unvorstellbar. Dies führte zu Assoziationen zu seiner Mutter.

„Sie ist wirklich attraktiv, aber ich kann mir nicht vorstellen, daß sie sexuell erregt ist. Ich kann mir nicht vorstellen, daß sie jemals in ihrem Leben Sex hatte. Es ist unheimlich zu wissen, daß Sie und ich im realen Leben nie Sex zusammen haben werden. Es ist enttäuschend und verwirrend zugleich."

Nun war ein assoziativer Prozeß in Gang gekommen, der viele Wochen dauerte. Ich betone das, weil es das Ziel der verschiedenen Interventionsarten ist, die ich beschrieben habe, einen solchen Prozeß anzuregen. Wenn er einmal in Bewegung geraten ist, ist es natürlich wichtig, daß er nicht dem Patienten allein überlassen bleibt.

MARYLIN

In einer bestimmten Sitzung mit Marylin mußte ich andauernd gähnen. Sie erklärte, daß sie das verletzte und ärgerte.

Ich sagte, es sei wichtig zu überlegen, was dies über das Geschehen zwischen uns aussagte, weil es mir in den Sitzungen mit ihr nicht immer so gehe. Ich fragte, ob ihr das irgendwie bekannt vorkäme, und sagte – obwohl mir nicht klar war, was los war –, daß es mich an die Erlebnisse erinnerte, die sie in Verbindung mit ihrer Mutter geschildert hatte.

Ihre Assoziationen drehten sich darum, daß sie große Schwierigkeiten gehabt hatte, die Aufmerksamkeit ihrer Mutter zu bekommen. Für sie war es nur möglich, mit ihrer Mutter auszukommen, wenn sie sich deren Bedingungen fügte. Es war unmöglich, ihre eigenen Bedürfnisse oder Sorgen auszudrücken und die Mutter für sich zu interessieren, wenn sie mit ihr zusammen war. Sie arbeitete heraus, daß sie schließlich an einen Punkt gelangte, an dem sie das deutliche Gefühl hatte, es sei für die Mutter „zu langweilig", wenn sie sich so zeigte, wie sie sei, und die Mutter würde sich dann überhaupt nicht für sie interessieren. Sie entwickelte ein „erfundenes Selbst", um ihre Mutter an sich zu binden. Nach einem ähnlichen Muster täuschte sie später im Leben Orgasmen und Freude am Sex vor.

An dieser Stelle begann sie zu weinen und sagte, sie habe Angst, ihr „echtes Selbst tauge vielleicht nichts", und das wolle sie nicht auskundschaften.

Nun war ich sehr engagiert bei der Sache und gähnte nicht mehr. Ich sagte ihr das. Ihr war ziemlich klar, daß sie mich nun erreicht hatte. Sie spürte, daß meine positive Reaktion jetzt eindeutig nicht nur ein Eingehen auf ihre Forderung nach meiner ganzen Aufmerksamkeit war oder weil es meine Aufgabe als Analytikerin sei, sondern ich reagierte so, weil ich es authentisch fühlte, und das war für sie sehr wichtig. Außerdem war es anscheinend genauso wichtig, daß wir fast immer, wenn dieses Thema auftauchte, offen darüber sprechen konnten.

Durch diese Interaktion wurde uns beiden klar, daß mein Gähnen eine Reaktion auf ihre Bestreben war, eine Rolle zu spielen; wenn sie hingegen authentisch war, reagierte auch ich authentisch.

Dadurch konnte sie erkennen, wie groß ihre Angst war, authentisch zu sein, denn dies umfaßte auch die Möglichkeit, zurückgewiesen zu werden. Trotzdem konnte sie jetzt auch wahrnehmen, daß es ihre Isolation und Verzweiflung nur weiter festigte, wenn sie eine Rolle spielte, weil dadurch eine positive Beziehung zu anderen Menschen verhindert wurde.

Es erwies sich als ziemlich klärend, all das zu entwirren; weder sie noch ich hätten diese Erkenntnisse vorwegnehmen können. Dadurch war es möglich, die Feinheiten der Interaktion mit ihrer Mutter genauer zu explorieren, die sie noch immer nicht recht verstand. Inwieweit waren wir in eine Wiederholung der Interaktion verstrickt, die sie mit ihrer Mutter erlebt hatte? In welchem Umfang waren wir darüber hinausgekommen und zu etwas Neuem gelangt? Ich glaube, wir hätten diese Bereiche nicht exploriert, wenn ich meine Reaktion verleugnet oder zu verbergen versucht hätte. (Allerdings habe ich damals nicht untersucht, ob sie auf irgendeinen Aspekt meines Verhaltens reagiert haben könnte, der mir nicht bewußt war, als sie versuchte, mir etwas vorzuspielen. Heute würde ich in diese Richtung explorieren.)

Einige Monate später sprach Marilyn in einer sehr bewegenden Sitzung darüber, wie unzulänglich sie sich in ihrem Beruf fühlte. Zu dieser Zeit erkannte sie, daß die Fähigkeit, dies zuzugeben, statt etwas anderes vorzutäuschen, für sie ein großer Fortschritt war. Als sie über ihre Angst sprach, sich so zu exponieren, sagte sie, gleichzeitig fühle sie sich erleichtert, so offen sein zu können. Dadurch war für sie eine Tür geöffnet, wie sie lernen konnte, kompetenter zu werden. In dem Moment begriff sie, wie sehr es dazu beitrug, ihre Unzulänglichkeit und Isolation zu festigen, wenn sie sich verstellte, und ihr wurden Wahlmöglichkeiten bewußt, die sie vorher nie erkannt hatte.

Aus meiner Perspektive war behandlungstechnisch entscheidend, daß ich nicht einfach sagte: „Ich bin müde, weil Sie langweilig sind." Das wäre ohnehin nicht förderlich für den Prozeß gewesen. Daher sagte ich: „Lassen

Sie uns anschauen, warum das jetzt passiert, denn das ist nicht normal, daß ich so auf Sie reagiere." Dieses Vorgehen erschloß Wege, psychoanalytisch weiterzukommen, weil dadurch ein kooperativer Prozeß gestaltet wurde. Wir konnten die Isolation überwinden, die damit einhergeht, wenn man dem anderen etwas vormacht, und beschäftigten uns genau mit den Mechanismen, die früher wirksam waren. Meine Bereitschaft, offen zu zeigen, daß ich meine eigene Reaktion nicht verstand, schien für sie ebenfalls wichtig zu sein. Möglicherweise trug dies auch dazu bei, daß sie aus sich herausgehen und offen über ihre Gefühle von Unzulänglichkeit sprechen konnte.

JEFF

Jeff reagierte auf eine mehrwöchige Unterbrechung der Analyse wegen meiner Krankheit mit einer verblüffenden Gleichgültigkeit. Als ich einmal mit ihm telefonierte, um ihm zu sagen, daß es länger dauern würde, als ich geahnt hatte, bis ich wieder arbeiten könnte, war sein Kommentar kühl: „Gute Besserung". Zuerst war ich überrascht und fühlte mich verletzt, dann wurde ich abwehrend und zynisch. Allmählich dämmerte mir, wie naiv es gewesen war anzunehmen, es würde ihm etwas ausmachen, daß ich krank war. Aber als ich länger darüber nachdachte, begann ich zu zweifeln, ob ich nicht irrte, wenn ich jetzt annahm, daß er einfach überhaupt keine Gefühle hatte. Hatte er mich vorher getäuscht? Führte er mich jetzt hinters Licht? Hatte ich mir selbst etwas vorgemacht, als ich dachte, er habe vorher irgend etwas für mich empfunden? Hatte ich seine Gleichgültigkeit zu voreilig akzeptiert?

Als wir die Arbeit wieder aufnahmen, hielt ich es für wichtig, diese Fragen anzusprechen, obwohl er weitermachen wollte, als wäre nichts geschehen. Ich sagte, daß mich am Telefon damals seine Kaltschnäuzigkeit, der Mangel an jeglichem Gefühl – sei es positiv oder negativ – im Hinblick auf meine Krankheit und die Unterbrechung, die dadurch in unserer Arbeit entstanden war, zutiefst verwirrt hätte. Ich fügte hinzu, daß ich mich möglicherweise geirrt haben könnte, weil mich seine Reaktion so überrascht hätte, aber es könne ebenso möglich sein, daß er in gewisser Weise seine eigenen Gefühle abwehrte. Ich hätte den Eindruck, daß etwas zwischen uns im Gange sei und einer von uns – entweder er oder ich – zur Sache kommen müsse, obwohl mir überhaupt nicht klar sei, wer von uns beiden das wäre. Es gebe meiner Meinung nach zwei Themen: Das erste sei die Aus-

130

wirkung meiner Krankheit; das zweite die Art unserer Beziehung. Wenn meine Krankheit ihn wirklich so kaltgelassen hätte, wie es schien, dann stellte sich die Frage nach der Qualität unserer Beziehung, zumindest wie ich sie verstanden hätte.

Als Reaktion darauf, daß ich ihm meine Verwirrung und Überraschung über seine scheinbare Gleichgültigkeit mitteilte, nahm er eine defensive Haltung ein und sagte, er habe nicht aufdringlich sein wollen und er habe angenommen, ich wäre okay, so daß er sich keine Sorgen gemacht habe.

Wir kamen nicht weiter, und allmählich wurde mir bewußt, daß ich nicht wußte, ob ich ihm vertrauen konnte oder nicht.

Sein Vater war gestorben, als er noch ein kleines Kind war. Ich vermutete, daß dies eine Rolle spielen könnte, wenn wir seine momentane Reaktion verstehen wollten. War dies seine Art, generell mit Krankheit und drohendem Verlust umzugehen? Er erwiderte, dies schien eine vernünftige Spur zu sein; trotzdem gab es keine echte affektive Reaktion.

Dann kam mir plötzlich in den Sinn, daß mein Gefühl, ich könne ihm nicht vertrauen, und meine zynische Haltung vielleicht einen Zugang dazu eröffnen könnte, was bei ihm los war. Ich fragte, ob es vielleicht darum gehe, daß er mir oder unserer Beziehung nicht vertraue. Zu meiner Überraschung reagierte er darauf sehr emotional und erwiderte: „Niemand soll mir nahekommen. Ich vertraue niemandem und keiner Beziehung. Ich bin unabhängig." Er schien selbst überrascht von der Intensität seiner Gefühle, als er dies sagte.

Er begann darüber zu sprechen, wie verwirrt er sei, weil er nicht wisse, wo die Grenzen unserer Beziehung seien: „Ist es einfach nur eine berufliche Beziehung, oder ist sie persönlich?"

Obwohl er angenommen hatte, daß ich mich für ihn nicht interessierte außer aufgrund beruflicher Verpflichtungen, war er sehr berührt, als ihm klar wurde, daß mich seine Reaktion am Telefon gekränkt hatte und ich darüber so viel nachgedacht hatte. Er hatte sich nicht vorstellen können, daß ich mich auch noch mit ihm beschäftigen würde, wenn ich krank sei, und es tat ihm leid, daß er mich gekränkt und offensichtlich enttäuscht hatte. Er sagte, er wünschte, das wieder gutmachen zu können. Ich war gerührt von seinen Gefühlen, aber es bekümmerte mich, daß er sich nun schuldig fühlte und sich entschuldigen wollte. Ich teilte ihm das mit und betonte, mein Anliegen sei lediglich gewesen zu klären, was zwischen uns vor sich ging, und zwar sowohl meinetwegen als auch seinetwegen. Ich wollte darüber Bescheid wissen, wenn ich ihn falsch interpretiert hätte, und wenn wir einander wirklich so wenig berührten – aus welchem Grund auch immer –, dann sei das ein ernsthaftes Problem, das wir ansprechen müßten.

Er war offener als je zuvor, und er begann, seine Angst zu beschreiben, jemand könne seine „Mauer" durchbrechen. Seine Assoziationen drehten sich um seine Beziehung zu seiner Mutter und darum, was es bedeutet hatte, ohne Vater aufzuwachsen. Es tauchten Einzelheiten auf, die uns auf die Vermutung brachten, seine Mutter habe sich vielleicht nie von dem Verlust ihres Mannes erholt. Auf diese Weise hatte er die Mutter, die er vor dem Tod seines Vaters gekannt hatte, ebenso verloren wie seinen Vater. Diese Erkenntnis half uns, allmählich zu erahnen, wie wenig er emotional in seinen Beziehungen verlangt hatte und wie gering seine Vermutung war, es könne möglich sein, Gefühle von anderen zu erwarten. Wir konnten auch klären, wie er möglicherweise selbst dabei mitgewirkt hatte, bestimmte Mangelzustände in seinen Beziehungen fortzusetzen, ohne die geringste Ahnung davon zu haben. Dabei konnten wir untersuchen, wie sich dies in seinen gegenwärtigen Beziehungen fortsetzte – auch in seiner Beziehung mit mir.

MAX

Max sprach zu Beginn seiner Sitzungen immer über verheißungsvolle Dinge. Leider löste sich alles, was anfangs so verheißungsvoll schien, regelmäßig in Nichts auf. Wenn ich versuchte, das anzusprechen oder in irgendeiner Weise darauf zu reagieren, wurde er wütend, weil ich seinen Redefluß unterbrach. Nach und nach begann ich mich wie ein unfreiwilliger Zuhörer zu fühlen; mir war nicht einmal bewußt, wie frustriert ich allmählich wurde. Statt dessen fiel es mir immer schwerer, aufmerksam zu bleiben. Ich schweifte ab und verlor mich zunehmend in meinen eigenen Gedanken und Phantasien. Dabei bemühte ich mich nicht einmal, dem zu widerstehen – eigentlich wollte ich es auch gar nicht – etwa in der Art: Wenn es das war, was er wollte, dann sollte er es eben bekommen! Als mir dies klarer wurde, wurde ich neugierig, was es damit für eine Bewandtnis haben könnte, und ich bestand darauf, daß wir versuchen sollten, diesen Prozeß zu verstehen. Obwohl er nicht weniger widerstrebend war als vorher, war ich nicht mehr bereit, mich weiterhin abservieren zu lassen. In diesem Zusammenhang konnten wir ein Szenario klären, das mehr oder weniger sein Denkmuster war.

132

Er hatte anscheinend das folgende Gefühl: „Ich möchte, daß Sie mir helfen. Aber ich habe Angst, daß Sie es nicht tun werden. Ich werde keine Enttäuschung riskieren, und ich werde nicht einmal die Möglichkeit zulassen, enttäuscht zu werden."

Ohne es damals richtig zu erkennen, hatte er tatsächlich mehr oder weniger beschlossen: „Ich werde es schön bleibenlassen, wirklich mit Ihnen zusammenzusein oder zuzulassen, daß Sie eine reale Person für mich werden oder zuzulassen, daß unsere Interaktion in irgendeiner realistischen Weise bedeutsam ist."

Als dies geklärt war, wurde die Arbeit so lebendig wie vorher noch nie. Es kamen viele Assoziationen zu seiner Beziehung mit seinem Vater, und er schilderte den Schmerz und den Zorn, der damit verbunden war. In diesem Zusammenhang konnten wir erkennen, wie sehr sich meine Erfahrungen mit ihm den seinen mit seinem Vater ähnelten.

SARA

Sara hatte große Angst, als im zweiten Jahr ihrer Analyse mein Sommerurlaub näherrückte. Im ersten Jahr hatte sie ein Stück von meiner Fußmatte abgeschnitten, um es bei sich zu haben, solange ich fort war. Damals hatte sie erkannt, daß sie früher immer zurückgewiesen und gedemütigt worden war, wenn sie etwas verlangt hatte. Wenn sie etwas wollte, hatten sich die anderen besondere Mühe gegeben, sie zu benachteiligen und ihre offenkundige Verletzbarkeit gegen sie zu verwenden. Als sie mir dies alles erzählte, war sie sehr offen, und es berührte mich, als sie schilderte, wie verletzbar sie sei (siehe Kapitel 4).

Als wir ihre Gefühle zu der bevorstehenden Unterbrechung unserer Arbeit untersuchten, bemerkte ich, daß ich den intensiven Wunsch spürte, ihr etwas zu geben, bevor ich in die Ferien fuhr. In einer Sitzung, in der sie beschrieb, wie gut ihr ein bestimmtes Taschenmesser gefiel, das sie besaß, nahm plötzlich ein Impuls bei mir Gestalt an. Ich hatte eine zusammenklappbare chinesische Schere, die ich besonders mochte, und mir war klar, daß dies sicherlich die Art von Dingen war, die sie gern hatte. Ich war erstaunt über die offenkundige Symbolik, die darin enthalten war, daß ich ihr ein Werkzeug zum Schneiden anbieten wollte, angesichts der Tatsache, daß sie im vorigen Jahr ein Stück aus meiner Fußmatte geschnitten hatte.

Dies alles ging mir durch den Kopf, und der Impuls, ihr die Schere zu schenken, wurde noch intensiver. Das Zwingende dieses Impulses alarmierte mich, und trotzdem konnte ich nicht davon wegkommen. Es war sehr viel schwerer, ihr die Schere nicht zu schenken, als meinem Impuls, ihr die Schere zu geben, nachzugeben. Meine Bemühungen zu verstehen, was dies darüber aussagen könnte, was zwischen uns vor sich ging und was angesprochen werden sollte, verliefen im Sande. Ich spürte deutlich, daß irgend etwas Wichtiges dabei eine Rolle spielte, und ich beschloß weiterzumachen, indem ich ihr von meinem Impuls und meinem analytischen Dilemma erzählte, ohne ihr die Schere tatsächlich zu geben.

Die Tatsache, daß ich ihr etwas schenken wollte und daß ich bereit war, eine Phantasie mit ihr zu teilen, indem ich die Idee mit der Schere hatte, freute sie sehr. Sie sagte, das wäre genau das richtige Geschenk gewesen.

In der folgenden Sitzung jedoch war sie beunruhigt, ob ich sie vielleicht zum Narren halten und in irgendeiner Weise ein Spiel mit ihr treiben wollte. Vielleicht wäre es besser gewesen, mein Dilemma ihr gegenüber nicht anzusprechen, dachte ich. Ich teilte ihr meine Besorgnis mit. Als wir mit all den Gefühlen kämpften, die das hervorrief, kamen viele emotional besetzte Assoziationen. Erinnerungen an Versprechen waren aufgerührt, die in ihrer Kindheit nicht erfüllt worden waren, und wie betrogen sie sich dann zwangsläufig fühlte. Neue Details über sehr qualvolle Interaktionen mit ihren Eltern und mit jedem ihrer Geschwister kamen nun an die Oberfläche.

Sie beschrieb sehr erregt, wie sehr sie sich „etwas, egal was" von ihrer Mutter gewünscht hatte, und daß sie immer furchtbar enttäuscht wurde. Sie war dann sehr verzweifelt, als ihre Mutter starb, ohne ihr etwas hinterlassen zu haben.

Als wir uns dann damit beschäftigten, was es wohl für sie bedeutet hätte, wenn ich ihr die Schere geschenkt hätte, und was sie dabei empfand, daß ich sie ihr schließlich doch nicht geschenkt hatte, ihr jedoch von meinem Wunsch erzählt hatte, es zu tun, sagte ich ihr, daß es für mich viel einfacher gewesen wäre, ihr die Schere zu schenken. Ich hätte mit meiner Entscheidung, meinem Impuls nicht nachzugeben, verhindern wollen, daß die analytische Integrität unserer Beziehung verletzt werden könnte. Ich fügte hinzu, daß dabei die folgende Überlegung eine Rolle gespielt hatte: Wenn ich meinem positiven Impuls nachgeben würde, bedeutete das nicht, daß ich in Zukunft auch negative Impulse auslebte?

Es ist natürlich unmöglich, herauszufinden, was aus der Situation entstanden wäre, wenn ich die Gegenübertragung nicht offen angesprochen hätte oder wenn ich ihr die Schere tatsächlich geschenkt hätte. Damals war es für mich ein Weg, meinen Impuls auszuleben, ihr etwas zu schenken, indem ich ihr meinen inneren Kampf offenbarte. Dabei stand mein Bestreben im Vordergrund, dies so zu tun, daß die analytische Integrität geschützt blieb, obwohl ich besorgt war, ich könnte in eine Art Spiel verwickelt sein, das den quälenden Charakter hatte, sie schmachten zu lassen, ohne zu begreifen, daß es so war.

Wie dem auch sei, diese Interaktion eröffnete nicht nur die Möglichkeit für eine sehr produktive und tiefgreifende emotionale Exploration, sondern sie trug auch zur Vertiefung der Intimität und des Vertrauens in unsere sich entwickelnde Beziehung bei. Die Grenzen dessen, worüber wir miteinander sprechen konnten, waren erweitert. Ich glaube, die neue Erfahrung interpersonaler Möglichkeit an sich, die dadurch entstand, war an sich bedeutsam.

MARJORIE

Marjorie, ein Kind von drei Jahren und neun Monaten, war stumm und in einem zombieartigen Zustand, als man sie in eine Sozialstation zur Behandlung brachte. Ihr Blick war glasig und leer, und sie reagierte auf nichts und niemanden in ihrer Umgebung. Dieses Schema hatte sich entwickelt, nachdem ihre Mutter wegen einer schweren Krankheit ins Krankenhaus mußte; daher konnte es sich bei ihrem Zustand nur um eine Reaktion auf ein Trauma handeln und nicht um eine genetisch bedingte oder angeborene Störung. Trotzdem ging es um die Frage, ob sie „geistig zurückgeblieben" sei. Am Anfang arbeitete ich zweimal die Woche mit ihr.

Zu Beginn war ich nur damit beschäftigt, alles Denkbare zu versuchen, um ihre Aufmerksamkeit zu erlangen – ohne Erfolg. Sitzung für Sitzung, Woche für Woche schien sie eher durch mich hindurch- als mich anzuschauen; sie schien nicht einmal zu bemerken, daß ich da war. Damals war ich noch Ausbildungskandidatin und litt natürlich ganz besonders unter dieser Erfahrung totaler Machtlosigkeit.

Als ich völlig am Verzweifeln war und das Gefühl hatte, schlimmer könnte es nicht werden, beschloß ich, etwas Riskantes zu wagen. Obwohl mir vollkommen klar war, daß man über diesen Versuch empört sein könnte, sagte ich leise zu ihr etwas in der Art: „Ich fühle mich total verloren. Ich weiß nicht, wie es dir geht, aber ich fühle mich so entsetzlich, daß ich am liebsten laut schreien möchte; gleich fang ich an." Und ich schrie.[12]

Ihre Reaktion war erschütternd. Sie fing an, am ganzen Leib zu zittern. Zum erstenmal verschwand der glasige Ausdruck aus ihren Augen. Man sah jetzt, daß sie furchtbare Angst hatte. Aber sie sah auch in einer Weise zugänglich aus, wie ich es vorher nicht gesehen hatte.

Ich versuchte abermals, ihr meinen Wunsch zu vermitteln, ihr in ihrer Traurigkeit und ihrer Qual beizustehen, ihr mitzuteilen, daß ich wußte, wie furchtbar man sich fühlen kann und auch wie traurig es mich machte, daß es zwischen uns so schwierig war. Diesmal reagierte sie, als ich sie ermutigte, mir ihre Gefühle mitzuteilen oder zu zeigen. Ich deutete auf die Puppen und fragte, ob sie dafür vielleicht die Puppen benutzen wollte.

Sie ordnete tatsächlich die Puppen so an, daß sie ihre Familie darstellten. Ich sagte ihr, sie könne in diesem Spiel jedes Gefühl ruhig ausdrücken, weil dadurch in der Realität niemand verletzt werden könne. Sie zögerte, wirkte aber neugierig.

Dann begann sie zu spielen: Sie tötete jede Puppe – mit Messern, Revolvern, Murmeln und was immer sie in meinem Praxiszimmer finden konnte. Dann wollte sie hinauslaufen in das Wartezimmer. Ich fragte, ob sie nachschauen wolle, ob ihre Mutter noch lebte, nachdem sie sie in unserer Sitzung „umgebracht" hatte. Sie lief hinaus, und als sie zurückkam, wirkte sie erfreut, weil ihre Mutter offenbar vollkommen unversehrt war.

Sie wiederholte die Attacken auf die Puppen, die ihre Familie darstellten während der folgenden Sitzungen mit zunehmender Leidenschaft. Allmählich verbesserte sich ihr allgemeines Verhalten, und ihre Symptome wurden erheblich gelindert. Es schien eine befreiende Wirkung auf sie zu haben, daß sie diese Gefühle spielerisch mit den Puppen bei mir ausleben konnte und daß ihre Mutter und die anderen Familienmitglieder nach den Sitzungen unversehrt waren.

Nach und nach wurde sie mutiger und erklärte, daß eine der Puppen mich darstellte. Dann attackierte sie diese Puppe; dabei beobachtete sie vorsichtig, wie ich reagierte. Es schien sie zu beeindrucken, daß ich den spielerischen Ausdruck ihrer Mordgelüste gegen mich überlebte und ihr

---

[12] Tustin (1988) schreibt, daß es notwendig ist, daß „der Therapeut eine lebendige, aktive Präsenz hat, die nicht zunichte gemacht werden kann". (Die Interaktion, um die es hier geht, fand etwa 1970 statt.)

deswegen nicht zürnte oder wegging. Statt dessen ermutigte ich sie und sagte ihr, wie sehr ich mich darüber freute, daß sie so mutig war. Ich hob den Unterschied zwischen Wünschen, spielerischem Handeln und realem Handeln hervor. Ich machte deutlich, daß sie mich nicht wirklich töten oder auch bloß befremden könnte, wenn sie mich im Spiel tötete. Und ich betonte, daß dies bei ihrer Mutter und ihrer Familie genauso sei. Dabei bezog ich mich ausdrücklich auf mein Gespür für ihre Angst, sie könne womöglich schuld an der Krankheit ihrer Mutter sein.

All diese Bemühungen führten dazu, daß ihre Fähigkeit, wirklich zu „spielen", enorm zunahm. Dann begann sie, spielerisch mit mir umzugehen. So erzählte sie mir zum Beispiel von ihrem Leben zu Hause und stellte gleichzeitig klar, daß sie Geheimnisse vor mir hatte. Ich reagierte darauf, indem ich ihr versicherte, daß es mir nicht möglich sei zu wissen, was sie dachte oder fühlte, wenn sie beschlossen hatte, es mir nicht mitzuteilen. Sie hatte große Freude an dieser Bestätigung unserer individuellen Integrität. Den Höhepunkt bildeten ausgelassene Guck-Guck-Spiele und die ersten Male, als sie von Herzen lachte und offener wurde.

Unsere Sitzungen waren nun belebend und von einer freudigen Atmosphäre bestimmt. Sie planschte mit Wasser, sie malte, kletterte und hüpfte, und sie benutzte alles, was sie in meiner Praxis fand, für ihre „Darbietungen". Sie warf mir etwas zu, und ich sollte es fangen: am Schluß flogen Murmeln und die Steine meines Damespiels über und unter den Schreibtisch, und der Raum war erfüllt von Aufregung und Gelächter. Sie benutzte ein Spielzeugstethoskop und erklärte, sie sei ich und ich sei sie, um mir zu zeigen, daß sie „Verwirrung" spielen konnte, ohne sich verwirren zu lassen. Sie begann zu scherzen und mir Streiche zu spielen, sie hüpfte und rannte. Es war klar, daß sie nun ohne Angst „Kontakt" haben und sich im Raum bewegen konnte, ohne zu fürchten, sich oder mich zu zerstören oder selbst zerstört zu werden.

Dann tauchte ein neues Muster auf. Sie kommandierte mich herum, indem sie befahl: „Tu dies! Tu das! Hol dies! Hol das!" Zu ihrer Freude gehorchte ich, als sie damit experimentierte, mich auf diese Weise zu „benutzen".

Als wir die Analyse beendeten, war sie ein fröhliches, lebendiges kleines Mädchen mit einem sehr sympathischen Wesen.

Wenn man die Gegenübertragung so anwendet, wie ich es hier beschrieben habe, entsteht zwangsläufig ein persönlicheres Engagement als sonst. Der

Einfluß, den ein solches persönliches Engagement auf den psychoanalytischen Prozeß hat, ist bedeutsam. Der Patient ist mit dem Psychoanalytiker als menschlichem Wesen mit seinen Empfindlichkeiten, Verletzbarkeiten und seinen Grenzen konfrontiert. Dadurch kann er erkennen, daß es notwendig ist, selbst aktiv und kooperativ mitzuarbeiten. Die einzigartige Intimität, die auf diese Weise entsteht, hat Auswirkungen über den jeweiligen Inhalt der Kommunikation hinaus, und diese Auswirkungen müssen in einem Prozeß exploriert werden, der sich endlos steigert und sich ununterbrochen in sich selbst öffnet. Auf diese Weise entsteht häufig ein aufregender und sehr lebendiger Prozeß.

Die Betonung liegt auf dem Prozeß und der Erfahrung, nicht auf dem Inhalt. Statt daß wir uns durch unsere Subjektivität begrenzt fühlen und versuchen, sie auszugrenzen, fangen wir an, sie als lebendige Quelle psychoanalytischen Materials und als Voraussetzung einer einzigartigen psychoanalytischen Exploration zu nutzen, die uns an Orte führen kann, die weder Patient noch Analytiker vorher ahnen, und die möglicherweise keiner von beiden allein entdecken könnte.

KAPITEL 8

SPIELERISCHE INTERAKTION

Im Zentrum dieses Kapitels steht die Frage, auf welche Weise Verspieltheit sowohl für den Aufbau, die Unterstützung und den Fortschritt eines entwicklungsfähigen analytischen Prozesses wertvoll sein, kann als auch auf welche Weise sie dazu dienen kann, den Erfolg des analytischen Prozesses zu messen.

Eine wachsende Zahl von Studien belegt die Tatsache, daß der Analytiker manchmal innovativ und kreativ sein muß, um den analytischen Prozeß spannend und lebendig zu gestalten oder auch, um eine psychoanalytische Beziehung herzustellen; dies gilt besonders für die Arbeit mit Patienten, die an schwereren Störungen leiden. Verspieltheit kann dafür ein nützliches Instrument sein; leider wird sie bisher viel zu wenig genutzt, und ihr potentieller Wert dürfte immer noch nicht richtig anerkannt sein.

Winnicott schreibt zum Beispiel, daß Spielen nicht einfach bloß hilfreich ist. Für ihn war es ein essentieller Bestandteil der analytischen Erfahrung. Er schreibt: „Gerade im Spielen und nur im Spielen können das Kind und der Erwachsene sich kreativ entfalten und ihre ganze Persönlichkeit einsetzen, und nur in der kreativen Entfaltung kann das Individuum sich selbst entdecken." (1971/1973, S. 66)

Er arbeitet heraus: „*Dieses Spielen muß spontan sein, nicht angepaßt oder gefügig*, wenn die Psychotherapie gelingen soll" (S. 63, kursiv im Original), und daß es einen Zauber im Spiel und in der Verspieltheit gibt, der jedoch heikel ist, denn „man muß von der Erkenntnis ausgehen, daß Spielen stets beängstigend wirken kann." (S. 62) Daher betont er: „Spiele mit Spielregeln müssen als Teil des Versuchs betrachtet werden, diesem beängstigenden Aspekt des Spielens zuvorzukommen." (S. 62)

Winnicott schreibt, daß „*sich Psychotherapie in der Überschneidung zweier Spielbereiche vollzieht, dem des Patienten und dem des Therapeuten. Wenn der Therapeut nicht spielen kann, ist er für die Arbeit nicht geeignet. Wenn der Patient nicht spielen kann, muß etwas unternommen werden, um ihm diese Fähigkeit zu geben; erst danach kann die Psychotherapie beginnen. Der Grund, weshalb das Spielen so wichtig ist, liegt darin, daß der Patient gerade im Spielen schöpferisch ist." (S. 65f.)*

Spielen kann „Auftakt" für eine intensivere Bemühung sein, schreibt er, bei der der Patient für die Analyse nur bereit sein kann, *nachdem* er das Verständnis" während des Spiels und die Möglichkeit der „Kommunikation auf einer tiefen Ebene erlebt hat", die durch diese Art von Interaktion entsteht.

Winnicott präsentiert uns ein Paradoxon. Spielen ist für ihn der eigentliche Weg zur Entdeckung des Selbst und daher auch der psychoanalytischen Arbeit. Wenn der Patient Schwierigkeiten hat zu spielen, ist die erste Aufgabe der therapeutischen Behandlung, ihm die Fähigkeit zu spielen zu vermitteln, damit die Analyse beginnen kann, und dann muß dies analytisch vervollständigt werden. Winnicott verwendet den Begriff „Spiel" als Bezeichnung für die unterschiedlichen Modalitäten, die einen Beitrag für den analytischen Prozeß leisten.

Der Anthropologe Gregory Bateson (1972) bestätigt die Ähnlichkeit des therapeutischen Prozesses mit dem Phänomen des Spiels und legt dar, daß Paradoxien, wie sie beim Spiel zu beobachten sind, „notwendig in dem Prozeß der Veränderung enthalten sind, den wir Psychotherapie nennen."

Er erklärt:

„Der psychotherapeutische Prozeß, wie wir ihn sehen, ist eine in einem Rahmen stattfindende Interaktion zwischen zwei Personen, in der die Regeln zwar implizit, aber der Veränderung unterworfen sind. Eine solche Veränderung kann nur durch experimentelles Handeln vorgeschlagen werden, aber jede dieser experimentellen Handlungen, in denen ein Vorschlag, die Regeln zu ändern, angelegt ist, bildet selbst einen Teil des fortdauernden Spiels. Sie ist diejenige Verbindung von logischen Typen innerhalb der einzelnen sinnvollen Handlung, die der Therapie nicht den Charakter eines strengen Spiels wie Canasta gibt, sondern statt dessen den eines sich entwickelnden Interaktionssystems." (Bateson 1972/1981, S. 260)

Bateson hebt hervor, „daß die verbale Kommunikation zwischen Menschen auf vielen kontrastierenden Abstraktionsebenen ablaufen kann und wird" (S. 241). Er weist darauf hin, daß eine sehr wichtige Stufe in der Evolution kommunikativer Fähigkeit entsteht, wenn das Individuum aufhört, auf die Kommunikationsakte eines anderen automatisch zu reagieren.

Bei der spielerischen Kommunikation werden die Wörter nicht in ihrer normalen Bedeutung benutzt, und Paradoxien sind oft ein entscheidendes Element. Bateson stellt dar, daß die Fähigkeit zu spielen „ein wichtiger Schritt in der Entwicklung der Kommunikation gewesen ist" (S. 245).

Diese Fähigkeit kann als Form der Metakommunikation dienen, in welcher der Gegenstand der Kommunikation die Beziehung der Sprecher ist.

Bei der Art von spielerischer Interaktion, die ich hier behandle, liegt der Schwerpunkt auf der wechselseitigen Erfahrung von Spaß und Freude. Die Fähigkeit für diese Art von Spiel kann sich beim Analytiker und beim Patienten auf vielfältige Weise entwickeln. Manchmal müssen dem allerdings Jahre ernsthafter und peinlich genauer psychoanalytischer Arbeit vorausgegangen sein.

Verspieltheit kann Humor und Ironie, liebevolles Necken, Geplänkel, Schlagabtausch, gemeinsame Phantasien und eine Menge anderer Möglichkeiten umfassen. Weil man im Spiel effektiv auf verschiedenen Ebenen gleichzeitig kommunizieren kann und kommunikative Barrieren überschritten werden können, überwindet es Distanz und erweitert die Kommunikation. Es kann sogar dazu dienen, die Beziehung zu restrukturieren oder den Fokus der Interaktion zu verändern, indem es die Aufmerksamkeit auf Elemente der Beziehung oder der Interaktion lenkt. Im wesentlichen kann es katalytische Wirkung auf den Patienten haben, der sich so selbst neu erlebt oder eine neue Erfahrung von Intimität in Beziehungen mit anderen macht. Im Spielen kann eine Basis für Experimente und Explorationen entstehen, weil es Gelegenheiten bietet, verleugnete und abgewehrte Aspekte des Selbst wiederzuentdecken und zu integrieren. Der Wert des Spiels liegt manchmal in einer bestimmten Art von affektiver Erfahrung, die beim Spielen entsteht, und in der Gelegenheit, die dem Patienten dadurch geboten wird, dieses Potential in sich selbst zu entdecken.

In manchen Fällen ist die Erkenntnis, daß eine positive affektive Verbindung möglich ist, die tiefste Einsicht.

Manche Patienten lernen dadurch eine Seite an sich kennen, die fähig ist zu Zärtlichkeit und Zuneigung, zu Witz und Humor, die sie vorher nie gezeigt haben; und sie können vielleicht entdecken, daß sie mit Frustrationen und Enttäuschungen doch umgehen können. Diese Entdeckung des Selbst und der eigenen Fähigkeiten kann zu einer Quelle des Stolzes und der steigenden Selbstachtung werden.

Eine Patientin beschrieb den Einfluß unseres wechselseitigen Vergnügens in einer Interaktion wie folgt: Obwohl sie immer geglaubt hatte, sie sei unersättlich, ihre Wünsche seien wie ein Faß ohne Boden, und daher Angst hatte, etwas zu wollen, weil sie fürchtete, es sei unmöglich, ihr Verlangen zu begrenzen, entdeckte sie in unserer spielerischen Interaktion, wie

„befriedigt" sie sein konnte, als sie erlebte, wie sehr ich mich freute, mit ihr zusammenzusein. Sie hatte die Befürchtung, sie würde Tag und Nacht mit mir zusammen sein wollen, ich würde das widerwärtig finden, und sie sei unfähig, die Frustration zu ertragen, weil es sich von selbst versteht, daß es unmöglich ist. Unser spielerischer Schlagabtausch und die echte Befriedigung, die wir beide daraus gewannen, ermöglichten ihr zu entdecken, daß sie sehr wohl in der Lage war, Frustration zu ertragen und die Grenzen unserer Beziehung zu akzeptieren.

Als sie diesen Text las, erklärte sie, auf welche Weise die spielerische Begegnung ihr eine völlig neue Perspektive gab.

„Es war nicht nur, daß wir einfach Spaß miteinander haben konnten; es war, daß etwas von ganz tief in mir mit Ihnen kommuniziert werden konnte und tief in Ihnen etwas berührt werden konnte, was eine Mischung aus Traurigkeit und gutem Gefühl war. Ich hatte den Eindruck, daß wir uns gegenseitig etwas geben konnten, indem wir den Augenblick erlebten. Daher konnte auch etwas Schmerzvolles ausgedrückt werden, und das hatte eine gewisse Zärtlichkeit, die daher rührte, daß wir die Erfahrung teilen konnten. Es war deutlich ein Moment, in dem ich mich nicht allein fühlte. Ich erlebte ihn auf meine Weise und Sie auf die Ihre, und das war nicht genau dasselbe, aber es gab etwas bei jeder von uns, das uns miteinander verband. Wenn ich versuche, diese Art von Gefühlen selbst anzutippen, fühle ich mich nur allein, ich spüre nur den Schmerz und nicht das andere zärtliche Gefühl, das Gefühl, gehalten zu werden und mich wohlzufühlen. Aber nicht nur das, es ist auch eine Art von Selbstwertgefühl. Ich respektiere meine Gefühle jetzt stärker. *Es ist die Freude über die Fähigkeit, kommunizieren zu können.* Das war mein spielerischer Anteil. Deshalb war es befriedigend und nicht nur ein Bedürfnis."

Ich mache einen Unterschied zwischen spontanen Spielen, die das beiderseitige Erleben von Spaß und Freude beinhalten, und anderen Formen und Anwendungen des Spiels. Bei Winnicotts Squiggle-Spiel (1971, S. 27 und S. 137–140), bei dem Analytiker und Patient abwechselnd eine Linie zeichnen oder einen Schnörkel kritzeln, so daß beide zusammen eine Geschichte schreiben oder ein Bild malen, ist das spielerische Engagement relativ strukturiert; obwohl das Squiggle-Spiel auch auf die Weise, die ich hier beschreibe, spielerisch werden kann, muß dies nicht immer der Fall sein. Ich möchte meine Form der Verspieltheit auch von Formen der Feindseligkeit oder Geringschätzung unter dem Vorwand von Spiel und Humor abheben, die negative, kalte oder verächtliche Gefühle beinhalten und verletzend sein können. Bei der Art von Interaktion, die ich hier beschreibe, sind die affektiven Erfahrungen, die in der Interaktion auftauchen, oft entscheidend für den analytischen Prozeß.

Manchmal kann die Erkenntnis, daß es möglich ist, sich positiv, und sogar mit Freude auf die analytische Beziehung einlassen zu können, zum Angelpunkt für den Patienten werden, allmählich qualvolle Aspekte der Vergangenheit oder seines eigenen Verhaltens und Charakters anzuerkennen, mit denen er bisher nie umgehen konnte. Wenn das geschieht, kann er allmählich auch den notwendigen Trauerprozeß zulassen.

Um spielerisch mit unseren Patienten arbeiten zu können, müssen wir die Fähigkeit zu Spontaneität haben, und dies bedeutet Vertrauen in das eigene intuitive klinische Gespür. Denn spontan zu reagieren läßt oft keine Möglichkeit zu, unser Handeln bewußt zu durchdenken. Obwohl spielerische Interventionen häufig nicht kalkuliert oder vorsätzlich geplant sind, bedeutet dies nicht, daß sie sich nicht aus dem klinischen Wissen speisen, aufgrund dessen man sich vorher selbst ein Urteil gebildet hat. Im Gegenteil, sie beinhalten komplexe klinische Urteile, selbst wenn die Entscheidung, mit spielerischen Mitteln zu arbeiten, manchmal den bewußten, rationalen Überlegungen eher vorausgehen, als daß sie ihr Resultat wären. Es erhebt sich eher die Frage: Glauben wir, daß eine bestimmte Reaktion technisch hilfreich sein wird? als zu überlegen: Verstehen wir wirklich genau, was in einem gegebenen Moment bei unserem Patienten, in der Analyse oder bei uns selbst vor sich geht? Heimanns (1950) Beobachtung, daß das Unbewußte des Analytikers seinem Bewußtsein in bezug auf den Patienten immer einen Schritt voraus ist, scheint mir hierauf anwendbar zu sein. Ich glaube, es ist diese Ebene unseres eigenen Erlebens, an der wir uns orientieren, wenn wir uns entscheiden, spielerisch zu intervenieren.

Wenn wir die unterschiedlichen Formen betrachten, die das Spiel in der analytischen Situation annehmen kann, ist es sinnvoll zu unterscheiden zwischen Spielen, die der Patient initiiert, und solchen, mit denen der Analytiker interveniert.

Die spielerischen Äußerungen des Patienten sind natürlich ebenso Gegenstand der analytischen Exploration wie jede andere Äußerung. Sie können die Funktion haben, die Grenzen der Beziehung, die Grenzen seiner Macht und seine Fähigkeit, Einfluß auf den Analytiker auszuüben, zu testen; sie können auch Äußerungen der Zuneigung oder Wärme, ja sogar ein zärtliches Experiment sein.

Bei manchen Patienten kann aufkommende Verspieltheit defensiv, geplant oder auch triebhaft sein. Spielen kann ein Mittel der Verführung und Entwaffnung sein, es kann aber auch Feindseligkeit kaschieren. Natürlich kann Spielen auch eine Form von Kollusion sein, ein Mittel, den analytischen Prozeß zu verhindern, wenn das Spielen zur Manipulation und zum Machtinstrument wird und der Analytiker dies nicht identifiziert oder die Pseudoverspieltheit des Patienten mitmacht. Trotzdem gibt es Momente, in denen wir den analytischen Prozeß am besten unterstützen können, indem wir uns auf die spielerischen Annäherungsversuche des Patienten einlassen. Wenn der Analytiker dazu nicht in der Lage ist, kann dies ein Zeichen von Widerstand, Rigidität und fehlender Imagination sein. In manchen Fällen kann auf diese Weise die Angst des Analytikers kaschiert werden, sein spontanes Erleben oder die potentielle Intimität des Augenblicks zuzulassen.

Ein Spiel, das der Analytiker initiiert, ist viel komplexer. Es gibt ganz offensichtlich die Gefahr der Verführung, der Manipulation oder sogar der Nötigung oder, wie Stern (1985) schreibt, der „Fehlabstimmung" und des „emotionalen Diebstahls". Wenn Spiele sich so entwickeln, können sie nur Zynismus, Verzweiflung und Abwehr bei den Patienten verstärken.

Der Analytiker kann nicht in jeder Situation wissen, ob eine spielerische Reaktion die Analyse erweitern oder behindern wird; er kann nicht immer wissen, ob seine spielerischen Impulse eine Art von unkontrollierter Reaktion der Gegenübertragung entspringen oder einer scharfsinnigen Intuition, die auf eine Kommunikation des Patienten reagiert, die weder der bewußten Aufmerksamkeit des Patienten noch des Analytikers zugänglich sein muß.

Es ist eine positive Entwicklung, wenn in manchen Analysen, in denen negative Gefühle vorherrschen, die Fähigkeit zu spielerischen Interaktionen erreicht wird; in anderen Situationen könnte es sein, daß Verspieltheit das Potential für negative Gefühle begrenzt.

Natürlich kann die Verspieltheit des Analytikers als eine Form sexueller Neckerei oder eine Art ungünstiger Provokation verstanden werden, die Feindseligkeit auslöst; sie kann auch ein Ausdruck der Gegenübertragung sein oder ein Mittel, sich selbst vor der Intimität des Augenblicks zu schützen, statt sie zu entwickeln.

Diese Überlegungen betreffen allerdings ebenso die traditionell anerkannten Arten der Teilnahme des Analytikers; sie gelten im übrigen auch für das Schweigen des Analytikers.

Aus diesen Gründen ist klar, daß die Vermeidung von Verspieltheit nicht die Gefahr der Täuschung, Verführung, Nötigung oder Manipulation ausschließt, noch die der Übertragungsanalyse. Der spielerische Umgang mit dem Patienten erfordert, daß der Analytiker sehr aufmerksam überwacht, was sein Verhalten jeweils bewirkt; diese Überwachung muß den fortschreitenden Prozeß begleiten (Levenson, 1972, 1983; Ehrenberg, 1974, 1982a, 1984a; Feiner, 1979, 1983; Gill, 1983, 1984; Hoffman, 1983). Manchmal kann genau dieser Prozeß der Überwachung unseres Einflusses das Kernstück der analytischen Arbeit bilden, wobei auch die Rückwirkung der Überwachung Auswirkungen hat, die ebenfalls genau beobachtet werden müssen.

Fromm-Reichmann (1950, 1952), Tower (1956), Winnicott (1956) und Levenson (1972, 1983), um nur einige zu nennen, haben betont, daß selbst negative Entwicklungen in der Analyse Chancen eröffnen können, die zu produktiven Ergebnissen führen, wenn sie sehr genau und mit äußerster analytischer Sorgfalt verfolgt werden. Ich möchte mit Nachdruck darauf hinweisen, daß diese Arbeitsweise keinen Freibrief für gedankenlose oder impulsive Interventionen mit spielerischen Mitteln darstellt, etwa im Sinne der Vorstellung, daß man irgendwie immer einen Ausweg aus dem Chaos findet. Meines Erachtens sind wir beim spielerischen Vorgehen, das vielleicht das wirksamste Mittel ist, beharrlich auf etwas zu bestehen, gefordert, die Chance des Augenblicks entweder beim Schopf zu packen oder ihn gänzlich zu verfehlen.

Selbst in solchen Fällen, in denen ich jemanden spielerisch geneckt habe und sich herausstellte, daß es ein „Fehler" war, weil der Patient meine Bemerkung ungünstig auffaßte, habe ich festgestellt, daß es sinnvoll für uns beide war, die gesamte Interaktion zu untersuchen.

Wenn wir etwas spielerisch ansprechen, kann dies ein Weg sein, die Botschaft zu übermitteln – gleichgültig, wie problematisch oder quälend eine Situation sein mag –, daß sie nicht unbedingt tragisch ist und daß der Analytiker davon ausgeht, daß Patient und Analytiker die Ressourcen haben, damit fertig zu werden. So kann dem Patienten zum Beispiel die folgende Botschaft vermittelt werden, die ihn anders vielleicht nicht erreichen könnte: „Ich glaube, Sie unterschätzen, wer Sie sind, und was Sie zu bieten haben."

Dies kann Neugier, Hoffnung und sogar Erstaunen entfachen: „Was ist das, was ich an mir nicht wahrnehme, und warum nehme ich es nicht wahr?" Spielerisch können wir auch die Botschaft übermitteln: „Ich sehe Ihre Fehler und Grenzen, und trotzdem schätze ich Ihre Fähigkeiten." Dies ist besonders wichtig, wenn ein Patient nur schwer mit Ambivalenz umgehen kann und es tendenziell ablehnt, negative Gefühle zu erleben, eine kritische Haltung gegen sich selbst oder andere einzunehmen, oder wenn er zu Verleugnung oder Flucht in manische Abwehr neigt. Obwohl dies in der Analyse auf verschiedene Weise thematisierbar ist, kann die Mitteilung des Analytikers, daß es möglich ist, das Negative bei sich selbst oder bei anderen zu sehen, ohne die gesamte Person abzulehnen oder das Positive aus den Augen zu verlieren, eine völlig neue Perspektive eröffnen. Diese Mitteilung kann notwendig sein, um den Patienten zu befähigen, mit dem ganzen Spektrum seines Erlebens umzugehen.

Bei Patienten, deren Analyse von Trübsinn und Humorlosigkeit geprägt ist und die sich öfter über den Analytiker ärgern und unzufrieden mit ihm sind, kann in einem günstigen Moment eine spielerische Herausforderung an die Adresse ihres hartnäckigen Trübsinns recht entwaffnend wirken und zugleich ein Gefühl von Sicherheit vermitteln. Es kann helfen, die Probleme in Lebensgröße zu belassen, anstatt sie in unrealistische oder gar grauenhafte Proportionen eskalieren zu lassen.

Für manche kann Verspieltheit ein Gefühl von Erleichterung vermitteln, weil sie eine Grundlage für die Möglichkeit schafft, sich zu öffnen, ohne Zurückweisung, Demütigung, Angriff oder Tadel zu erwarten. Sie kann auch ein Mittel sein, dem Patienten zu helfen, sich seiner Neigung zu Selbstkritik bewußt zu werden. Verspieltheit kann ein emotionales Umfeld schaffen, das so geschützt ist, daß auch stark paranoide Haltungen aufgegeben werden können.

Als sie die Fähigkeit zu spielerischem Verhalten entwickeln konnten, beschrieben einige extrem paranoide Patienten, wie stolz sie waren, weil sie in der Lage waren, in Situationen „dabeizubleiben", in denen sie früher wahrscheinlich „ausgeflippt" wären, aus dem Praxiszimmer gerannt wären oder sich verletzt und haßerfüllt von der Beziehung abgewandt hätten. Empfindsamkeiten, die vielleicht die Arbeit für Wochen oder Monate problematisch gemacht hätten, konnte ich in einer oder zwei Sitzungen mit Hilfe der passenden spielerischen Reaktion lösen.

Eine Patientin, die normalerweise mit paranoider Wut reagiert hätte, war tatsächlich in der Lage zu lachen, als ich ihr vor Augen führte, wie unhaltbar die Zwickmühle war, die sie dadurch schuf, daß sie andeutete, wie rasend wütend sie würde, wenn ich etwas sagen würde, um sie in die eine oder andere Richtung zu drängen, und trotzdem genauso zornig werden würde, wenn ich ihr nicht sagte, was sie tun solle.

Manchmal förderte eine spielerische Arbeitsweise die Einsicht eines Patienten, so daß er merkte, wie bedrohlich für ihn das Auftauchen erotischer und liebevoller Gefühle für die Analytikerin war. In diesen Situationen halfen spielerische Erlebnisse zu zeigen, daß das Bedürfnis, die Analytikerin anzugreifen oder herabzusetzen, der Ausdruck eines verzweifelten Versuchs war, als Bedrohung empfundene positive Gefühle abzuwehren. Eine Patientin berichtete, wie ihr bewußt wurde, daß sie unweigerlich viele Menschen, die sie am liebsten mochte, genau deswegen haßte, weil ihre Zuneigung sie so verletzbar für Enttäuschungen oder Vertrauensmißbrauch machte. Sie hatte sogar das Gefühl, ihr werde Gewalt angetan, wenn sie jemanden mochte. Es war, als würde der andere sie gegen ihren Willen verführen, ihn zu mögen, und dann würde sie emotional vergewaltigt.

In spielerischen Begegnungen können die Grenzen und die Struktur der Beziehung in Frage gestellt werden. Sie können ein wichtiges Medium für das Durcharbeiten sein, weil der Patient auf diese Weise die Möglichkeit hat, die Grenzen seiner phantasierten Omnipotenz oder Zerbrechlichkeit zu prüfen. Die Fähigkeit des Analytikers, spielerisch, sogar unbotmäßig zu sein, etwa wenn der Patient wütend oder verzweifelt ist, kann ein Mittel sein, seine Weigerung mitzuteilen, sich einschüchtern zu lassen oder aufzugeben, gleichgültig, wie schwierig die Situation sein mag. Spielerische Begegnungen errichten im Rahmen der jeweils aktuellen Interaktion zwischen zwei Menschen die Grenzen der Allmacht des Patienten und die Stabilität der Fähigkeit des Analytikers, lebendig zu bleiben trotz der Versuche des Patienten, das Gegenteil zu erreichen. Bei dieser Art von Zusammenprall in der Interaktion sind der Beweis der Autonomie und das Engagement des Analytikers wichtiger als der spezifische Inhalt der gesprochenen Worte. Und obwohl dies – neben der Tatsache, daß die analytische Integrität bewahrt bleiben muß – explizit angesprochen werden muß, ist der entscheidende Punkt, daß eine einfache verbale Exploration nicht dieselbe Kraft hätte.

Wenn der Patient die Möglichkeit hat, in der aktuellen Interaktion zu entdecken, daß er wie auch der Analytiker die Exploration seiner Selbstdarstellung verkraften kann, entsteht ein einzigartiges Umfeld von Sicherheit, in dem der Patient sich allmählich mit Ängsten konfrontieren und entdecken kann, auf welche Weise diese willkürlich und erstickend sind. In manchen Fällen kann ein spielerisches Engagement es für den Patienten handhabbarer machen zu erforschen, was es mit den antizipierten Gefahren der Nähe auf sich haben könnte. Oft können Ängste vor Nähe exploriert werden, die auf Phantasien der Patienten beruhen, sie seien der Gefahr ausgesetzt, gefressen, vernichtet, vergewaltigt oder betrogen zu werden – oder sogar masochistische Wünsche in diese Richtung entwickeln, Wünsche nach Herabwürdigung und Beschmutzung eingeschlossen.

Manche Patienten haben gesagt, daß die positiven Gefühle, die sie in spielerischen Interaktionen erleben, so intensiv sind, daß sie fürchten, sie könnten – wenn die Beziehung in irgendeiner Weise bedroht oder verändert würde – aufgrund ihrer Frustration und Enttäuschung so wütend werden, daß sie vielleicht die Kontrolle verlieren und Selbstmordgedanken oder Mordgelüste gegen mich entwickeln. Für solche Patienten, für die negative Gefühle häufig die Funktion einer schützenden Isolierung haben und die Liebe als bedrohlicher empfinden als Haß, kann es entscheidend sein, im analytischen Rahmen positive Gefühle zu erleben und zu verkraften und gleichzeitig bewußt die Verletzbarkeit wahrzunehmen, die diese Gefühle hervorbringen.

Bei Patienten, die sich ständig durch Übergriffe und Einmischung bedroht fühlen, kann der spielerische Umgang diese Ängste zugänglich machen und eine Möglichkeit bieten zu entdecken, daß es Wege gibt, sich zu öffnen und sein Leben zu bereichern, indem man Entscheidungen trifft. Spielerisches Engagement kann eine kooperierende Exploration der komplexen Grenzverwirrungen, mit denen sie vielleicht kämpfen, ebenso fördern wie die Fähigkeit, ihren eigenen Beitrag wahrzunehmen, den sie dazu leisten, sie aufrechtzuerhalten. Speziell in Momenten akuter Verletzbarkeit, in denen eine konventionelle klinische Intervention zu doppeldeutig wäre und als kalt und zurückweisend interpretiert werden könnte, bietet eine spielerische Reaktion die Möglichkeit, dem Patienten ein starkes Gefühl von Sicherheit zu vermitteln, weil sie eine Situation schafft, in der ohne Angst, zurückgewiesen oder gedemütigt zu werden, bestimmte Bereiche exploriert werden können. Sie kann dem Patienten auch helfen, sich seiner Neigung zu Selbstkritik, Wertung oder Selbstgerechtigkeit bewußt zu werden, oder dazu, diese Haltungen auf andere zu projizieren.

In manchen Fällen konnte ich durch liebevolles Necken bei Patienten aufdecken, wie wenig sie in der Lage waren, auf diese Weise zu kommunizieren, weil sie die Neckerei zunächst wörtlich genommen hatten. Durch diese Art von Intervention konnte ans Licht kommen, in welchem Umfang Patienten Ängste entwickeln, wenn sie mit Zweideutigkeit oder mit dem Auftauchen bestimmter Gefühle konfrontiert sind.

Bei Patienten wiederum, die sehr intelligent und differenziert wirken und die sich recht wohlfühlen, wenn sie selbst eine spielerische Aktion initiieren, kann die spielerische Aktion des Psychoanalytikers nützlich sein, um ihre Unfähigkeit aufzudecken, mit der Verspieltheit anderer umzugehen, und um ihre Neigung, die Anspielungen wörtlich zu nehmen, wahrnehmen zu können, die andernfalls nicht erkennbar wäre. Diese Interaktionen können helfen, tiefe Ängste und Konflikte zu erhellen und in der analytischen Beziehung durchzuarbeiten. In solchen Zusammenhängen bildet die Entwicklung der Fähigkeit, auf spielerische Aktionen des Analytikers zu reagieren, oft einen Anhaltspunkt dafür, inwieweit der Patient die Fähigkeit erlangt hat, sich auf komplexere Formen von abstrakter Kommunikation und Metakommunikation einzulassen.

Im allgemeinen gibt es in der Lebensgeschichte von Patienten Beziehungen, die als bedrohlich erlebt wurden, wenn sie spielerische Elemente oder Nähe beinhalteten. Spielerische Interaktionen in der analytischen Situation können dazu dienen, Erlebnisse in der Vergangenheit aufzuspüren, bei denen Patienten sich in spielerischen Interaktionen mit Elternfiguren vielleicht verführt und dann hintergangen fühlten.

Selbstverständlich gibt es Situationen, in denen spielerische Aktionen unpassend und sogar kontraproduktiv sind oder eine notwendige Erfahrung von Wut, Depression oder Angst verhindern. Trotzdem gibt es – selbst im Zusammenhang mit negativen Gefühlen – Fälle, in denen Spiele nützlich sein können. Wenn die Analyse sich in einer Sackgasse zu befinden scheint oder wenn es unmöglich scheint, analytisch zu arbeiten, habe ich manchmal einen Impuls gehabt, „die Dinge in Schwung zu bringen". Ich habe diese Impulse in solchen Situationen nicht immer, und in vielen Situationen finde ich spielerische Aktionen ausgesprochen unangebracht, aber wenn ich sie habe, scheint dies ein Hinweis darauf zu sein, daß ich in etwas ganz Bestimmtes hineingerate. Und obwohl es manchmal ausreicht, wenn ich dies für mich in Gedanken kläre, entscheide ich mich in anderen Momenten vielleicht, auf spielerische Weise zu reagieren. Trotz meiner Bedenken, ich könnte möglicherweise eine Form von Gegenübertragung ausleben oder die Gelegenheit für die Befriedigung eigener Bedürfnisse ausnutzen, die mir noch nicht bewußt sind, dienen diese Interventionen in der Regel dazu, den analytischen Prozeß in Bewegung zu bringen. Wenn so etwas geschieht, ist es möglich zu untersuchen, welchen Beitrag ich selbst zu der Interaktion geleistet habe, was vielleicht zu einem früheren Zeitpunkt geschehen ist, und um welche Themen der Übertragung und Gegenübertragung es sich handeln könnte.

PAULA

Wie ich bereits in Kapitel 2 bemerkt habe, konnte Paula, die an einer Wochenbettdepression litt, in der Anfangsphase ihrer Analyse nur wenig verbalisieren und war manchmal unfähig, in meiner Praxis stillzusitzen. Sie kam gewöhnlich zu spät zu den Sitzungen und ging früher, manchmal schon nach wenigen Minuten, und manchmal kam sie überhaupt nicht. Wenn sie da war, ging sie manchmal im Zimmer hin und her. Einmal fing sie sogar an, gegen die Türen in meinem Büro zu schlagen und zu treten.

Ich hebe die Spannung und die Aggressionen, die in der Anfangsphase unserer Zusammenarbeit herrschten, deshalb hervor, weil ich deutlich machen möchte, daß es kein geringer analytischer Erfolg war, als wir uns später auf die spielerischen, manchmal albernen Interaktionen, die ich hier beschreiben werde, einlassen konnten und auch positive Gefühle erleben und zeigen konnten. In gewisser Hinsicht muß man das Zulassen dieser Verspieltheit als Ertrag der peinlich genauen analytischen Arbeit sehen, die vorher geleistet wurde.

Lange Zeit später und in einer Atmosphäre zunehmender Freiheit und Intimität gestand Paula offen ein, wie stark ihre Gefühle für mich geworden waren. Trotzdem war sie auch skeptisch. Sie wollte wissen, was ich für sie empfand. War sie nur ein „Fall" unter vielen? Es hatte sehr große Bedeutung für sie zu wissen, daß ich es ernst meinte mit unserer Beziehung. Dieses Thema gipfelte darin, daß sie sehr bewegt zum Ausdruck brachte, wie verletzbar sie sich nun fühlte. Danach begann sie zu scherzen, daß das Ganze eine „folie à deux" sein könnte, auch wenn wir uns gegenseitig als „schöne, wundervolle Menschen" betrachteten. „Was ist, wenn wir uns selbst zum Narren halten?"

Als ich erwiderte, meiner Meinung nach sei es nicht erforderlich, daß wir uns gegenseitig schön oder wundervoll finden, um uns zu mögen, schien sie dies zu berühren. Dann stand sie auf und begann im Zimmer auf und ab zu gehen, während sie schilderte, wie sehr sie ihre Tochter liebte und wie verletzbar sie sich fühlte, weil sie so sehr an ihr hing. Offenbar war dies auch auf unsere Beziehung gemünzt. Es schien eine heilende Wirkung zu haben, daß sie solche Gefühle erleben, ausdrücken und verkraften konnte.

Eine Episode, über die wir beide uns später amüsierten, ereignete sich in einer Sitzung, in der sie rastlos wirkte und anfing auf und ab zu gehen. Nach einer Weile stand ich auf und setzte mich auf ihren Stuhl. Sie war überrascht. Sofort saß sie auf meinem Stuhl. Als der Summer erklang, der den nächsten Patienten ankündigte, fragte sie, ob sie den Türöffner betätigen könne. Ich sagte „ja", und sie drückte aufgeregt auf den Türöffner. Dann läutete das Telefon, und sie fragte, ob sie ans Telefon gehen dürfe. Als ich „nein!" sagte, mußten wir beide lachen. Im Anschluß an diese Interaktion konnten wir in einer Weise über Grenzen sprechen, wie es vorher nicht möglich gewesen wäre, und darüber, was diese für sie bedeuteten.

Paula entwickelte später in ihrer Analyse große Freude daran, mir all die blutrünstigen Details der Horrorgeschichten zu erzählen, die sie so gern las. Sie kostete genüßlich ihre Fähigkeit aus, mich zu schockieren und zu erschrecken. Sie neckte mich, weil sie den Eindruck hatte, ich würde nur „gute Bücher" lesen, und weil ich so „konventionell" sei. Als sie begann, Verschiedenheiten zwischen uns zu betonen, konnten wir ihre Besorgnis explorieren, wie sie ihre Identität erhalten könnte, und wir konnten untersuchen, in welchem Umfang sie mit der Angst kämpfte, daß es auf jeden Fall ihr Empfinden von ihrer eigenen Identität bedrohen würde, wenn sie so wäre wie ich. Es wurde deutlich, inwiefern diese Ängste sie daran hinderten, sich nach ihren eigenen Maßstäben zu definieren.

Dieser Abschnitt unserer Arbeit führte schließlich einige Zeit später zu einer ergreifenden Schilderung ihrer Traurigkeit darüber, daß sie nur „Horrorbücher über Marsmenschen" las. Sie fügte hinzu, sie wolle „in die Bibliothek gehen und all die Klassiker lesen, die ich nie gelesen habe, Lyrik und alles das".

Als sie berichtete, daß sie sich allmählich freier fühlte, entweder so zu sein wie ich oder anders als ich oder irgend jemand anders zu sein, je nach ihren Vorlieben und Fähigkeiten, gab dies den Anstoß zu einer Kette von Assoziationen über einen früheren Kampf mit ihren Überlegungen über Gleichheit und Verschiedenheit, auch in Verbindung mit ihren Eltern sowie zu der Tatsache, daß es früher eine Zeit in ihrem Leben gab, in der sie eine große Vorliebe für ernsthafte Schriftsteller gehabt hatte. Nun fragte sie sich, warum sie damit aufgehört hatte.

Im weiteren Verlauf unserer Arbeit veränderten sich allmählich ihre Träume. Sie wurden weniger blutrünstig und waren manchmal sogar mit positiven Gefühlen besetzt. In diesem Zusammenhang erzählte sie einen Traum, in dem sie auf einem Ozeandampfer, der QE II, war. Sie hatte offensichtlich einen Bereich betreten, in dem sie nicht sein durfte. Der Kapitän konfiszierte ihren Koffer und schnitt als Strafe die Ärmel von ihrem besten Kleid ab. Sie sagte, es sei erstaunlich, daß er – im Gegensatz zu ihren früheren Träumen – nur auf ihr Kleid losging und nicht auf sie. Ich bestätigte, wie wichtig dieser Unterschied sei; trotzdem stellte ich den Erfolg spielerisch in Frage, weil sie ja immer noch das Opfer sei. Warum hatte sie nicht zurückgeschlagen, ihn nicht sogar unter die Gürtellinie getreten? Die Vorstellung machte sie ganz aufgeregt, und wir mußten sehr darüber lachen. Ich hatte bewußt die äußerst komplexen Themen der Gegenübertragung nicht direkt angesprochen, sondern hatte mich statt dessen entschieden, spielerisch im Rahmen ihrer Metaphern damit umzugehen und Möglichkeiten hervorzuheben, die ihr nicht bewußt waren, weil ich spürte, daß es zu diesem Zeitpunkt so am besten war[13].

Als sie einige Zeit später darüber sprach, wie stark sie spüre, wie sie sich veränderte – auch wenn sie nicht genau erklären könne, wie und warum – sagte sie, das Bemerkenswerte daran sei, bewußt wahrzunehmen, wie sie jetzt ganz aufgeregt entdeckte, daß „ich mich mehr und mehr selbst finde", obwohl sie immer Angst gehabt hatte, sie würde „sich selbst verlieren", wenn sie sich tatsächlich verändern sollte. In diesem Zusammenhang sagte sie: „Mir fällt ein Bild ein: ‚Ich bin ein Schatten meines früheren Selbst'. Aber das bin noch nicht ich gewesen, das ist mein Ziel. Ich spüre, daß ich ein Schatten des Grünschnabels bin, der mein reales Ich ist." Mit der Zeit kam sie mit diesem „realen Ich" allmählich näher in Kontakt als je zuvor, und sie schilderte aufgeregt das Bild „eines Reißverschlusses, der meine Kehle öffnet, und es kommen zwitschernde Vögel herausgeflogen!"

Sie verglich ihr gegenwärtiges Wohlbefinden mit der Anfangsphase unserer Beziehung; damals war sie in meinem Büro auf und ab gegangen und hatte in einem Zustand äußerster Erregung gegen Türen und Wände getreten und geschlagen. Sie kam auf einen Traum zu sprechen, den sie noch

---

[13] Ein anderer Patient beschrieb einmal ein grauenhaftes Bild: Er sei unter einem Grabstein und könne ihn nicht hochheben. Meine Bemerkung „Warum versuchen sie, ihn anzuheben? Warum gleiten sie nicht einfach unter ihm heraus?" schien auf ähnliche Weise befreiend zu wirken.

von dieser frühen Phase erinnerte, in dem „Ihr Büro voller Köpfe war, wie Trophäen, Menschenköpfe, ausgestopft. Und da war abgelegte, getrocknete Haut. Das also ist Ihr Job, nicht wahr? Die Leute kommen hierher und legen ihre Häute ab. Ich weiß nicht, ob die präparierten Köpfe für das standen, was ich damals als Ihre Haltung wahrnahm. Aber es war verdammt grausig hier, das kann ich Ihnen sagen!" Einige Zeit später enthüllte sie, daß sie sich damals im Gegensatz zu dem Bild von den zwitschernden Vögeln, von dem sie kürzlich erzählt hatte, gefühlt hatte „wie ein riesiger blauer Vogel mit weißen Unterfedern, der wie eine Fledermaus wild im Zimmer umherflattert, gegen die Wände kracht und dessen Federn überall herumfliegen."

In dieser Zeit berichtete Paula, sie habe ein wachsendes Gefühl von Stolz darüber, daß sich ihre Beziehung sowohl mit ihrem Mann als auch mit ihrem Kind sehr befriedigend entwickelt habe und zunehmend wichtig für sie geworden sei und daß sie in bezug auf unsere Beziehung ein ebenso gutes Gefühl habe. Sie erzählte auch, daß sie es geschafft hatte, sich von ihrer Drogen- und Alkoholsucht zu befreien, obwohl das nicht einfach gewesen war.

Es dürfte niemanden überraschen, daß Paula während der sechs Jahre unserer Zusammenarbeit keine Frau von vielen Worten wurde. Aber im Gegensatz zu ihren früheren Ängsten, sie würde sich selbst verlieren, wenn sie Dinge in Worte faßte, und daß die Dinge „aus mir heraussickern und zu einer Pfütze werden", und im Gegensatz zu der Angst, die sie in einer späteren Phase unserer Arbeit geäußert hatte, sie liefe Gefahr, die Dinge in die „falschen Worte" zu packen, und dann zu riskieren, daß „etwas für immer weggesperrt, für immer abgetrennt" sein könnte, begann Paula nun mit Worten zu spielen und daran großen Spaß zu haben. Manchmal war sie so raffiniert und witzig, daß sie selbst staunte. Sie zeigte eine erstaunliche Fähigkeit, scharfsinnig und durchdringend zu sein; manchmal konnte sie sogar spitze Bemerkungen machen – und das alles in ihrer bemerkenswert knappen Art. Unsere Sitzungen waren allmählich von so viel Gelächter geprägt, daß ich schließlich begann, Schuldgefühle zu entwickeln, weil ich dafür bezahlt wurde, so viel Spaß zu haben. Als ich meine Bedenken darüber äußerte, wie sinnvoll es wohl sei, weiterhin unsere Zeit damit zu verbringen, einfach Spaß zu haben, gab sie mir zu verstehen, wie enttäuscht sie sei, daß ich nicht anerkannte, in welchem Maß dies immer noch eine Erfahrung für sie war, bei der sie sich selbst entdeckte. Es bedeutete ihr sehr viel, daß wir weiterhin gegenseitig Kontakt aufnehmen konnten und so viel Spaß miteinander hatten, weil sie immer noch Momente erlebte, in denen sie sich „fragmentiert" und „fremd" fühlte. Sie sagte: „Daß jemand wie Sie sich wirklich freuen kann, mit mir zusammenzusein und Spaß mit mir zu haben, gibt mir die Möglichkeit, mich ganz und wie ein Mensch zu fühlen." In dem Moment erfuhr ich natürlich eine ganze Menge über Paula.

Im Verlauf unserer Arbeit bekam sie ihr zweites Kind. Obwohl dies mit starken Belastungen und intensiver Angst einherging, besonders weil es ihre zweite Erfahrung einer Schwangerschaft war, konnte sie diese Gefühle unter Kontrolle halten, und weder durch diese Gefühle noch durch die Geburt des Babys wurde die Beziehung mit ihrer kleinen Tochter oder mit ihrem Mann gestört. Als das Baby geboren war, hatte sie keine Wochenbettdepression, und sie konnte sich darüber freuen. Sie war in der Lage, sich um beide Kinder zu kümmern. Schließlich widmete sie sich ihrem Interesse für Gesang und suchte nach Möglichkeiten, ihre Stimme auszubilden.

MICHAEL

Michael befand sich in einem Angstzustand, als er die Therapie begann. In unseren ersten Sitzungen war er sehr angespannt, als er ausführlich blutrünstige Phantasien schilderte, in denen er mit Rasierklingen verstümmelt oder kastriert wurde (siehe Kapitel 7). Diese Phantasien erschreckten ihn, und er fragte sich, ob er vielleicht „verrückt" sei. In dieser Phase versuchte ich, äußerst genau die Details der subtilsten Aspekte unserer Interaktion aufzuspüren, um herauszufinden, was diese Phantasien auslöste. Wie wir ermitteln konnten, kamen sie in Augenblicken, in denen er bemerkte, daß ich auf die Uhr schaute. In solchen Momenten war er nicht verärgert, nicht wütend und nicht gekränkt, statt dessen erlebte er seine Rasierklingenphantasien, bei denen er in der Regel selbst das Opfer war. In einer Situation (die Episode ist in Kapitel 7 ausführlich beschrieben) erlebte er einen schockierenden Realitätsverlust, nachdem ich überraschend eine Sitzung abgesagt hatte. Erst nachdem wir dies in unserer unmittelbaren Interaktion behandelt hatten und er erkennen konnte, wie ärgerlich und gekränkt er über diese Absage war, konnte er wieder Zugang zu der Situation finden.

Im Gegensatz zu der Spannung und der Angst, die unsere frühe Arbeitsphase charakterisiert hatte, wurde die Arbeitsperiode, aus der ich nun Sitzungen beschreiben werde, allmählich eine Freude für uns beide. Er begann nun, seine Intelligenz und Kreativität in Szene zu setzen; er forderte mich heraus und trat in einen spielerischen Wettbewerb mit mir. In einer Sitzung forderte er, ich solle ihm meine Notizen vorlesen. Er war überrascht und freute sich, als ich das tat. Nun befahl er mir, nur ja nicht zu vergessen, auch zu notieren, daß ich Notizen machte. Verspieltheit wurde für ihn zu einem Medium, mit selbstbewußtem Verhalten zu experimentieren. Offensichtlich benutzte er unsere Beziehung als Versuchsfeld.

Diese Versuche hatten einen selbstverstärkenden Charakter, und sie führten dazu, daß er in seinem spielerischen Ausdruck mutiger wurde. Allmählich wurde er ganz offen verführerisch und stellte die Grenzen unserer Beziehung energisch in Frage, als er Phantasien über eine Romanze zwischen uns beschrieb. Er schilderte in allen Einzelheiten Phantasien, wie wir beide ausrissen und an exotische, wundervolle Orte flüchteten. Er begann die Fähigkeit zu genießen, mit einer derartigen Phantasie zu spielen. In anderen Momenten bot er an, von mir als Kind adoptiert zu werden, und er fragte, ob ich dazu vielleicht eher geneigt sei. Er versprach, brav zu sein, wenn ich einwillige und ihn mit zu mir nach Hause nehmen würde. Weshalb sollte er überhaupt ein Verhältnis mit jemand anderem anfangen, wenn wir uns doch so gut verstünden? Er war charmant und witzig, und unsere Sitzungen machten uns beiden großen Spaß. Auch wenn er mit diesen Phantasien spielte, sie bauten trotzdem ebenso Distanz auf, wie sie gleichzeitig Nähe herstellten. Wenn ich zu ausgelassen reagierte, weckte die eigentliche Nähe, die dies aufzubauen schien, wieder seine Phantasien, verstümmelt und kastriert zu werden, die wir exploriert hatten.

Schließlich konnte er über seine Angst davor sprechen, was geschehen würde, wenn er wagte, alles andere als charmant zu sein. In diesem Zusammenhang tauchten einige seiner alten Phantasien mit den Rasierklingen wieder auf. Manchmal jedoch konnte er eine völlig neue Art von Phantasie entwickeln, in der seine Aggression direkt auf mich gerichtet war. Obwohl der Inhalt dieser Phantasien mörderisch und angsteinflößend war, hatte er allmählich weniger Angst vor seinen aggressiven Impulsen, als er erkannte, daß sie weder für mich noch für ihn oder unsere Beziehung eine echte Bedrohung werden konnten. Am Ende konnte er sogar seine aggressiven Phantasien genießen, und er entwickelte sie auf sehr spielerische Weise. Es schien ihn zum Beispiel zu freuen, als er eine Phantasie entwickelte, die ein comicartiges Szenario beinhaltete, in dem er versuchte, mich loszuwerden, indem er den Fußboden um meinen Stuhl herum durchsägte, so daß ich mitsamt meinem Stuhl in die Wohnung unter uns fallen würde.

Als wir dann genau untersuchten, was in dieser Phantasie enthalten war, sprach er direkter über seine Verletzbarkeit. Er konnte darüber sprechen, welche Ängste für ihn mit der Aufnahme sexueller Beziehungen zu Frauen verbunden waren. Er hatte phobische Ängste, daß jemand seinen Körper nackt sehen könnte, Ängste, die sich um seine körperliche Attraktivität und sexuellen Fähigkeiten rankten, und Ängste, kastriert oder sogar ermordet zu werden. Es kamen Assoziationen zu bestimmten Erlebnissen mit seinen Eltern und Geschwistern, bei denen er verletzt und hintergangen worden war. Er berichtete, wie erstaunt er selbst darüber sei, daß er mir dies alles mitteilen konnte, und er machte sich Gedanken, ob ich eifersüchtig sein würde, wenn er so frei auch mit einem anderen Menschen sprach. Schließlich wurde ihm sein Wunsch klar, ich möge dann eifersüchtig sein, und er war in Sorge, was es bedeuten könnte, wenn ich tatsächlich eifersüchtig wäre.

Als diese Zusammenhänge geklärt wurden, berichtete er überrascht, er spüre ganz bewußt, wieviel selbstbewußter er sich außerhalb der Analyse nun fühle. In seinem Beruf wurde er allmählich viel produktiver und positiver, und er entpuppte sich als ein Mann mit ungewöhnlichem Talent und großer Kompetenz. Obwohl er lange Zeit in Sorge war, er könne homosexuell sein, traf er sich mit Frauen, und er entwickelte eine sexuelle Beziehung mit einer jungen Frau. Er sah physisch anders aus, weil er eine aufrechtere Körperhaltung angenommen hatte und größer wirkte.

JEFF

Ein anderer Patient, Jeff (siehe Kapitel 7), schien einzig damit beschäftigt, mich zu bezaubern. Sein einschmeichelndes Lächeln und seine Witze waren mir recht unangenehm, und sie bewirkten eigentlich das Gegenteil dessen, was sie bezwecken sollten. Seine angebliche Verspieltheit wirkte kalkuliert und angestrengt. Ich spürte eine feindselige Schärfe in all dem „Getue". Witzig zu sein war für ihn Arbeit und kein Spiel, und das deutete darauf hin, daß er sich in Kontrolle halten mußte.

Schließlich wurde deutlich, daß er eine zynische Meinung darüber hatte, was die Analyse leisten könnte (er hatte schon Therapieerfahrung), und auch seine Verzweiflung über das Leben und Beziehungen generell kam zum Vorschein. Den Charmeur zu spielen war für ihn ein Mittel, sich vor der Analyse und dem Leben zu verschließen. Sein Pseudospiel war im Grunde genommen eine machtvolle Abwehr gegen jegliches persönliches

156

Engagement. Besonders in der Analyse schützte es ihn vor Enttäuschungen und davor, daß ihm geholfen werden könnte – beides waren für ihn erschreckende Möglichkeiten. Als dies alles ans Licht kam, gab es einige überraschende Momente, in denen er Gefühle erkennen und erleben konnte, die er bewußt nie zuvor gespürt hatte. Er hatte unter anderem panische Angst vor Verletzungen und fühlte sich unzulänglich.

Als Folge davon verhielt er sich mir gegenüber plötzlich unterwürfiger als gewöhnlich, und er gab mir zu verstehen, ich hätte eine Art „Schlacht" gewonnen. Als ich dies hinterfragte, gab er zu, daß er in seinen Beziehungen entweder ein „Tyrann" oder ein „Jammerlappen" sei, und er habe keine Ahnung, wie er Beziehungen anders gestalten könnte. Ich betonte, ich hätte kein Interesse daran, ihn dazu zu bringen, sich mir zu unterwerfen, und ich würde doch hoffen, daß es möglich sei, unsere Zusammenarbeit kooperativ zu gestalten.

Daraufhin wurden ihm die Manipulationstechniken, die er früher angewandt hatte, deutlich bewußt, und sehr langsam veränderte sich der Charakter unseres Gedankenaustausches in Richtung eines stärker werdenden Schlagabtausches. Nun konnten wird darüber scherzen, wenn eine der alten Neigungen, einen Machtkampf zu inszenieren, zum Vorschein kam.

Nach einer sehr bewegenden Sitzung, in der er geweint hatte und in der er zugeben konnte, was ihm vorher nicht wirklich klar war: daß er riesige Probleme hatte, fand eine Episode statt. Das Szenario sah etwa folgendermaßen aus:

Er war mein erster Patient an jenem Tag. Er kam herein und machte eine – nicht untypische – Bemerkung über das Durcheinander von Papier in der Nähe meines Stuhls und die Unordnung auf meinem Schreibtisch in scherzhaftem, aber liebevollem Ton. Dann stellte er eine Verbindung zu seinem Beruf her, der ihn mit relativ prominenten Leuten in Berührung brachte. Einen Namen, den er nannte, konnte ich mir nicht merken, und er erging sich in einer ausgedehnten, scherzhaften Beschreibung darüber, wer diese Person war. Dabei betonte er, er würde mich dadurch nun „erleuchten" und meine Bildung erweitern. Dann fing er an, Kommentare darüber zu machen, wie müde ich aussah, und er fragte abfällig: „Ist es noch zu früh am Tag für Sie zum Arbeiten?" Sarkastisch fügte er hinzu, er wolle mich auf keinen Fall belästigen, wenn ich zu müde sei.

Ich mußte immer öfter gähnen und war so müde, daß ich anfing, mir Sorgen zu machen, ich könnte tatsächlich während der Sitzung einschlafen. Er bemerkte meinen Gesichtsausdruck, als ich mit aller Kraft versuchte, die

Augen offen zu halten. Ich entschuldigte mich dafür, daß ich so müde war, und insgeheim beschlichen mich Zweifel, ob ich je den Tag überstehen könnte.

Am Ende der Sitzung machte er wieder einige gemeine Bemerkungen, diesmal darüber, daß es eine unproduktive Sitzung gewesen sei. Ich entgegnete etwas defensiv: „Nun, wir werden sehen – manchmal ist man hinterher schlauer."

Als mein nächster Patient kam, entdeckte ich überrascht, daß ich keine Schwierigkeiten hatte, wach zu bleiben und ohne Probleme teilnehmen konnte, obwohl ich immer noch müde war. Ich begann zu überlegen, was genau in der vorhergehenden Sitzung mit Jeff geschehen war. Mir war nun klar, daß der Schlüssel dazu nicht in meiner realen physischen Müdigkeit zu finden war.

Am nächsten Tag beschrieb ich Jeff, wie neugierig ich nun sei, weil ich in der Sitzung, die am Vortag auf die seine gefolgt war, sehr wach gewesen sei, obwohl ich bei ihm so „schläfrig" gewesen wäre. Ich spürte, wie wichtig es war, daß wir zu verstehen versuchten, was zwischen uns vorgegangen war. Ja, ich war müde gewesen, aber welche Rolle hatte er dabei gespielt? Als ich dieser Frage mit ihm zusammen nachging, tat ich dies ebenso spielerisch, wie er am Tag davor mit mir umgegangen war. Ich fragte, ob es ein Mittel gewesen wäre, von sich abzulenken, mich ins Scheinwerferlicht zu rücken. War das seine Absicht gewesen? Seine Reaktion war faszinierend. Als ich die Aufmerksamkeit so auf ihn fokussierte, fing er an, sich deutlich verlegen zu winden und wiederholt zu gähnen, und er wurde zunehmend „schläfriger". Ich machte eine Bemerkung darüber und konfrontierte ihn spielerisch damit, es habe den Anschein, daß ich trotz seiner Bemühung, mir in der vorigen Sitzung „Nachhilfeunterricht" zu geben, um meinen Fundus an Faktenwissen zu erweitern, statt dessen gelernt hätte, wie ich jetzt auf ihn dieselbe Wirkung haben könnte, wie er es zuvor bei mir geschaft hätte.

Wir mußten beide lachen. Zu diesem Zeitpunkt waren wir beide ausgesprochen wach und engagiert. Wir konnten nun erkennen, daß die letzte Sitzung ein Reflex auf die vorletzte Sitzung war, in der er die emotionale Erkenntnis über das wahre Ausmaß seiner Probleme gehabt hatte. Er gab jetzt zu, daß ihn dies in gewisser Weise gedemütigt hatte. Die Vermutung war, daß sein Versuch, mich in der nächsten Stunde zu demütigen, eine Reaktion auf den Schmerz war, den die vorige Sitzung bei ihm ausgelöst hatte, und daß sein Versuch, spielerisch zu sein, eigentlich dazu diente, die frühere Intimität zu vermeiden. Wir konnten nun sein fragiles Selbstwertgefühl, seine Angst vor Demütigungen und Verletzungen sowie sein Bedürfnis, die Kontrolle zu behalten und seine Macht zu sichern, bearbeiten.

Im weiteren Verlauf unserer Zusammenarbeit wurden seine spielerischen Anwandlungen und sein Witz viel echter, und er freute sich, wenn er mich zum Lachen brachte. Trotzdem konnte er oft große Freude daran haben, mich zu necken, indem er sagte, Freud würde sich im Grab umdrehen, wenn er wüßte, was wir hier machten, und er sei sicher, meine Kollegen am Institut wären schockiert, wenn sie erfahren würden, wie wir unsere Sitzungen verbrachten. Manchmal reagierte ich darauf, indem ich die Frage aufwarf, wie wir feststellen könnten, ob seine Fähigkeit, mich zum Lachen zu bringen, ein Zeichen seiner Macht sei, oder ob dies zeige, daß ich im Grunde genommen „ganz erträglich", also faktisch eine „Flasche" sei. Und ich fragte, wer der Gewinner und wer der Verlierer sei, angesichts der Tatsache, daß es seine Analyse war, wenn ich nicht mit ihm kämpfen und bloß den Spaß genießen würde. Diese Art von Schlagabtausch erleichterte es ihm, sich mit seinen verwickelten Gefühlen zu befassen, die sich darum drehten, wer wen unter Kontrolle hatte, und wir konnten uns auf eine Weise damit beschäftigen, wer von uns beiden wohl die Oberhand gewinnen würde in unserer gegenwärtigen Interaktion, wie es früher nicht möglich war. Die Tatsache, daß wir mit all dem spielen und auch unmittelbar darüber sprechen konnten, wenn solche Machtspiele auftauchten, schien zu wachsender Intimität und Zuneigung zwischen uns beizutragen. Es bestärkte unser Gefühl, uns gegenseitig zu kennen, auf direktere und einschneidendere Weise, als dies durch das Aufdecken aller möglichen Fakten über uns hätte erreicht werden können (siehe Ehrenberg, 1974).

Jeff staunte über den Kontrast zwischen seinem widerwärtigen, gehemmten Auftreten in unseren früheren Sitzungen und über seine Pseudospiele als Mittel, sich vor Nähe zu schützen, ebenso wie über die Art von Intimität, die wir nun erreicht hatten. Im Grunde konnte er in dieser Art von spielerischem Schlagabtausch über Dinge sprechen, von denen er immer gedacht hatte, er könnte sie nie jemandem andern mitteilen. Er freute sich sehr, als er erkannte, daß ich unsere Interaktionen ebenso genoß wie er, und sagte, er habe immer angenommen, ihn könne niemand interessant finden, wenn er die Situationen nicht kontrollierte oder manipulierte.

Als sich seine Fähigkeit entwickelte, authentisch spielerisch zu sein, beschrieb er stolz, daß er nun immer besser unterscheiden könne zwischen dem Spiel mit anderen – wie man ein Werkzeug handhabt oder ein Musikinstrument – für eigene Zwecke (dies war etwas, was er nach seiner eigenen Einschätzung hervorragend konnte, und in der Regel stimmte das) und der Art von offener Kommunikation, die eher ein wechselseitiges Spiel war und in der wir nun miteinander verbunden waren. Zum erstenmal erlebte er ganz bewußt, daß er sich nicht mehr isoliert fühlte. Als er darüber sprach, wie sehr er sich freute, daß er nun erleben konnte, wie verbunden er sich mit mir fühlte, berichtete er überrascht und stolz, welche Rückwirkungen dies auf seine Beziehungen außerhalb der Analyse hatte. Er spürte besonders stark eine Tiefe seines Gefühls für seine Kinder, die neu für ihn war, und er weinte, als er mir das sagte. In diesem Zusammenhang begann er, sich an quälende Aspekte in seiner Vergangenheit heranzutasten, die vorher unzugänglich waren.

SARA

In einer Situation, in der sie sehr deprimiert war, sagte Sara, sie habe Angst, ich würde es bereuen, mich auf die Arbeit mit ihr eingelassen zu haben, und sie sei sicher, sie sei meine „schlimmste" Patientin. Für mich war das so absurd, daß ich in liebevollem Ton scherzte: „Nein, Sie sind meine zweitschlimmste Patientin." Zu meiner Überraschung nahm sie dies wörtlich, und sie schien sehr niedergeschlagen zu sein. Dies war ein Fall, in dem mein Spiel gewiß nicht die beabsichtigte Wirkung hatte.

In dieser Situation mußte ich verschiedene Dinge beachten. Obwohl sie ihre Besorgnis zum Ausdruck gebracht hatte, daß die Fortsetzung unserer Beziehung davon abhängig war, ob es ein Vergnügen sei, mit ihr zu arbeiten, war es eine Tatsache, daß sie während der ersten zwei Jahre unserer Arbeit deprimiert gewesen war, und genau in dieser Zeit hatte sich unsere Beziehung eigentlich entwickelt. Sie war also nicht im geringsten davon abhängig gewesen, ob es ein Vergnügen war, mit ihr zusammenzusein (siehe Kapitel 4). Ging es nun darum, daß ich mit meiner scherzhaften Bemerkung ihre Erwartung bestätigt hatte, daß sich in jeder Beziehung das Gefühl des anderen in jedem Moment ändern könnte – gleichgültig, wie positiv sie auch sei – und daß sie am Ende zurückgewiesen oder hintergangen würde? Oder belastete sie die Vorstellung, sie müsse in der Lage sein, auf einer für sie sehr schwierigen Ebene zu funktionieren, um mich nicht zu enttäuschen? Offenbar hatte ich eine Erwartung an sie herangetragen, der sie nicht entsprechen konnte, als ich annahm, sie würde meine

Bemerkung als Neckerei einschätzen. Ich besprach mit ihr alle diese Überlegungen.

Sie reagierte mit Assoziationen zu bestimmten Einzelheiten aus ihrer Vergangenheit. Ihre Eltern waren Alkoholiker gewesen. Sie stellte fest, daß wir offenbar in eine Wiederholung von Szenen verstrickt waren, in die sie früher häufig mit ihrer Mutter geraten war. Diese komplexen Themen waren nun offen ansprechbar und konnten bearbeitet werden.

Mein Bemühen, peinlich genau alles anzusprechen und zu klären, was dabei eine Rolle spielen könnte, schien an sich schon wirksam zu sein. Es schien ihr meine Überzeugung zu vermitteln, wir könnten das alles klären, und sie schien zu spüren, daß mir daran gelegen war, es mit ihr zusammen zu tun. Dadurch wurde ihr Erleben allmählich anders strukturiert, und sie konnte eine neue Erfahrung machen, die sehr verschieden von den Interaktionen mit ihrer Mutter war, weil sie die Möglichkeit hatte zu erkennen, inwieweit sie selbst die Fähigkeit hatte, bei mir etwas zu bewirken.

In diesem speziellen Fall wurde meine Bemerkung, sie sei meine „zweitschlimmste Patientin", zu einem geflügelten Wort, das sie in den folgenden Jahren oft zitierte. Es wurde Teil einer gemeinsamen Vorstellung, einer privaten Sprache, wie es sich in jeder vertrauten Beziehung mit der Zeit entwickelt, und darin war alles eingeschlossen, was in der Erfahrung, die sie damals machen konnte, enthalten war. Außerdem benutzte sie es als Bezugspunkt, wenn sie gekränkt, unsicher oder frustriert war.

Es soll nicht unerwähnt bleiben, daß Sara mir auftrug, auf keinen Fall zu vergessen, daß in meiner Darstellung ihrer Analyse die Tatsache enthalten sein sollte, ich sei ihre „zweitschlechteste Analytikerin", als sie las, was ich über uns geschrieben hatte. Und sie fügte hinzu, ihre Fähigkeit, auf diese Weise spielerisch sein zu können, sei ein Ergebnis unserer gemeinsamen Arbeit.

NORA

Nora war sehr fröhlich, und sie war psychologisch auf dem laufenden. Sie konnte recht verspielt und entwaffnend sein. Es dauerte eine ganze Weile, bis ich erkannte, daß jedes Spiel, das von mir initiiert wurde, von ihr jedoch in der Regel mit Argwohn aufgenommen wurde und daß sie dazu neigte, besonders ernst darauf zu reagieren, weil sie sehr genau wissen wollte, was ich damit meinte. Nur allmählich gelangte ich zu der Einsicht, daß alles, was sie aus ihrem Gleichgewicht werfen oder ihre Selbstkontrolle irritieren könnte, wie etwa eine spielerische Reaktion eines anderen, für sie eine Bedrohung zu sein schien.

Als mir dies klar geworden war, teilte ich ihr meine Vermutungen mit: Warum war meine spielerische Kommunikation so problematisch für sie? Und was glaubte sie, warum faßte sie meine Spiele so wortwörtlich auf?

Sie antwortete mit einer sehr komplexen Assoziationskette, die darin gipfelte, daß sie beschrieb, wie sie einmal einen „Pakt geschlossen" hatte, als ein von ihr geliebtes Haustier krank war. Sie hatte versprochen, auf etwas zu verzichten, was sie damals sehr gern haben wollte, wenn es nur ihrem Tier besser ginge. Statt dessen geschah genau das Gegenteil: Sie bekam am Ende die Sache, auf die sie hatte verzichten wollen, und ihr Tier starb. Auf einer tiefen Ebene schloß sie daraus, daß sie verantwortlich für den Tod ihres Tieres war, weil sie bekommen hatte, was sie wollte.

Als sie dies erzählte, kamen Assoziationen zum Tod ihres Vaters, der starb, als sie erst drei Jahre alt war. Sie war selbst überrascht von der Intensität der Gefühle, die nun aufwallten (sie begann zu weinen). Bis zu dem Augenblick hatte sie darauf bestanden, daß der Tod ihres Vaters keinen nennenswerten Einfluß auf sie gehabt hätte, weil sie damals noch so klein gewesen war. Nun aber wurde ihr bewußt, daß sie auf einer bestimmten Ebene besorgt war, ob sie möglicherweise auch für den Tod ihres Vaters verantwortlich wäre.

Zu dieser Zeit konnte sie sehr emotional über ihre Angst vor der Analyse sprechen und darüber, daß sie sich fürchtete, sich mit ihrer eigenen Erfahrung zu befassen. Wir konnten Zugang dazu finden, daß sie auf meine Verspieltheit so ernst reagierte, weil sie glaubte, auf diese Weise sich und den anderen schützen zu können. Sie fürchtete die destruktive Kraft der freien Gedanken und Gefühle, die spontan hochkommen könnten, wenn sie nicht sorgfältig unter Kontrolle wären. Es war, als würde sie glauben, Denken und Fühlen hätten eine lebensbedrohliche Macht.

Paradoxerweise war meine spielerische Intervention genau deswegen sinnvoll, weil sie die Tatsache klären half, daß sie mit spielerischen Aktionen anderer nicht umgehen konnte, obwohl sie selbst sehr spielerisch war. Dadurch waren wir in der Lage, allmählich sehr komplexe Gefühle und Ängste zu bearbeiten, die andernfalls äußerst unzugänglich gewesen wären.

Weil spielerische Interventionen oder Reaktionen ein ernstzunehmendes psychoanalytisches Instrument sind – und manchmal sogar ein sehr tiefgreifendes –, glaube ich, daß der potentielle Gewinn einer wohlüberlegten Anwendung von Spielen zur Förderung und Weiterentwicklung des analytischen Prozesses – gleichgültig, ob vom Analytiker oder vom Patienten initiiert – die damit verbundenen Risiken rechtfertigt. Wie das soeben dargestellte Beispiel illustriert, kann der Einsatz spielerischer Mittel auch dann noch die Analyse voranbringen, wenn sie den beabsichtigten Effekt nicht erzielen.

Einige Patienten, die schon vorher Analysen gemacht haben, hatten eine Neigung, äußerst unwirsch zu reagieren, wenn ich spielerisch mit ihnen umging. Manche brachten sogar das Argument: „Das ist keine Analyse". In solchen Fällen war es für mich ganz besonders bewegend, wenn sie später erkannten, daß sie sich auf eine Weise verändert hatten, wie sie es sich nicht hätten träumen lassen. Am Schluß hinterfragten sie nicht mehr meine Verspieltheit, sondern eher ihre frühere Auffassung von „Psychoanalyse".

Spielerische Interaktionen bergen ein großes Potential: Sie können bestätigen und rückversichern, Entfremdung reduzieren, anregen zu kreativer Lebendigkeit und unsere Imagination erweitern. Sie können auch eine Grundlage bilden für die Entwicklung von Vertrauen und kreativem Engagement, und sie können für den Patienten die Möglichkeit schaffen, positive, sogar zärtliche Gefühle zu erleben, die für ihn vielleicht neues Terrain sind. Dies wiederum gibt uns die Gelegenheit, die Ängste und Phantasien zu bearbeiten, die durch diese Art von Intimität und die Verletzbarkeit, die in der Regel damit einhergeht, entstehen können. In manchen Fällen können spielerische Aktionen auch die Voraussetzungen dafür schaffen, mit negativen Gefühlen, sogar mit Wut umzugehen, wenn andere Mittel, mit diesen Gefühlen Kontakt aufzunehmen, vielleicht unwirksam sind.

Meiner Erfahrung nach ist die Fähigkeit, auf spielerische Weise psychoanalytisch in einem Zusammenhang zu arbeiten, in dem die Integrität der Beziehung sichergestellt ist, ein Mittel, die Qualität des persönlichen Engagements zu erreichen, die nötig ist, um Hoffnungen, Wünsche und Veränderungen anzuregen.

KAPITEL 9

DIE ROLLE DER BEGEGNUNG IM PROZESS DES DURCHARBEITENS

In diesem Kapitel werde ich mich mit der Rolle der Begegnung im psycho-analytischen Prozeß befassen. Meines Erachtens ist in vielen Fällen eine Begegnung zwischen Patient und Analytiker der Schlüssel zu einem ent-wicklungsfähigen Prozeß und der Ort des therapeutischen Handelns.

Mit *Begegnung* meine ich solche Momente, in denen Patient und Analy-tiker auf relativ direkte und persönliche Weise arbeiten. Ich benutze das Wort Begegnung lieber als den Begriff *Konfrontation*, weil letzterer im all-gemeinen eine leicht feindselige Bedeutung hat. Die Art von Begegnung, wie ich sie hier definiere, kann kooperativ und mitfühlend sein. Sie kann sich mit der Schwäche des anderen ebenso auseinandersetzen wie mit sei-ner Stärke; sie kann positive oder negative Gefühle beinhalten. Sie kann den Versuch beinhalten, sich mit dem Sog von Übertragung und Gegen-übertragung zu befassen, wo diese problematisch werden, oder zur Sache zu kommen, wenn beide Teilnehmer zu zurückhaltend sind, um eine ana-lytisch entwicklungsfähige Beziehung aufrechtzuerhalten. Die Begegnung kann das Überschreiten künstlicher Einschränkungen beinhalten, die der Verleugnung der persönlichen Dimension der analytischen Beziehung oder dem Widerstand, sich damit zu befassen, dienen. Sie kann den Umgang mit Aspekten der Authentizität und mit der affektiven Abwesenheit oder Prä-senz beinhalten.

Meiner Erfahrung nach müssen die Momente eines relativ intimen und affektiv intensiven Arbeitens, die sich aus solchen Begegnungen entwickeln können, keine Verletzung der analytischen Integrität oder Neutralität dar-stellen, sondern sie bereichern die Arbeit eher um eine tiefgründige und för-derliche Dimension. Wenn diese Ebene des Engagements ein integraler und tragender Aspekt des Prozesses wird, kann auf diese Weise ein einzigartiger Kontext analytischer Möglichkeiten geschaffen werden.

In Fällen, bei denen die analytische Integrität der Arbeit bedroht ist, kann die Begegnung von Patient und Analytiker das Kernstück der Arbeit werden, *wenn die Beharrlichkeit des Analytikers, energisch auf dem zu bestehen, was für die produktive Therapie verbindlich ist, zum analyti-schen „Hebel" wird.*

LAURA

Als Laura ihre Analyse bei mir begann, war ich schwanger, aber dies schien sie nicht zu berühren. Als sie jedoch im dritten Jahr ihrer Analyse erfuhr, daß ich wieder schwanger war, hatte Laura einen Gefühlsausbruch und ließ einen Sturzbach an Schimpfworten los. Um sich „zu rächen", drohte sie mit Selbstmord.

Als ich versuchte, mit ihr zusammen ihre Gefühle zu explorieren, wurde sie nur noch verletzender. Dabei wurde deutlich, daß sie annahm, sie sei für ihr Verhalten nicht verantwortlich, weil sie „zu krank" sei, und daß diese Belastung ihr eine Art Freibrief gab, mich zu bedrohen. Dies war offenbar eine Rationalisierung für alle Einschüchterungstaktiken gegen andere Menschen in ihrem ganzen Leben. Ich versuchte zu klären, daß es hier einen Unterschied gab zwischen dem Versuch, Rache zu nehmen, und dem Versuch, sich auf einen psychoanalytischen Prozeß einzulassen. Sie wiederum schrie wütend, als ihre Analytikerin hätte ich ihr Verhalten zu akzeptieren, ganz gleich, was sie auch tue. Ihrer Ansicht nach gab ihr die Tatsache, daß sie mich bezahlte, bestimmte „Rechte".

Ich bestand darauf, daß dies keine akzeptable Definition unserer Beziehung sein könne, jedenfalls soweit es mich betreffe. Ich fügte hinzu, solange sie keine Verantwortung für ihre Beteiligung übernähme, könne sie nicht mich dafür verantwortlich machen, wenn ihre Analyse scheitern würde.

Sie widersprach energisch allem, was ich sagte, aber ich blieb standhaft und sagte, es sei notwendig und wichtig, ihre Verletzung und ihren Ärger zu untersuchen, anstatt diese Gefühle auszuleben. Als sie nur noch beleidigender wurde, eskalierte dies in ein lautstarkes Gefecht zwischen uns, und sie tobte, ich würde sie im Stich lassen, weil ich wütend wurde. Ich hielt an meiner Sichtweise fest, daß ihre Beleidigungen unakzeptabel seien, aber ich gestand ein, die Tatsache, daß ich aus der Fassung geraten war, könne darauf hindeuten, daß sie vielleicht recht hatte – vielleicht wäre jemand anders in der Lage, erfolgreicher mit ihr zu arbeiten. Zu meiner Überraschung reagierte sie, bevor ich noch mehr sagen konnte, indem sie erklärte, es sei eigentlich eine Erleichterung für sie, zu wissen, daß auch ich „ausrasten" könnte. Dadurch sei es ihr möglich, sich nicht als die „einzige Böse" hier im Raum zu fühlen, und deshalb sei sie nicht „allein".

Laura hatte angefangen zu schluchzen, als sie ihre Erleichterung und Dankbarkeit darüber zum Ausdruck brachte, daß ich mich mit ihr angelegt hatte. Sie sagte, bisher habe sich noch nie jemand so verhalten, und sie sprach von Ängsten, ich könnte vielleicht – genauso wie ihre Eltern – nicht in der Lage sein, sie zu „handhaben". Darauf folgten Assoziationen zu den Wutanfällen, mit denen sie ihre Mutter terrorisiert hatte, als sie noch ein Kind war. Sie berichtete, anstatt zu versuchen, sie zu stoppen, hätte ihre Mutter sie immer „abscheulicher" werden lassen und sie dann dafür gehaßt, daß sie sich so aufführte. Sie schluchzte immer noch, als sie klagte: „Wenn sie mich doch nur gestoppt hätte!"

Nun war sie sehr wütend darüber, daß ihre Mutter ihr damals nicht Einhalt geboten hatte. Dann äußerte sie den Wunsch, von außen kontrolliert zu werden, weil sie Angst hatte, ihr destruktives Potential könnte sich gegen sie selbst oder gegen andere richten.

Als Resultat dieser sehr schmerzvollen Arbeitsphase berichtete sie schließlich, sie habe begriffen, wie sehr sie es eigentlich genoß, andere zu tyrannisieren und sich selbst zum unschuldigen, selbstgerechten Opfer zu stilisieren. Verlegen beschrieb sie das „Vergnügen", das fast „sexuelle Vergnügen", das sie dabei hatte. Und als sie erkannte, daß sie nun in der Lage war, Verantwortung zu übernehmen und mir zu helfen, sie zu verstehen, berichtete sie, wie sehr sie sich darüber freue und wie stolz sie darauf sei, dies nun zu können.

In den folgenden Monaten befaßte sie sich beschämt mit der schmerzhaften Thematik, wie „unverschämt" sie zu mir und all die Jahre zu ihren Eltern gewesen war. Sie arbeitete durch, wie rücksichtslos sie diese behandelt hatte. Obwohl sie sich immer noch darüber ärgerte, daß sie ihrem Verhalten nichts entgegengesetzt hatten, plagten sie Gewissensbisse, weil sie die Verletzbarkeit und die Begrenzungen ihrer Eltern ausgenutzt hatte, Eigenschaften, die sie – als sie nun zunehmend Mitgefühl entwickeln konnte – bei ihren Eltern erkennen konnte.

Diese Erkenntnis war begleitet von großer Traurigkeit und tiefem Schmerz, aber auch von einem Gefühl der Erleichterung. Als sie sich zunehmend getrennt von ihrer Mutter wahrnehmen konnte und allmählich ihre Wahlmöglichkeiten bewußt erkannte, die sie früher nicht genutzt hatte, wurde vieles klarer zwischen uns. Sie fühlte sich nicht mehr so bedroht, und ihre trotzige Abwehr machte allmählich einer neugierigeren und sichereren Haltung Platz. Sie konnte sich schließlich auf eine schmerzvolle Periode des Trauerns einlassen.

Obwohl sie manchmal wütend auf mich war, weil ich das „Werkzeug" ihrer gegenwärtigen Trauer und Qual war, wurde unsere Beziehung Schritt für Schritt freier. Nun fingen wir beide zu lachen an, wenn unsere Interaktion drohte, in das alte Muster zurückzuverfallen, anstatt uns in hoffnungslose Kämpfe darüber zu verstricken, wer wem was angetan hatte. Kämpfe, die in der Vergangenheit Wochen oder sogar Monate dauern konnten, waren in einer oder zwei Sitzungen aufgelöst, weil wir uns beide sicherer fühlten und einander mehr vertrauten.

Obwohl Laura sich weiterhin furchtbar gebärdete, wenn sie frustriert war, entwickelten sich tiefe Gefühle von Zuneigung, Zärtlichkeit und Respekt zwischen uns. Im Kontrast zu der langen, schwierigen Zeit, die so quälend für uns beide gewesen war, waren unsere Sitzungen allmählich von Freude erfüllt. Zum erstenmal untersuchte sie ihre Zuneigung zu mir; sie war überrascht, wie intensiv ihre Gefühle waren, etwa weil die Sitzungen zu Ende gingen oder weil die Zeit zwischen den Sitzungen so lang war, in der sie warten mußte; und sie war erstaunt, weil das Gefühl, so „verletzbar" zu sein, schmerzte.

SARA

Sara wurde zunehmend empfindlicher, als sie sich stärker auf die Analyse einließ. Sie nahm jedes Zeichen von Müdigkeit oder Zerstreutheit bei mir extrem persönlich. Wenn ich auch nur ein paar Minuten zu spät kam, fühlte sie sich zutiefst verletzt und hintergangen. Obwohl sie in den ersten Jahren unserer Arbeit extrem rücksichtsvoll gewesen war, griff sich mich nun an: Ich sei so unfair und würde mich so wenig um sie kümmern. Ihr offen ausgedrückter Ärger könnte als Zeichen eines gewissen Fortschritts betrachtet werden; das Problem war jetzt jedoch, daß sie jedesmal, wenn sie sich verletzt fühlte, dies zum Anlaß nahm, unsere Beziehung als wertlos zu betrachten und jede Bedeutung zu negieren.

Daraufhin gab ich ihr zu verstehen, daß es mir leid tat, wenn ich sie verletzt hatte, aber ich sagte ihr auch, wie belastend ihre extreme Empfindlichkeit für mich sei. Ich fühlte mich allmählich fast von ihrer Verletzbarkeit tyrannisiert.

Sie reagierte wütend und griff mich an, sagte, ich hätte gesagt, sie sei eine „schlimme" Person. Sie beharrte hartnäckig darauf, das sei mein Problem, und ich hätte nicht die Rolle gepachtet, sie zu provozieren. In gewisser Weise hatte sie natürlich recht. Der Punkt war jedoch, daß dies immer geschah, wenn sie begann, zu irgend jemandem Nähe zuzulassen. Sie war

167

wie ein bloßliegender Nerv, hypersensibel und sehr empfänglich dafür, sich unendlich verletzt, betrogen und niedergeschmettert zu fühlen, denn sogar geringfügige Enttäuschungen waren für sie riesig und unüberwindbar.

In diesem Zusammenhang sagte ich ihr, daß ich verstehen könnte, wie enttäuscht und frustriert sie sich fühlte, daß ich es aber für wichtig hielte, uns damit zu beschäftigen, warum sie die Dinge so persönlich nahm und sich so verletzt fühlte, dann aber abrupt so furchtbar wütend wurde; das sei wirklich ein Problem, mit dem sie sich auseinandersetzen müsse.

Sie erlebte meine Bemerkungen wiederum als weiteren Angriff und griff mich ihrerseits an, weil ich sie verletzt hätte und nicht die Verantwortung dafür übernähme, sie verletzt zu haben; dabei verwendete sie das, was ich gerade gesagt hatte, als weiteren Beweis für ihren Standpunkt. Wir schienen hoffnungslos eingekeilt in diesen Wirrwarrr.

Als ich dann eine Bemerkung darüber machte, daß das, was jetzt zwischen uns vor sich ging, teilweise ähnlich sei wie die Interaktionen, die sie mit ihrer Mutter beschrieben hatte, schien dies den unmittelbaren Moment ausreichend zu entgiften, um ihre analytische Neugierde zu reizen. Sie produzierte Assoziationen, die belegten, daß sie sich sowohl dessen bewußt war, wie tyrannisch sie sein konnte als auch, wie sehr sie sich von ihren Eltern tyrannisiert gefühlt hatte, deren Trunksucht, Gleichgültigkeit und Unberechenbarkeit dazu geführt hatten, daß sie allein gelassen wurde. Unfähig, sich Gehör zu verschaffen, hatte sie das Gefühl, daß sie sich nicht um sie kümmerten, und sie fühlte sich zwangsläufig furchtbar im Stich gelassen. Sie berichtete:

„Nie wußte ich, was mich erwartete, wenn ich nach Hause kam. Man konnte nichts erwarten, man konnte nur hoffen und niedergeschlagen sein, bis man schließlich innerlich abschaltete. Man schaltet einfach das Licht aus, und das war's dann. Manchmal ist es ein Versuch, etwas unter Kontrolle zu bringen, wenn man tyrannisch ist. Ich glaube, das ist es, was tyrannische Menschen tun. Sie versuchen, etwas so fest in den Griff zu bekommen, daß es keine Überraschung, keine Verletzung, nichts gibt. Es ist eine aggressive Verzweiflung."

Sie bezog dies darauf, daß sie sich so schnell von mir vernichtet und tyrannisiert fühlte, und auf die Art, wie sie mich vernichtete und tyrannisierte.

Dann gestand sie sehr erregt ein: „Ich habe Angst, in eine sadomasochistische Beziehung zu geraten, in der der andere nicht in der Lage sein wird, diese verzweifelte Tyrannei zu beenden." Sie drückte ihre Erleichterung und Dankbarkeit darüber aus, daß ich sie das tyrannische Spiel zwischen uns nicht hatte zu Ende spielen lassen und ihr geholfen hatte, dieses Problem zum Thema zu machen, über das wir nun sprechen konnten.

Das Ergebnis all dieser Erkenntnisse war, daß ihre Wut und ihr für ihre Begriffe „gerechter" Zorn einer Art Verlegenheit und Trauer wichen. Ihr Aussehen veränderte sich deutlich, als sie sichtlich sanfter wurde. Zu dieser Zeit war sie fähig, ihre Verletzbarkeit zuzugeben und ihr besonderes Gefühl von Verletzbarkeit zu bearbeiten.

Ich erinnere mich an andere, extremere Situationen. Manche Patienten beschreiben, wie sehr es sie sexuell erregt, wenn sie dem Analytiker ihre sexuellen Phantasien in pornographischen Details erzählen. Einer sprach von der „Aufladung", die er spürte, weil er „Ideen in Ihre (der Analytikerin) Vorstellung bringen und Sie (die Analytikerin) zwingen kann, darüber nachzudenken, fast wie eine symbolische Vergewaltigung und sexuelle Bedrohung".

Für Patienten, deren Phantasien sich um Unterwerfung, Dominierung und sadomasochistische Praktiken drehen, kann die Gelegenheit, den Analytiker symbolisch zu fesseln, zu versuchen, ihn zu quälen und ihm Angst einzujagen, extrem spannend und sexuell erregend sein. Manche von ihnen berichteten, wie erregend sie es empfanden, daß ich aufgrund meiner Rolle als Analytikerin während der Sitzung ihre „Gefangene" war.

Diese Patienten, die generell Partner bevorzugen, die sich sträuben, erleben die Bemühung des Analytikers zu explorieren, was vor sich geht, häufig als Protest, der ihre Erregung nur noch steigert. Wenn es vom Patienten als sexuell stimulierend empfunden wird, wenn der Analytiker ihm zuhört und analysiert, was vor sich geht, ist das technische Dilemma der Analyse offenkundig.

In so einem Fall, als ich einem Patienten sagte, er könne anderswo mehr Befriedigung für weniger Geld bekommen, wenn er sexuelle oder sadomasochistische Lust suche, antwortete dieser mit dem Eingeständnis, er habe mich testen wollen. Er sagte, daß er angenommen hatte, ich würde nicht mehr bereit sein, mit ihm zu arbeiten, wenn ich seine wahren Phantasien und Impulse kennen würde, und ich sei vielleicht nicht stark genug, mit dem umzugehen, was bei ihm auftauchen könnte. Meine Reaktion hatte ihm eine Möglichkeit in der Analyse signalisiert, von der er nichts geahnt hatte. Dieser Patient, dem es Vergnügen bereitet hatte, mich während der Sitzungen als seine Gefangene zu betrachten, berichtete nun, er habe zum erstenmal erkannt, daß eigentlich er es war, der gefangen war: gefangen in seiner Not, immer wieder sadomasochistische sexuelle Situationen herzustellen. Er enthüllte, wie gequält und erniedrigt er sich nun fühlte und wie sehr er sich schämte, als er diesen Zusammenhang erkannte. Nachdem er die innere Barriere durchdrungen hatte, produzierte er detaillierte Assoziationen zu qualvollen Kindheitserlebnissen, als man ihn geschlagen hatte, über die er davor nie gesprochen hatte. Er beschrieb auch, daß er nun akut in Berührung mit dem Terror, der Erniedrigung und hilflosen Wut in Berührung kam, die er damals erlebt hatte.

Bei anderen Patienten, die versuchten, mich mit Phantasien zu terrorisieren, sowohl meinen Kindern als auch mir etwas anzutun, oder indem sie Fälle beschrieben, in denen andere Analytiker von ihren Patienten gewalttätig angegriffen oder sogar umgebracht wurden – und dies alles, während sie ihre eigenen Ängste betonten, die Beherrschung zu verlieren und gewalttätig zu werden –, rief meine Aussage, ich könnte die Arbeit nicht fortsetzen, wenn ich terrorisiert würde (und das war keine List, sondern eine authentische Reaktion) Reaktionen hervor, die ich mir vorher nicht hätte ausmalen können. Einer dieser Patienten war überrascht, daß er eine so große Wirkung auf mich haben konnte. Er berichtete dann sehr aufgewühlt, die Tatsache, daß ich ihn nicht sofort hinausgeworfen hatte und anscheinend meinte, es sei trotzdem möglich, mit ihm zu arbeiten, habe ihm geholfen zu erkennen, daß er eine Wahl hatte, wie er sich verhalten könnte, unabhängig von seinen Gefühlen. An dieser Stelle schilderte er eine Einsicht: Er hatte sich mir gegenüber auf sehr ähnliche Weise verhalten wie ein Mann, der ihn als Kind sexuell mißbraucht hatte. Zum erstenmal erkannte er, daß dies nicht unbedingt festschrieb, wer er war oder sein wollte. Diese Interaktion markierte einen Wendepunkt in seiner Analyse.

Wenn wir auf den Unterschied hinweisen zwischen einem assoziativen Prozeß, in dem der Patient ein analytisches Ziel verfolgt, und den Verbalisierungen, die verletzen, mißbrauchen, verführen, manipulieren, zwingen oder auch versöhnen oder erfreuen sollen, und dann deutlich sagen, daß wir offen sein können für die eine Art von Beziehung, aber nicht für die andere, konfrontieren wir den Patienten mit der Notwendigkeit, eine Wahl zu treffen.

Wenn wir von unseren Patienten erwarten, daß sie Verantwortung für ihre Art der Teilnahme übernehmen, schaffen wir die Möglichkeit, die Schwierigkeiten und Widerstände zu explorieren, die dem entgegenarbeiten, eine aktive, verantwortliche Rolle in der analytischen Unternehmung zu spielen. Auf diese Weise kann ein innerer Kampf erlebt und bearbeitet werden, statt daß man ihm erlaubt, externalisiert und interaktiv ausgelebt zu werden. Selbst wenn dies qualvoll sein mag, ist es integrativ, weil es dem Patienten hilft, die Komplexität seines Erlebens wahrzunehmen, und dadurch wird für ihn erkennbar, daß es unmöglich ist, sich nicht zu entscheiden, weil keine Entscheidung zu treffen auch eine Entscheidung ist.

Der Schlüssel ist hier die Fähigkeit, gleichzeitig die Gesundheit und die Pathologie, das Positive und das Negative sowie den Erwachsenen und das Kind im Patienten aufmerksam wahrzunehmen. Dadurch können wir die Botschaft übermitteln, daß der Analytiker an die Fähigkeit seines Patienten glaubt, aus eigenem Interesse zu funktionieren (Fromm-Reichmann, 1950), und wir können ihm Möglichkeiten aufzeigen, seine unbekannten eigenen Ressourcen zu entdecken.

Im Gegensatz dazu ist es herablassend und kann unterminierend wirken, den Patienten nicht in die Verantwortung zu nehmen und keine Rechenschaft für sein Verhalten zu verlangen – selbst im Zusammenhang mit schwersten Störungen. Außerdem ist nicht nur das therapeutische Potential blockiert, sondern es kann zu einer furchtbaren Erfahrung für den Patienten werden, wenn der Analytiker gezwungen, eingeschüchtert oder einfach lahmgelegt werden kann. Diese Erfahrung kann die schlimmsten Befürchtungen des Patienten bestätigen, und er kann sich extrem zurückgewiesen oder sogar verlassen fühlen; dies muß nicht unbedingt auf der bewußten Ebene geschehen. Eine solche Konstellation kann zu gefährlichem Agieren führen, sogar bis hin zum Suizid – häufig ohne daß Analytiker oder Patient verstehen, inwieweit das Agieren des Patienten eine direkte Reaktion auf die Ohnmacht, die Distanz oder das Schweigen des Analytikers ist.

Bird betont in Anlehnung an Winnicott (1949), daß es Situationen gibt, „in denen es nicht bloß ein unfreundlicher Akt an sich ist, wenn wir den Patienten nicht konfrontieren, sondern ein destruktiver. Wenn wir den Patienten nicht damit konfrontieren, daß er den analytischen Prozeß insgeheim und kaum merklich blockiert, sorgt der Analytiker selbst stillschweigend für eine noch größere Blockade." (1972, S. 294)[14]

Ich glaube, daß die Fähigkeit des Analytikers, den Patienten mit seinem

---

[14] Tower (1956) weist ebenfalls darauf hin. Nachdem sie einen Vorfall beschrieben hatte, bei dem schließlich ihre Reaktion auf den „beleidigenden Widerstand" der Arbeit eine neue Richtung gab, bemerkte sie folgendes:
„Man könnte sagen, ich war irritiert durch das Verhalten der Patientin und vergaß

destruktiven Gebrauch der Beziehung zu konfrontieren, besonders wenn sein Scheitern eine perverse Art von Triumph für den Patienten darstellt, essentiell für die Wiederherstellung oder den Aufbau eines entwicklungsfähigen analytischen Prozesses ist. Es kann der einzige Weg für ihn sein, seine Neutralität wieder herzustellen und seiner Verpflichtung, die analytische Integrität aufrechtzuerhalten, nachzukommen. Trotzdem ist die Frage, wie wir die Probleme in solchen Fällen bearbeiten, gleichermaßen entscheidend für die Gestaltung des Prozesses. Weil wir nicht immer die Negation unserer selbst, die Verletzung des Prozesses oder sogar unsere eigene Anfälligkeit für Kollusion mit diesen Verletzungen vermeiden können (Levenson, 1972, 1983; Sandler, 1976), lautet die entscheidende Frage: Wie können wir solche Vorkommnisse in analytische Chancen wenden (Fromm-Reichmann, 1950)?

In solchen Zusammenhängen bezieht der Analytiker meiner Ansicht nach paradoxerweise die größte Stärke möglicherweise nicht aus der Verteidigung seiner Autorität – etwa, indem er dem Patienten sagt, was dieser tun soll –, sondern aus dem Eingeständnis seiner Verletzbarkeit und seiner Grenzen; auch die offene Ankündigung, daß er nicht bereit ist, sich an einer destruktiven Beziehung zu beteiligen oder in nicht-analytischer Weise benutzt zu werden, dient seinem Anliegen. Der Analytiker muß darauf bestehen, daß jeder der Beteiligten Wahlmöglichkeiten hat und verant-

---

ihre Sitzung, weil ich Aggressionen gegen sie hatte, was natürlich stimmte. Aber das tatsächliche Problem der Gegenübertragung war ein anderes: Es hatte einen realen Grund, warum ich agierte, und es brachte eine Lösung für das Problem der Gegenübertragung, welches darin bestand, daß ich zu lange geduldig mit meiner Patientin gewesen war... Dieser fortgesetzte Widerstand, bei dem sie beleidigend wurde, hätte nicht so lange dauern müssen, wenn ich freier gewesen wäre und darauf aggressiver hätte reagieren können." (Tower 1956, S. 238)

Ähnliches schreibt Bollas (1983), als er schildert, was geschah, als er sich schließlich gegen einen Patienten „behauptete":

„Meine vorhergehende Analyse der Angst (des Patienten) und seiner Angstabwehr hatte den Angelpunkt nicht getroffen, obwohl sie korrekt war, und später erzählte er mir, daß er fast am Verzweifeln war, weil ich endlich zu mir selbst stehen sollte. Als ich das tat, statt ihn mit Schuldgefühlen zu belasten, geschah das Gegenteil; da ich mich bis dahin persönlich gegen die von ihm geschaffene Situation wehrte, war er allein gelassen mit dem Gefühl, verloren und abscheulich zu sein." (Bollas, 1983, S. 25) wortlich ist für sein Verhalten gegenüber dem anderen und in bezug auf die psychoanalytische Unternehmung. Man kann nicht die Begrenzungen und Fehler des anderen oder die Tatsache, daß man vom anderen provoziert wurde, dafür benutzen, sich aus der Verantwortung für sein eigenes Verhalten zu stehlen. Die Betonung liegt auf dem Prozeß und der Beziehung, auf der Erkenntnis dessen, was man macht, und auf der Notwendigkeit, kooperativ zu arbeiten. Diese Art von Engagement kann im Endeffekt selbst zu einer wichtigen neuen Erfahrung werden.

Die Prämisse lautet, daß es einen Unterschied zwischen einem Engagement gibt, das Möglichkeiten bietet, mit destruktiven Gefühlen oder Impulsen psychoanalytisch wirksam umzugehen, damit eine heilende und integrative Erfahrung entstehen kann, und einer Haltung, die es den destruktiven Impulsen gestattet, agiert zu werden; denn das Agieren kann unterminierend wirken: Es kann den Zynismus und die Verzweiflung des Patienten verstärken und zu iatrogenen Konsequenzen führen. Die Art, wie sich der Analytiker am Prozeß beteiligt, trägt entscheidend zur Formung der Entwicklung des Zusammenspiels von Übertragung und Gegenübertragung bei.

Es folgen einige klinische Beispiele.

MARILYN

Marilyn, eine alleinstehende Frau in den Dreißigern, erzählte mir zu Beginn einer Sitzung, sie sei ärgerlich, weil ich einen geöffneten Brief auf meinem Schreibtisch hatte liegen lassen und sie nicht habe widerstehen können, ihn zu lesen. Sie sagte, eine Mutter mache sich als Komplizin mitschuldig, wenn ein Kind Probleme mit dem Stehlen hätte und die Mutter Geld herumliegen ließe.

Ich erwiderte, daß ihre Reaktion jetzt ihrem Verhalten in der vorigen Sitzung zu ähneln schien, als sie mich nach dem Anlaß für die Blumen gefragt hatte, die an diesem Tag in meinem Büro standen. Sie war wütend geworden, als ich ihr keine genaue Antwort gab, und hatte selbstgerecht behauptet, mir stünden keine Blumen zu, wenn ich nicht bereit sei, ihre Frage zu beantworten.

Ihr Verhalten war so provozierend, daß ich meinem Impuls, feindselig zu reagieren, nur mit Mühe widerstehen konnte. Nach einigem Nachdenken faßte ich zusammen, daß es zwei Punkte gab: Einer betraf ihre Gefühle und der andere ihr Verhalten und dessen Folgen. Ich sagte, daß ihr Tadel und ihre Vorwürfe äußerst provozierend seien, auch wenn ich ihren offensichtlichen Schmerz spüren würde. Und ich fügte hinzu, sie müsse mein Recht, „nein" zu sagen, respektieren, auch wenn es ihr sichtlich schwerfiel, „nein" als Antwort zu ertragen oder mit ihrer Enttäuschung und Verletzung fertig zu werden. Nachdem ich dies gesagt hatte, war ich interessanterweise nicht mehr verärgert, sondern ziemlich neugierig.

Sie fing an zu weinen und sagte, sie könne mir gar nichts recht machen. Durch meine Bemerkungen fühle sie sich wertlos und ohne Hoffnung. Sie sagte, alles, was sie wolle, sei meine Liebe und meine Anerkennung, aber sie wisse nicht, wie sie das erreichen könnte.

Ich konzentrierte mich darauf, wie sehr es sie quälte, wenn sie enttäuscht war, inwieweit sie auf Frustration mit Nötigung reagierte und was dies für Wirkungen auf andere hatte.

Sie wurde etwas sanfter, als wir darüber sprachen, und brachte dann Assoziationen zu einer Interaktion mit einem Mann, mit dem sie sich am Wochenende getroffen hatte. Während sie zusammen waren, hatte er ihr von einer anderen Frau erzählt, mit der er liiert war. Das hatte ihr so weh getan, daß sie gehen mußte. Diese Begebenheit hatte offensichtlich bei ihren Reaktionen auf die Blumen und den Brief eine Rolle gespielt: Beides wies auf meine Verbindungen mit anderen Menschen hin.

Darauf folgten Assoziationen dazu, wie ausgeschlossen sie sich als Kind von der Beziehung ihrer Eltern gefühlt hatte. Sie weinte, als sie erzählte, daß sie es nicht einmal ertragen konnte zuzugeben, wie sehr sie damals darunter gelitten hatte, und daß sie nun dasselbe Gefühl in bezug auf mich hatte und auch in der Beziehung zu dem Mann. Sie beschrieb Streitepisoden mit ihrem Vater, der tagelang nicht mehr mit ihr sprach, wenn sie nicht tat, was er wollte, und sie schilderte Fälle, wo es der einzige Weg war, von ihren Eltern zu bekommen, was sie wollte, wenn sie sie drangsalierte und ihnen Schuldgefühle machte – genauso wie sie es bei mir versucht hatte. Für sie war ich die erste Person, die ihr die Stirn geboten hatte, als sie mich drangsalierte, anstatt nachzugeben, sie total zurückzuweisen oder unbeteiligt zu bleiben.

Wir konnten nun erkennen, daß das, was sie als ihre Art zu „lieben" verstanden hatte, andere Menschen weggestoßen hatte. Sie hielt ihre Liebe für „giftig", „gierig", „fordernd" und „zwingend". Ich wies darauf hin, daß nicht ihre Liebe „giftig" sei, sondern ihr Benehmen, wenn sie sich frustriert fühlte. Das Problem war kompliziert, weil sie mit Wut auf die Vorstellung reagierte, von einem anderen Menschen abhängig und ihm ausgeliefert zu sein, wenn sie ihn mochte, und das machte sie verletzbar. Sie konnte es offenbar nicht ertragen, daß sie die Reaktionen der anderen nicht kontrollieren konnte, wenn sie es gerne wollte. Sie antwortete, dies sei für sie manchmal ein Thema auf Leben oder Tod.

In den folgenden Sitzungen berichtete sie etwas verlegen, wieviel ihr diese Interaktion mit mir bedeutete. Dann beschrieb sie in einer darauffolgenden Sitzung einen Vorfall mit einem Mann, mit dem sie sich schon einige Male getroffen hatte. Anstatt zu versuchen, ihn zu unterwerfen und zu manipulieren, konnte sie ihm sagen, wie verletzbar sie sich fühlte, als sie spürte, daß sie sich allmählich ernsthafter für ihn interessierte. Er sagte, ihm gefalle besonders an ihr, daß sie so aufrichtig und nicht strafend sei. Sie fing an zu weinen, denn es war das erste Mal in ihrem Leben, daß sie diese Seite von sich kennenlernte. Sie fühle sich „großartig", sagte sie, und sie erkenne jetzt, daß sie „sanft" sein konnte, ohne deswegen zum „Waschlappen" zu werden. Sie war aufgeregt und stolz auf sich. Zum erstenmal fühlte sie sich wie eine erwachsene Frau, und sie hatte ein gutes Gefühl, gleichgültig, ob sich die Beziehung entwickeln würde oder nicht. Für sie war es ein Durchbruch, daß sie so offen sein konnte. Sie hatte keine Angst mehr, Frustrationen nicht ertragen oder überstehen zu können, und sie mußte nicht „häßlich" oder „machtgierig" werden. Sie hatte eine neue Sensibilität für Würde und Selbstrespekt.

Viele Monate später, als Marilyn gerade eine gemeinsame Wohnung mit dem Mann bezogen hatte, den sie in der Zeit kennengelernt hatte, über die ich gerade berichtet habe, erzählte sie den folgenden Traum:

„Ich wurde von einem Telefonanruf geweckt. Eine Freundin wollte mit mir etwas unternehmen. Mir war bewußt, daß ich dann nicht mehr mit meinem Freund im Bett liegen konnte. Während ich im Bett liege, ist mir bewußt, daß um meine Vagina herum wunderschöne purpurfarbene Veilchen mit schwarzen Samen arrangiert sind. Es läutet an der Tür, und ich muß aufstehen, um die Tür zu öffnen und mit der Person an der Tür Vereinbarungen treffen. Ich wollte auf keinen Fall auch nur einen einzigen Samen verlieren. Ich versuche, sie aufzufangen, als ich aufstehe, aber ich erwische sie nicht alle."

Ihre Assoziationen waren:

„Ich glaube, es hat etwas mit dem Kinderkriegen zu tun. Ich will die Samen nicht verlieren. Ich empfinde das, als müßte ich sie doch für eine Weile festhalten, weil es jetzt noch nicht der richtige Zeitpunkt ist. Ich glaube, die Veilchen stehen in Zusammenhang mit unserer letzten Sitzung und mit meinen Gefühlen als Frau. Ich spüre ein Potential, zu blühen und mich zu freuen, statt mich beschädigt zu fühlen oder zu denken, daß mir etwas fehlt oder daß ich unzulänglich bin. Es ist interessant, daß Veilchen die Lieblingsblumen meiner Mutter sind. Es ist interessant, daß ich gerade diese Blume ausgesucht habe."

Es kamen Assoziationen zu ihrer Mutter und zu ihrem Eindruck, daß ihre Mutter an demselben Gefühl von Abhängigkeit von einem Mann litt, der ihren Wert und ihre Identität bestimmte, mit dem sie selbst kämpfte.

Ich schildere diesen Traum, weil das Veilchen die vorherrschende Blume in dem Strauß in meinem Büro gewesen war, der im Zentrum der früheren Interaktion gestanden hatte. Obwohl es in dem Traum ein Gefühl gab, daß da immer noch Probleme waren, die bewältigt werden mußten, hatte sie es dennoch geschafft, ihre eigenen „Veilchen" zu bekommen.

Obwohl in diesem Kapitel die Begegnung als wertvolles und wichtiges Mittel des psychoanalytischen Prozesses im Zentrum stand, möchte ich betonen, daß bei diesen Erfahrungen die Dimension von Übertragung und Gegenübertragung bedeutsam ist und gleichzeitig mitbeobachtet werden muß, daß jede Interaktion, wie produktiv sie auch sein mag, neue Fragen auf einer anderen Ebene erschließt.

JANE

Jane war häufig feindselig zu mir, ohne für ihr Verhalten die Verantwortung zu übernehmen. Sie gab mir zum Beispiel Schecks, die mit Sicherheit platzten, und sie entschuldigte sich dann für ihr „Versehen". Sie wirkte so authentisch bekümmert, daß ich mich anfangs verführt fühlte, ihre Entschuldigung anzunehmen und zu glauben, das würde nicht wieder vorkommen. Aber als sich diese Vorfälle wiederholten, sagte ich ihr, ich hätte gemerkt, daß es sich nicht bloß um ein „Versehen" handelte. Ich wies darauf hin, daß ich jetzt meinte, es sei wichtig zu versuchen, das feindselige Element ihres Verhaltens und dessen Bedeutung zu verstehen. Die Entschuldigung anzunehmen und einfach weiterzumachen hätte bedeutet, sie im Stich zu lassen.

Obwohl ich Protest erwartete, war sie für meinen Vorschlag überraschend empfänglich. Sie beschrieb, für wie „böse" sie sich hielt, und gab sogar zu, daß sie so authentisch betrübt würde und derartig gute Erklärungen und Entschuldigungen vorbrachte, daß die anderen nicht wütend auf sie wurden, wenn sie sich feindselig benahm.

Ich wies darauf hin, daß es zweckdienlich sein könnte zu untersuchen, was sie als ihre „Bösartigkeit" betrachtete, weil dies eine Angelegenheit sei, die immer wieder auftauchte. Mir kamen Assoziationen (die ich ihr mitteilte) zu einer Geschichte, die sie früher in unserer Arbeit erzählt hatte, in der sie auf dieselbe Weise von ihrer intrinsischen „Bösartigkeit" gesprochen hatte. Damals hatte sie eine Begebenheit aus ihrer Kindheit geschildert, als sie fünf oder sechs Jahre alt war. Sie und ein paar andere Kinder, die älter waren als sie, hatten ein geistig behindertes Mädchen gefesselt und stachen ihm mit Nadeln in den Bauch. Daß ich mich noch an den Vorfall erinnern konnte, schockierte sie aus mehreren Gründen. Erstens hatte sie schon lange nicht mehr daran gedacht; zweitens wußte sie nicht mehr, daß sie mir davon erzählt hatte, und drittens war sie überrascht, daß ich mich überhaupt daran erinnerte.

Als wir in diesem Zusammenhang überlegten, ob ihre Vorstellung von „Bösartigkeit" in gewisser Weise etwas mit ihrem potentiellen Sadismus zu tun haben könnte, fing sie an zu schluchzen, wie ich sie noch nie schluchzen gehört hatte. Sie weinte laut und klagend bis zum Ende der Sitzung und zitterte buchstäblich am ganzen Körper.

Während der folgenden Sitzung sagte sie, sie habe sich nun zum erstenmal wirklich mit ihrem eigenen „Sadismus" konfrontiert, obwohl sie glaube, daß es meinerseits sadistisch sei, sie mit all dem zu konfrontieren, und sie weise das zurück. Sie war überrascht, wie erleichtert sie sich daraufhin fühlte. Sie sprach dann über ihre Einschätzung, wie sehr sie andere täuschen und ihnen etwas vormachen könnte, indem sie sich immer „nett" und „harmlos" benahm, aber wußte, wie falsch sie war. Sie fühlte sich zum erstenmal „entdeckt" und „verstanden".

Es folgten Assoziationen zu ihrer Mutter, die auch immer so „nett" gewesen sei. Paradoxerweise hatte dies die Wirkung, daß beide allein geblieben waren und keinen Kontakt miteinander hatten. Sie fragte sich nun, ob jede die andere wie sich selbst als zu „zerbrechlich" behandelt hätte.

Darauf folgten weitere Assoziationen zu einer anderen Kindheitsepisode, die der mit dem geistig behinderten Kind ähnelte. Sie erwähnte, beide Episoden hätten stattgefunden, als ihre Mutter schwanger war, und sie sprach über ihre ambivalenten Gefühle, die durch die Schwangerschaft ausgelöst wurden. Sie konnte sich dann Gedanken dazu machen, daß diese Gefühle damit in Verbindung standen, daß sie damals dem Mädchen Nadeln in den

Bauch gestochen hatte. Sie beschrieb auch, wie groß ihre Angst damals war, daß das Mädchen daran sterben könnte, was man ihm angetan hatte. Dann dachte sie, sie würde erwischt werden und ins Gefängnis kommen, und ihre Mutter, der sie davon nichts erzählt hatte, würde erfahren, was sie getan hatte. Sie erkannte, daß ihre Schuldgefühle daher kamen, daß sie damals Mordgelüste gegen ihre Schwester gehabt hatte und fühlte, daß sie auch diese an dem geistig behinderten Mädchen ausgelebt hatte. Es war traumatisch für sie, als ihr neues Geschwister dann geistig behindert auf die Welt kam; sie hatte gedacht, das sei ihre Schuld.

Ausgehend davon, daß es Janes Wunsch (siehe Kapitel 5) war, die anderen sollten sie so sehr mögen, daß sie an ihren „Toren rütteln" und „kommen, und mich aufspüren", besonders wenn sie es ihnen schwer machte, und besonders wenn sie so „zerbrechlich" zu sein schien; und ausgehend davon, daß es sie sexuell erregte, wenn die anderen sich so verhielten, ist der Fall, in dem ich sie hier „aufspürte", in seiner Bedeutung sicher komplexer, als es zunächst den Anschein hat. Ich erwähne dies nur, um zu betonen, daß wir immer auch in subtile Interaktionen auf anderen Ebenen verwickelt sind, wenn wir irgendein Thema behandeln, wie produktiv wir bei diesem Thema auch sein mögen. Wenn wir diese Vielschichtigkeit aufmerksam wahrnehmen, können wir die Reichweite der psychoanalytischen Exploration entschieden vertiefen.

JUSTIN

Justin hatte bereits eine Geschichte von Machtkämpfen mit Analytikern hinter sich, und seine therapeutischen Beziehungen endeten unvermeidlich, wenn die Machtkämpfe eskalierten und außer Kontrolle gerieten. Wir arbeiteten schon seit einigen Jahren miteinander, als eine Situation entstand, in der er mit seinen Zahlungen einen oder zwei Monate im Rückstand war und die Zahlungen nicht ausglich. (Einzelheiten über die Anfangsphase unserer Arbeit siehe Kapitel 5.)

Obwohl ich versuchte, dies zu explorieren, bestand er darauf, daß es einfach eine finanzielle Angelegenheit sei, die nicht in seiner Macht stünde, und weigerte sich, weiter darüber zu diskutieren. Ich sagte, ich hielte das nicht für so einen einfachen Sachverhalt, aber daß ich nicht glaubte, die Sache sei es wert, darüber in einen Machtkampf zu geraten. (Ich hatte keinen Grund, daran zu zweifeln, daß er mir mein Honorar zahlen würde, das wußte ich aus Erfahrung.) Er schien ein wenig überrascht zu sein, daß ich nicht energischer auf die verspäteten Zahlungen zu sprechen kam. Dann dankte er mir für meine Geduld und sagte, daß er sich deswegen als etwas ganz „Besonderes" fühlte. Trotzdem war er besorgt, er würde mich irgendwie manipulieren. (Ich fragte mich, ob es nicht eher darum ginge, daß es ihm nicht gelang, mich in die Art von Machtkampf zu verwickeln, die er zu wollen schien, oder daß er vielleicht beunruhigt war, ich könnte ihn irgendwie manipulieren. Mit Sicherheit entwickelte sich das Szenario nicht so, wie er dachte.)

Es folgten Assoziationen zu seinen Beziehungen mit Frauen, und zwar zu den offen sexuellen Beziehungen und zu solchen, die nur andeutungsweise so waren. Als er an Material arbeitete, das wir vorher diskutiert hatten, sagte er, ihm sei bewußt, daß er dazu neigte, sexuelle Beziehungen als erotisierte Machtkämpfe zu gestalten. Er konnte zum Beispiel „Treue" als Forderung der Frau hinstellen und sich dann dadurch unterdrückt fühlen. Das machte ihn wütend auf die Frau, und diese Wut war erotisch besetzt. Dann rebellierte er mit Sicherheit gegen diese „Unterdrückung", indem er untreu war, scheinbar um seine „Autonomie und Freiheit" zu bewahren. Das ganze Szenario war „Anmache". Im weiteren wunderte er sich darüber, daß er mir gegenüber keinen Zorn hegte, und er schien verwirrt und sogar frustriert. Er sagte, er habe das Verlangen, Streit mit mir anzufangen.

Als er neugierig wurde, wie es kam, daß ich vermeiden konnte, in einen Machtkampf mit ihm zu geraten, denn alle vorherigen therapeutischen Beziehungen hätten so geendet, stand die Frage im Raum, ob er versuchte, diese Art von Interaktion zwischen uns herbeizuführen.

Einige Zeit später kam er zu einer Sitzung und bezahlte alle ausstehenden Honorare, dabei verkündete er, was für ein gutes Gefühl es sei, dies nun tun zu können. Es war klar, daß das Zahlen zu diesem Zeitpunkt nicht weniger komplexe Bezüge hatte als früher das Nichtzahlen. Als ich ihn fragte, was das für ihn bedeute, nahm er an, mir Geld zu schulden sei ein Mittel gewesen, die Beziehung am Laufen zu halten. Für ihn bedeutete das, er könnte mich nicht im Stich lassen. Wenn er nun gezahlt hätte, sei es ihm freigestellt, jederzeit zu gehen. Ich fragte, ob dies auch bedeutete, ich könne „ihn nicht im Stich lassen", wenn er mir noch Geld schuldete, aber er wies diese Vorstellung zurück. Statt dessen sagte er, er glaube, mir das Geld jetzt zu geben sei ein Ausdruck seines Wunsches, unsere Beziehung zu „bereinigen". Dann fuhr er fort – und widersprach eigentlich allem, was er vorher gesagte hatte –, indem er mir eine vielschichtige sexuelle Phantasie enthüllte, daß das Bezahlen der Rechnung für ihn ein Akt der Fügsamkeit und Unterwerfung sei, der für ihn im allgemeinen erotischen Genuß beinhalte. Er erklärte, dies gebe ihm das Gefühl, der „sexuelle Sklave" der Frau zu sein, und er sagte, daß es ihn sowohl erregte als auch wütend machte, in dieser Position zu sein. Er fühlte sich von dieser Vorstellung und auch von der Wut „angetörnt".

Des weiteren erklärte er, daß es auch einen manipulativen Aspekt dabei gab. Er stellte sich vor, er könnte durch seine Willfährigkeit meine Anerkennung gewinnen, mich auf seine Seite ziehen und dann könnte er „locker abhaun und ungeschoren davonkommen". (Ich wunderte mich, warum jetzt und nicht vorher, wollte ihn aber weitermachen lassen und seinen Redefluß nicht unterbrechen.) Er beschrieb einen „Schock der Erkenntnis", weil diese Phantasien für alle seine Beziehungen zu Frauen charakteristisch zu sein schienen, und ihm wurde bewußt, daß dies nun offensichtlich ein integraler Bestandteil seiner Beziehung zu mir sei.

Dann sagte er, für ihn sei ich ein „scharfer Besen", weil ich nichts schleifen ließe. Seiner Ansicht nach „zwang" ich ihn dadurch, daß ich mich nicht auf Machtkämpfe mit ihm einließ, sich Dinge anzuschauen, die er sonst meiden würde, und dadurch würde ich ihn dazu bringen, sich zu „unterwerfen" – genau das erregte ihn sexuell.

Es kamen detaillierte Assoziationen zu Beziehungen in der Vergangenheit mit seiner Mutter und Schwester sowie mit Freundinnen.

Dann berichtete er, daß er in diesem Prozeß „gezwungen" war, mehr mit seinem eigenen Erleben in Berührung zu bleiben, als er je zuvor in der Lage war. Es überraschte ihn zu entdecken, daß er das konnte. In diesem Zusammenhang beschrieb er ein neues Gefühl von Neugier auf das „innere Erleben" an sich und auf den analytischen Prozeß.

Obwohl ich hier den Wert und die Wichtigkeit der Begegnung im analytischen Prozeß erörtert habe, glaube ich, daß dieses Beispiel auch dazu dient, die Komplexität der Explorationsmöglichkeiten zu betonen, die durch diese Vorgehensweise des Analytikers geschaffen wird. Immer sind auch Dimensionen der Übertragung und Gegenübertragung bei solchen Interaktionen im Spiel, die genau beobachtet werden müssen, und jede Interaktion, wie produktiv sie auch sein mag, eröffnet neue Fragen auf einer anderen Ebene.

Wenn Patienten die analytische Beziehung als Arena für destruktives Agieren zu benutzen scheinen, ohne die Destruktivität zu bearbeiten, kann die „Arbeit" einfach den Charakter einer gefährlichen Kollusion annehmen, die ernsthafte iatrogene Konsequenzen haben kann. Entscheidend ist in solchen Fällen für das Erreichen eines entwicklungsfähigen analytischen Prozesses, *daß der Analytiker fähig ist, die Verletzbarkeit und die destruktiven Mechanismen des Patienten zu verstehen und sehr aufmerksam wahrzunehmen, ohne weder von der Verletzbarkeit noch von der Destruktivität eingeschüchtert zu werden.* In manchen Fällen bedeutet dies zu klären, wie der Patient psychische Chancen tötet – sowohl innerlich als auch äußerlich –, und die Verachtung und die Verzweiflung aufzudecken, die sich in den verschiedenen Arten, „auszuflippen" und unbeteiligt zu sein, äußern. Nichts Geringeres als die psychische Lebendigkeit und die Integrität des Patienten können auf dem Spiel stehen. Manchmal kann es sogar eine Frage von Lebendigkeit im wahrsten Sinn des Wortes sein.

Zum Beispiel träumte ein zehnjähriger Junge, der an akutem, lebensbedrohendem Asthma erkrankt war: „Da war eine Art von Betrüger, das war ich. Meine Eltern sahen den Betrüger und dachten, ich sei das. Ich habe die Chance vertan, ihnen zu sagen, daß es ein Betrüger war."

Meine Arbeit mit ihm bestand daraus, „ihn zu finden" und zu befähigen, in Momenten bei sich zu bleiben, in denen er nicht mehr richtig zwischen sich und dem Betrüger, den er manchmal vortäuschte, unterscheiden konnte. Als er damit konfrontiert wurde, wie er seine eigene Wahrnehmung, seine Gedanken und Gefühle in unserer unmittelbaren Interaktion negierte, bekam er furchtbare Angst und hatte zum erstenmal aggressive Phantasien. In diesem Zusammenhang begann er buchstäblich tiefer zu atmen. Das Asthma, das so stark bei ihm ausgeprägt war, daß er oft in der Nacht ins Krankenhaus gebracht werden mußte, wurde erheblich gelindert.

Selbstverständlich können „Analysen" manchmal eine *holding function* haben und unbeendbar werden, ohne daß reales Wachstum stattfindet (Winnicott, 1969). Khan (1969) weist auf ein Phänomen hin, das er „symbiotische Omnipotenz" nennt. Er schreibt, daß in manchen Fällen die Fähigkeit des Patienten, aufgrund einer spezifischen Verbindung zum Analytiker zu funktionieren – manchmal sogar außerordentlich gut –, in keiner Weise eine positive Entwicklung sein dürfte. Dies kann ein Zeichen für eine analytische Sackgasse sein, die auf einer Form von Kollusion beruht.

Man könnte vielleicht einwenden, daß der Patient manchmal durch einen derartigen Gebrauch des Analytikers kreative Entdeckungen machen und daß dies zur Grundlage von Wachstum werden kann, so daß es angemessen sein kann, nicht zu schnell zu intervenieren (zum positiven Wert einer therapeutischen Symbiose siehe Searles, 1979). Es kann zum Beispiel sein, daß ein solcher Gebrauch des Analytikers dazu dient, prometheische Ängste zu zerstreuen, unabhängig und kreativ zu sein oder auf eigene Faust zu funktionieren, und daß der Patient dadurch die Gelegenheit bekommt, an einer wichtigen imaginativen Exploration zu arbeiten, die andernfalls nicht möglich wäre.

Das Gegenargument lautet, daß eine analytische Lösung die Bearbeitung der prometheischen Ängste erfordern würde. Wenn dies nicht geschieht, bleibt der Patient durch diese Ängste auf vielerlei Weise so eingeschränkt wie vorher. Die Herausforderung kann hier in der Wahl des richtigen Zeitmaßes und im gelungenen Ausbalancieren liegen.

Manche Patienten sind so bedacht darauf, „gute" Patienten zu sein, daß sie versuchen, sich trotz ihres inneren Widerstands zu zwingen, mit der Arbeit „vorwärts" zu kommen. Ironischerweise kann dadurch eine noch ausgeprägtere Form von Widerstand ausgebildet werden. Dies könnte sich als Widerstand zeigen, den inneren Widerstand zu bearbeiten, indem man versucht, ihn komplett zu umgehen; auf diese Weise wird der analytische Prozeß eher verhindert, als daß daran gearbeitet wird. Dies hat eine gewisse Ähnlichkeit mit dem, was traditionell als „Flucht in die Gesundheit" oder als Form manischer Abwehr bezeichnet wurde (siehe Winnicott, 1935). Es kann sich auch als Ausleben einer komplexen Unterwerfungsphantasie gegenüber dem Analytiker zeigen oder ein Mittel sein, sich vor verschiedenen Ängsten vor innerer Bedrohung zu schützen. Dies ist das Dilemma, dem wir uns in der weitverbreiteten Situation ausgesetzt sehen, wenn ein Patient eine Entscheidung trifft, bestimmte Gefühle kontraphobisch oder aus Fügsamkeit zu explorieren. Eine derartige Exploration kann zwar durchaus produktiv sein, sie kann jedoch auch problematisch werden.

Eine Patientin war zum Beispiel in einige sehr gefährliche und erniedrigende sexuelle Beziehungen geraten, weil sie sich aufgrund kontraphobischer Muster entschieden hatte, „sich hinzugeben", häufig auf ziemlich masochistische Weise. Meiner Ansicht nach würde es, wenn ich sie in der Analyse auf die gleiche Weise weitermachen ließe, auch wenn die Gefahren augenscheinlich nicht vergleichbar sind und auch wenn dies vielleicht auf den ersten Blick der analytisch motivierte Weg zu sein schien, darauf hinauslaufen, daß ich ihrer Neigung zu masochistischer Unterwerfung in die Hände spielte. In diesem Fall traf mein Versuch zu klären, ob eine Form

182

masochistischer Unterwerfung ausgelebt wurde, anstatt zuzulassen, daß er nochmals wiederholt würde, auf ihren Widerstand.

Sie warf mir vor, ich würde sie „analytisch" nicht vorwärtskommen lassen und eine wichtige analytische Möglichkeit verhindern. Als ich ihr mitteilte, wie wichtig es sei, den Grund für ihre Entscheidung, „alles zu erzählen" – obwohl sie Bedenken dagegen geäußert hatte –, zu verstehen, gestand sie jedoch, sie habe Angst gehabt, ich könnte weniger an ihren Gefühlen interessiert sein als vielmehr daran, einen „analytischen Erfolg zu verbuchen". Es schien nun, daß sie mich – nicht unbedingt bewußt – auf die Probe gestellt hatte, indem sie „sich selbst anbot", in diesem Fall „analytisch".

Hätte ich sie einfach weitermachen lassen, wäre dies vielleicht nie entdeckt worden.

Die *Begegnung* mit dem Patienten, wie ich sie hier beschrieben habe, bedeutet mehr, als nur die kritischen Punkte zu identifizieren. Sie setzt ein starkes persönliches Engagement voraus, da der Analytiker und der Patient aneinandergeraten und die Verantwortung für sich selbst in bezug auf den anderen übernehmen müssen. Die Tatsache, daß über das, was in der Interaktion geschieht, explizit gesprochen werden kann, schafft eine einzigartige Intimität, die dem Erleben noch mehr Dimensionen hinzufügt. Diese Art von Engagement dient nicht nur der Erweiterung der Bewußtheit, sondern sie bietet gleichzeitig ein Medium zum Durcharbeiten, weil die Verhandlung darüber, wie man sich aufeinander so beziehen kann, daß es für beide akzeptabel und psychoanalytisch realisierbar ist, ebenso zum Ort des therapeutischen Handelns wie zu seinem Instrument wird.

KAPITEL 10

MISSBRAUCH UND BEGEHREN

Bei der Arbeit mit männlichen und weiblichen Patienten, die während ihrer Kindheit heterosexuell oder homosexuell mißbraucht wurden, habe ich beobachtet, daß diese Erfahrung sehr spezifische Wirkungen auf die nachträglich entstandenen Muster der Beziehung dieser Menschen zu ihrem Begehren, nicht nur sexueller Natur, sondern in einem viel weitreichenderen Sinn, hat (dies trifft in besonders starkem Umfang zu, wenn sie von einem Elternteil mißbraucht wurden). Dies wiederum hat eine bestimmte Wirkung auf die Fähigkeit, Beziehungen einzugehen, und auf die Muster dieser Beziehungen. In diesem Kapitel werde ich einige meiner Beobachtungen und Hypothesen über die Beziehung zwischen sexuellem Mißbrauch und Begehren und über spezifische Fragen der Technik behandeln.

Obwohl sexueller Mißbrauch in *jedem* Fall eine furchtbare Gewalttat ist, ist es noch weitaus vernichtender, wenn sie von den eigenen Eltern begangen wird – den Menschen, von deren Versorgung und Schutz man abhängig ist. Zusätzlich zu dem Trauma der gewaltsamen Verletzung seines Körpers muß das Kind mit der Erfahrung fertig werden, daß es von einem Elternteil betrogen wurde und in der Regel auch von dem anderen, der es bewußt oder unbewußt unterlassen hat, sein Kind zu schützen. Diese Erfahrung kann so überbordend sein, daß es zu einem umfassenden Kollaps der psychischen Welt des Kindes kommt. In manchen Fällen kann sich das Kind äußerst komplexer und häufig entkräftender Formen von Verleugnung und Dissoziation bedienen, in dem verzweifelten Bemühen, seine innere Welt zu bewahren, was paradoxerweise in eine andere Art von Abspaltung und Desintegration mündet.

Wenn ein Kind brutal behandelt wurde und keine Möglichkeit hatte, Widerstand zu leisten, hat es häufig so extreme und unerträgliche Gefühle von Hilflosigkeit, Schmerz, Panik und Wut, daß es dieser Erfahrung einfach fassungslos gegenübersteht. Dies ist besonders dann der Fall, wenn das Opfer durch den körperlichen Kontakt sexuell erregt wurde, manchmal zu seiner eigenen Überraschung, und dies wird als besonders grausam erlebt. Dann kann es zusätzlich zu dem Trauma des Betrugs durch den Elternteil das Gefühl haben, von seinem eigenen Körper betrogen zu werden.

Wenn die sexuelle Beziehung mit dem Elternteil vom Kind als Erfüllung seiner eigenen Phantasien, Sehnsüchte und Wünsche erlebt wurde, wirft dies andere Probleme auf. Das Kind kann es so empfinden, daß es selbst die volle Verantwortung dafür tragen muß. Wenn das Opfer sein Begehren als Grundlage für Verletzbarkeit erlebt, wird seine Beziehung zu seinem Begehren besonders problematisch. Dies ist besonders dann der Fall, wenn die sexuellen Beziehungen mit einem Elternteil lange Zeit andauerten, vielleicht sogar Jahre, und wenn klar war, daß diese Beziehung ohne die Kooperation des Kindes und ohne daß es dafür Belohnungen bekommen hat, nicht möglich gewesen wäre.

Häufig gibt es einige Verwirrung darüber, wer wen stimuliert hat und wer auf wen warum reagierte. Ferenczi (1933) weist darauf hin, daß das Erleben des Begehrens von seiten des Kindes eine Form von Willfährigkeit oder Kollusion widerspiegelt, durch die das Kind unbewußt weiß, wie es den Bedürfnissen und Wünschen der Eltern entsprechen kann, und die es dann als seine eigenen erlebt. In dem Ausmaß, wie dies zutrifft, kann es Ausdruck eines komplizierten Akts des Mitleids von seiten des Kindes gegenüber dem Elternteil sein. Die komplexe psychische Akrobatik des Kindes dient dazu, die Eltern der Verantwortung zu entheben und seine eigene Erfahrung von Hilflosigkeit und Betrug zu verleugnen. Es kann für das Kind einfacher sein, eine subtile Form von Identifizierung mit dem Aggressor zu entwickeln, als sich damit zu konfrontieren, daß es von dem Elternteil betrogen wurde, und sich dem Gefühl psychischer Zerstörung und der Flut anderer Gefühle auszusetzen. Das Kind kann sogar an einem Schuldgefühl leiden, weil es dem Elternteil sein Problem nicht abnehmen konnte, zusätzlich zu der Schuld wegen seiner eigenen Beteiligung (in welcher Form dies auch geschehen sein mag). Wenn dies der Fall ist, kann das Kind unter angstmachenden Gefühlen von Hilflosigkeit und Verletzbarkeit wie auch an angstmachenden und widersprüchlichen Schuld- und Omnipotenzgefühlen leiden.

Angesichts der Vielzahl möglicher interner Szenarios, die sich entwickeln können, ist der kumulative Einfluß von sexuellem Mißbrauch oft so überbordend, daß viele Aspekte der internen und externen Realität dissoziiert oder verleugnet werden. In manchen Fällen kann dies dazu führen, daß sich das Kind „außerhalb seines Körpers" erlebt. Selbst die Identifizierung mit dem Aggressor ist anscheinend eine Variante davon und dient der Flucht vor dem unerträglichen inneren Erleben, um „außerhalb" seiner selbst zu gelangen, wenn es „innen drin" unerträglich ist. Zustände von Desorganisation, Dekompensation und Desintegration sind ebenfalls häufig anzutreffen.

Die verheerenden Zustände äußerster Konfusion oder sogar von Wahnsinn, die durch diese Formen psychischer Gewalt geschaffen werden, können die weitere Entwicklung des Kindes lähmen, sein ohnehin schon geschwächtes Selbstwertgefühl noch stärker verkrüppeln und dazu dienen, Gefühle von Hilflosigkeit, Demütigung, Scham und Selbstverachtung zu intensivieren. Dies bildet dann noch ein zusätzliches Trauma: Das Opfer fühlt sich von seiner eigenen Psyche betrogen.

Patienten mit massiver Dissoziation und Verleugnung kommen häufig in die Analyse und können sich nicht daran erinnern, mißbraucht worden zu sein; diese schreckliche Erfahrung kommt daher in der Analyse erst spät ans Licht. Es gibt auch Patienten, die sich ohne Gefühle daran erinnern. Am Anfang werden meist Beschwerden präsentiert, die sich auf angstmachende Erlebnisse von Derealisierung und Depersonalisierung konzentrieren, mit somatischen Symptomen und Panikattacken, variierenden Formen von Erfahrungen, „außerhalb des Körpers zu sein", generalisierten kognitiven und perzeptuellen Störungen, Schwierigkeiten, das Gefühl eines kohäsiven Selbst aufrechtzuerhalten, Schwierigkeiten, Beziehungen mit anderen Menschen einzugehen, die Ängste einschließen, zu „erkennen" und „erkannt zu werden", und Schwierigkeiten, „tätig" zu werden, die sich auf verschiedene Weise äußern.

Ein bewegendes Beispiel dafür, wie extrem letzteres werden kann, ist das Verhalten einer Patientin, die unfähig war, während der frühen Phase unserer Arbeit an meiner Bürotür zu klingeln. Sie meinte, das sei zu „aufdringlich". Wenn ich nicht zu der vereinbarten Zeit aus der Tür meines Wartezimmers schaute und sie hereinbat, blieb sie einfach eine unbegrenzte Zeit stehen. Für sie war die „Tat", die Klingel zu betätigen, ein stark besetzter und symbolisch komplexer Akt.

Alle Opfer von sexuellem Mißbrauch, mit denen ich gearbeitet habe, hatten es – offen oder verdeckt – in ihrem Leben mit verschiedenen Arten von Sadomasochismus zu tun, besonders in ihrem Sexualleben. Sie berichteten auch von verschiedenen Zwängen und Abhängigkeiten, die mehr oder weniger vorherrschend in verschiedenen Lebensphasen waren, wie etwa zwanghaftem Drogen- und Alkoholkonsum.[15]

---

[15] Ich will hier nicht versuchen, die wachsenden Literaturbestände über die Folgen sexuellen Mißbrauchs zu sichten, weil im Zentrum meiner Betrachtung der analytische Prozeß an sich und die Erinnerungen, Assoziationen, Gefühle und Einsichten, die im Verlauf meiner Arbeit mit diesen Patienten auftauchen, stehen. Die Erkennt-

In allen Fällen ist es entscheidend, diese Patienten zu unterstützen, damit sie begreifen, daß die Bürde von Schuld und Verantwortung für den Mißbrauch bei dem mißbrauchenden Erwachsenen liegt, gleichgültig, welche Rolle das Kind dabei gespielt haben mag. Dies ist besonders wichtig in jenen Fällen, in denen das Kind vielleicht Belohnungen durch diese Beziehung erhalten hat und nach dem ersten Kontakt aktiv die körperliche Beziehung gesucht hat. In der Analyse wird es zum entscheidenden Punkt, zu klären, wie und in welchem Umfang das Begehren und die Verletzbarkeit des Kindes von dem mißbrauchenden Erwachsenen ausgebeutet wurden – gleichgültig, welche Rolle das Kind dabei gespielt haben mag; denn dies hat tiefgreifende, weitverzweigte Auswirkungen auf die aktuelle Beziehung des Patienten zu seinem eigenen Begehren.

Für manche Opfer sexuellen Mißbrauchs bedeutet die Beschäftigung damit, in welcher Form sie an diesen frühen Beziehungen selbst beteiligt gewesen sind, daß sie zunächst erkennen können, überhaupt daran beteiligt gewesen zu sein. Dadurch können verleugnete Aspekte des Selbst wieder angeeignet werden, und dies hilft bei der Lösung variierender Formen der Entfremdung und der Ablehnung des Begehrens als Folge von Dissoziierung und Verleugnung. Auf diese Weise können auch die Grenzen der Macht und die Verantwortlichkeit des Opfers in zwischenmenschlichen Beziehungen geklärt werden. Bei manchen Patienten hat sich dies als Schlüssel für die Lösung einer dynamisch begründeten Vermischung von Phantasie und Realität erwiesen, wenn sie schließlich in der Lage waren, in diesem Zusammenhang ihr Bedürfnis, diese Vermischung aufrechtzuerhalten, zu erkennen und sich damit zu konfrontieren.

Eine Patientin konnte dies erkennen. Weil sie wußte, daß ihre Erinnerung an die Erfahrung des sexuellen Mißbrauchs zum Teil Erfindungen enthielt, die das, was tatsächlich stattgefunden hatte, ausschmückten, war für sie der logische Schluß naheliegend, daß sie ihrer Wahrnehmung hinsichtlich dessen, was Tatsache war und was Phantasie, nicht vertrauen konnte. Sie beschrieb einen Gefühlszustand, über den auch andere Patienten berichteten: „Vielleicht habe ich das alles nur erfunden. Vielleicht habe ich es geträumt. Vielleicht ist es in Wirklichkeit nie geschehen. Vielleicht war es ein Produkt meiner Einbildung.“

---

nisse, die ich hier beschrieben habe, sind jedoch im Einklang mit der existierenden Literatur, und ich glaube, sie gehen noch darüber hinaus, wie deutlich werden wird, wenn die Details dieser Analysen ausgearbeitet werden.

Es schien ihr leichter zu fallen, „auszuflippen" und aufgrund ihres eigenen Erlebens und ihrer eigenen Wahrnehmung verwirrt zu sein, als mit den qualvollen Gefühlen fertig zu werden, die durch die Erfahrung sexuellen Mißbrauchs und die Tatsache, daß sie dabei mitgemacht hatte, ausgelöst wurden. Sie beschrieb, wie fasziniert sie von der Vorstellung war, daß „ich aus meinem Körper herausgehen... meinen Geist woanders hin mitnehmen (kann), ... eine Art Zeitreise in meinem Kopf".

Diese Patientin, die von einem Onkel sexuell mißbraucht worden war, lebte damals in großer Angst, daß sie, wenn sie es sich wirklich eingestehen würde, was geschehen war, keinen anderen Ausweg gewußt hätte, als mit jemandem darüber zu sprechen. Sie hatte die Phantasie, daß ihr Vater ihren Onkel umgebracht hätte, wenn er es erfahren hätte; dann hätte man ihn wegen Mordes verurteilt und ins Gefängnis gesteckt; dann wäre das ganze Gebäude ihrer Familie eingestürzt, und sie wäre dafür verantwortlich gewesen.

Sie entwickelte ein bestimmtes Muster: Sie wußte, daß etwas geschah, tat aber, als ob nichts wäre, während es geschah. Dieses Muster von „Verwirrung" und „Erstarrung", bei dem sie nie mit Gewißheit wußte, was wirklich war und was Phantasie, und das sie hilflos machte und paralysierte, wurde für sie eine charakteristische Weise, mit allen möglichen Erfahrungen umzugehen, nicht nur mit sexuellen.

Bei einer anderen Patientin eröffnete ein Moment, der wegen seiner Schlichtheit aufregend war, die Möglichkeit, zu untersuchen, wie intensiv ihr Wunsch war, nicht zu sehen, wie sie selbst die Verflechtung von Realität und Phantasie aufrechterhielt. In diesem besagten Moment erinnerte sie einen Traum und weigerte sich dann, ihn mir zu erzählen, aus Angst davor, was geschehen würde, wenn sie meine Reaktion erlebte. Sie glaubte, sie würde mit ihrer Enttäuschung nicht fertig werden, wenn ich nicht in der erhofften Weise reagierte. Es war einfacher, diese Art von Konfrontation mit der Realität und auch die Bearbeitung ihrer Erfahrung zu vermeiden.

Ihre Konflikte drehten sich jedoch nicht nur um „Erkenntnis". Sie umfaßten auch die Angst, „erkannt" zu werden. Sie beschrieb das folgende Gefühl: „Meine Macht besteht darin, daß ich es nicht zulasse, daß mich jemand kennenlernt. Das kriegt keiner. Es gehört mir."

Indem sie sich ihrer Macht versicherte, glaubte sie ein Doppelleben führen zu können, eine Art Scharade, an der sie offen beteiligt sein, aber sich eigentlich heraushalten konnte. In ihrer Sicht „blieb" ihr Körper „da", aber sie „ging" woanders hin. Sie bezeichnete sich als „eine geheime Sammlerin dessen, wer ich bin". Sie befürchtete, daß Intimität mit einem anderen Menschen (auch mit der Analytikerin) ihr besonderes Gefühl von Intaktheit bedrohen könnte.

Intimität war auch auf andere Weise problematisch für sie. Diese Patientin, die sich vor panischer Angst krümmte, wenn sie in manchen Momenten in der analytischen Interaktion Nähe spürte, schilderte die erotisierte Phantasie über eine Beziehung, in der sie sich selbst vollkommen hingab – das ging so weit, daß sie es zuließ, gewalttätig, demütigend, erniedrigend und unmenschlich behandelt zu werden.

„Ich fühle mich so widerwärtig, daß es mich fast ekelt... Warum sollte ich erregt sein, wenn ich mißbraucht und gedemütigt werde? Zuzugeben, daß man mißbraucht wurde, ist eine Sache. Aber zu sagen, es gibt einen Teil von einem, der das sexuell erregend findet, ist schon eine ganz andere Sache. Ich glaube, ich empfinde das als einen riesigen, dunklen, verschlossenen Teil von mir."

Bei dieser Patientin, die ihre Erfahrung des sexuellen Mißbrauchs nie zuvor benannt oder verbalisiert hatte, weckte die Verbalisierung intensive Gefühle, die sich sowohl auf die sexuellen Erfahrungen bezogen, die bis vor kurzem noch nicht zugänglich gewesen waren, als auch auf ihren aktuellen psychischen Zustand.

Bei der Arbeit mit Patienten, die als Kind sexuell mißbraucht wurden, kann es entscheidend sein, daß ihre Vermutung, sie seien schuld und hätten den Mißbrauch provoziert oder aufgrund ihres Begehrens oder ihrer Phantasie genossen, in ihrem ganzen Umfang erläutert und aufgedeckt werden kann. Oft spielt bei diesen Vermutungen die Annahme eine große Rolle, daß der Elternteil sie nicht sexuell hätte mißbrauchen müssen, wenn sie ihm hätten helfen können, sein Problem zu lösen. Wenn diese komplexen Zusammenhänge so durchgearbeitet werden können, daß das Opfer allmählich wirklich begreift, daß die Verantwortung und Schuld beim Erwachsenen liegen und daß die Situation nicht der Kontrolle und der Macht des Kindes unterlag – gleichgültig, was sich das Kind gewünscht haben mag –, führt im allgemeinen zur erheblichen Linderung von Symptomen, wie etwa Derealisierung und Depersonalisierung, somatischen Symptomen, Angstzuständen und verschiedenen Empfindungen, den „Körper zu verlassen". Dies scheint auch dazu beizutragen, daß die kognitiven und perzeptuellen Beeinträchtigungen überwunden werden können sowie die Befürchtungen, zu „erkennen" und „erkannt zu werden", und die Schwierigkeiten in bezug darauf, in gewisser Weise „aktiv" zu werden.

Das Dilemma hierbei ist: Wie kann eine Beziehung zu einem Menschen aufgebaut werden, in der es möglich ist, diese Bedingungen zum Durcharbeiten zu schaffen, dem es – nachdem ihn ein Elternteil betrogen hat – schwerfällt, sich zu öffnen und das Risiko einer bedeutsamen Beziehung einzugehen? Dies ist in Fällen, in denen der Patient sich vielleicht nicht einmal bewußt ist, mißbraucht worden zu sein, sogar noch problematischer. Weil der mentale Zustand dieser Patienten generell sehr fragil ist, kann jede Bemühung des Analytikers, den Patienten zur Mitarbeit zu bewegen, als Form von Gewalttätigkeit oder Einmischung erlebt werden, welche die zarte, zerbrechliche Integration bedroht, die errichtet worden ist. Bei diesen Patienten ist es von allergrößter Notwendigkeit und Wichtigkeit, empfänglich für die Bedeutung jedes Details der Interaktion zu sein, weil für sie Beziehungen auf eine bestimmte Weise vorstrukturiert sind: als Einmischung, Zwang, Gewaltanwendung oder Verführung und als Feld, in dem die Rollen von Opfer und Täter oft hin- und herkippen. Bei diesen Patienten existiert unter Umständen sogar das reale Risiko der Dekompensation und des psychischen Zusammenbruchs.

In solchen Fällen ist es besonders wichtig, einen angemessen geschützten Kontext bereitzustellen, so daß das äußerst quälende und bedrohliche Material konstruktiv durchgearbeitet werden kann. Wenn wir diesen Patienten helfen können, mit dem gefürchteten Material umzugehen, ohne davon bis zur Dekompensation überflutet zu werden, kann dies eine Erfahrung sein, die am meisten zur Heilung und Stärkung des Patienten beiträgt. Wenn jedoch die Gefühle überbordend werden und es zu einem psychischen Zusammenbruch oder Kontrollverlust kommt oder der Patient Mordgelüste oder Selbstmordgedanken entwickelt, kann dies verheerend sein, weil es seine schlimmsten Befürchtungen bestätigt.

In gewissem Sinn ist der Schutz, den der Analytiker seinem Patienten vor der Bedrohung durch solche Dekompensation gibt, indem er den Prozeß verlangsamt, so daß der Patient nicht überflutet wird, und indem er sorgfältig darauf achtet, den Patienten nicht zu bedrängen oder zu etwas zu zwingen – etwa durch Deutungen oder bestimmte Fragen (die manchmal von diesen Patienten als eine Form von Vergewaltigung erlebt werden) –, eine Beschreibung dessen, wie ich den „geschützten Kontext" definiere, der bereitgestellt werden muß. Aus meiner Sicht ist hier der wichtige Punkt nicht die Abwehr durch Verleugnung oder Dissoziation, vielmehr ist an erster Stelle die *Verletzbarkeit* die Basis für die Abwehr.

Es ist nicht einfach, den Prozeß so zu gestalten, daß der Patient die

Chance hat zu entdecken, daß es möglich ist, über grauenvolle Erfahrungen in der Vergangenheit zu sprechen, ohne in der Gegenwart zu dekompensieren. Jede Verbalisierung von seiten des Analytikers kann als Form des Eindringens oder der Gewalt erlebt werden und jede scheiternde Reaktion als Zurückweisung und Mißachtung. Darüber hinaus kann der Hang, unbeabsichtigt in sadomasochistische Szenarios zu geraten, äußerst subtil und machtvoll sein. In dieser Hinsicht kann schon die schlichte Ermutigung des Patienten – für den es eine so komplexe symbolische Bedeutung hat, zu erkennen und erkannt zu werden –, seine Erfahrung in Worte zu fassen oder zu explorieren, zu einem solchen Szenario werden.

Jede Bemühung anzusprechen, was explizit zwischen Analytiker und Patient vor sich geht, oder die interaktiven Feinheiten aufzudecken, kann von Patienten, deren Bewältigungsmuster es war, sich selbst nicht vollständig wissen zu lassen, was sie erleben, besonders, *während* sie es erleben, bereits als Zwang aufgefaßt werden. Daher muß der Analytiker sich verfügbar halten, ohne ihnen seine Sichtweise oder sein Bedürfnis nach Erkenntnis, Erklärung oder Bewegung aufzudrängen.

In solchen Zusammenhängen zeigt sich ein Dilemma der Gegenübertragung: Wie bewegt man sich auf dem schmalen Grat zwischen respektvollem, vorsichtigem Verhalten, damit man den Patienten nicht bedrängt, ohne den Patienten jedoch zu vernachlässigen? Es geht darum, den analytischen Prozeß so zu gestalten, daß der Patient neue Erfahrungen machen kann, in denen er erkennt, daß Beziehungen möglich sind, in denen er nicht vom anderen zu etwas gezwungen wird, und in denen der andere nicht verlangt, daß er sich ihm unterwerfen muß, damit die Beziehung erhalten bleibt. Wie helfen wir unseren Patienten, allmählich verfügbare, aber noch unbemerkte Wahlmöglichkeiten zu erkennen, wenn es oft schwer ist zu wissen, ob unser eigenes Verhalten analytisch motiviert oder Zeichen einer subtilen Form der Gegenübertragung ist?

Eine andere weitverbreitete Schwierigkeit der Gegenübertragung kann in der Arbeit mit diesen Patienten entstehen, wenn der Analytiker sich vielleicht paralysiert fühlt, „betäubt", „benebelt", in einem tranceähnlichen Zustand, in gewissser Weise wie abgestorben; dann ist er unfähig, den Bestrebungen der Gegenübertragung zu widerstehen oder auch nur darum zu ringen, es zu tun, und es ist ihm nicht einmal bewußt, daß er sich manchmal in einem ähnlichen Zustand befindet wie viele dieser Patienten.

Wie können wir schließlich Patienten helfen, die Opfer von sexuellem Mißbrauch geworden sind, nicht nur empfänglich zu sein für die reale

Tragödie, die sie durch die Tat von anderen erlitten haben, sondern auch für die immer noch andauernde Tragödie, deren Helfershelfer sie jetzt selbst wurden, wenn wir verständlicherweise Angst haben vor einer Gegenübertragung, die „dem Opfer die Schuld gibt"? Es ist von allergrößter Wichtigkeit, diesen Patienten zu helfen, damit sie begreifen, wie sie psychische Möglichkeiten töten und die Chance einer bedeutungsvollen Beziehung verhindern und wie gewalttätig dieser Prozeß sowohl für ihr Innenleben als auch für ihr Leben in bezug auf andere ist. Bei der Rückforderung dissoziierter Aspekte des Selbst wird es zum Angelpunkt für den Patienten, sich auf einen notwendigen Prozeß der Trauer einzulassen.

Es folgen nun einige Details aus meiner Arbeit mit zwei Opfern von sexuellem Kindsmißbrauch.

JUNE

June, eine attraktive berufstätige Frau in den Dreißigern, die vorher schon von verschiedenen Therapeuten behandelt worden war, begann bei mir eine Analyse, weil sie an häufigen, intensiven Angstzuständen mit vielen psychosomatischen Symptomen litt. Sie begann die Analyse auf einer Basis von zwei Stunden in der Woche und erweiterte dies schließlich auf drei Stunden in der Woche, wie ich später beschreiben werde. Ihre Geschichte entwickelte sich wie folgt:

Sie hatte eine langjährige sexuelle Beziehung mit ihrem Vater. Sie meinte, das begann vielleicht mit acht Jahren und dauerte, bis sie etwa vierzehn oder fünfzehn Jahre alt war[16]. Das inzestuöse Verhalten bestand daraus, daß der Vater an ihren Brüsten saugte und mit den Fingern den Vaginalbereich berührte. Es gab keinen richtigen Geschlechtsverkehr. Im Verlauf der Jahre traten diese Vorfälle nur auf, wenn der Vater unter Alkoholeinfluß stand. Sie stellte sich dabei immer schlafend.

Im Verlauf unserer Arbeit erreichte sie einen Punkt, an dem sie zum erstenmal erkennen konnte, daß „ich es damals genauso sehr wollte wie mein Vater". Sie fuhr fort: „Obwohl ich all diese Jahre dachte, meine Abscheu gelte meinem Vater, begreife ich jetzt, daß meine Abscheu mir selbst galt, weil ich mitmachte und etwas genoß, was ich für unrecht hielt."

---

[16] Dies ist eine Korrektur der Altersangaben, die in einer früheren Veröffentlichung gemacht wurden (Ehrenberg, 1987).

Für sie war es eine „göttliche Eingebung von Erkenntnis", die mächtige Gefühle und Erinnerungen freisetzte, als sie ihren eigenen aktiven Anteil daran erkannte. Sie konnte dadurch auch erkennen, welchen Einfluß diese Erfahrung mit ihrem Vater in der Kindheit auf alle ihre Beziehungen mit Männern gehabt hatte und ganz besonders auf ihre Beziehung zu ihrer eigenen Sexualität. Für sie stand ihr generalisiertes Schema, „nicht da zu sein" und in ihrem Erwachsenenleben keinen Genuß am Sex und auch kein Verlangen danach zu spüren, in Verbindung mit diesen sexuellen Erlebnissen in der Kindheit.

Aus ihrer jetzigen Sicht war die Beziehung zu ihrem Vater nicht nur rein sexuell, sondern sie diente damals auch als eine Art Kompensation für die „Gefühlsarmut" in ihrer Familie.

„Ich erlebte das sexuelle Interesse meines Vaters, als würde wenigstens ein Elternteil mir etwas emotionale Aufmerksamkeit gewähren. Es gab mir das Gefühl, bevorzugt und geliebt zu werden und etwas ganz Besonderes zu sein."

Mit dem Vater, der oft die Beherrschung verlor und in ihrer alltäglichen Beziehung körperlich gewalttätig wurde, waren die sexuellen Momente überraschend zärtlich[17].

Sie sagte auch, damals habe ihr das Bewußtsein ihrer Anziehungskraft für ihn ein Gefühl von Macht und Herrschaft über ihn vermittelt, das sie in keiner anderen Weise erlebt hatte.

Eine wichtige Einsicht war, daß „mein Vater eine Rolle übernahm, als ich in einem Alter war, in dem ich ohnehin jemanden zum Spielen suchte." Sie erkannte auch, daß er, „indem er die Rolle meines Liebhabers annahm, für mich seine Vaterrolle verließ".

Trotzdem blieb ein Grad von Verwirrung über das Ausmaß sowohl ihrer Macht als auch ihrer Ohnmacht. Sie war sich nie sicher, inwieweit eine dieser beiden Komponenten jeweils auf die andere reagierte.

Schließlich bemerkte sie, daß ihre Mutter ebenfalls eine wichtige Figur in dieser Tragödie war. Sie beschrieb, ihre Mutter habe damals nicht protestiert, als sie sie ausschloß, und dies sei ein wichtiges Element ihrer Beziehung mit ihrem Vater gewesen, es hätte gewissermaßen die Situation hergestellt.

---

[17] Als June dies las, sagte sie, wenn ihr Vater in ihr Zimmer kam, „erwartete ich dies schon. Es war aufregend und angenehm".

In diesem Zusammenhang konnte sie wahrnehmen, daß sie von beiden Eltern verlassen und betrogen worden war, was deren Verantwortung als Eltern betraf. Nun tauchte auch die Frage auf, warum sie sich damals nicht an ihre Mutter gewandt hatte.

Sie erklärte, damals habe sie ganz bewußt gefürchtet, wenn sie ihrer Mutter davon erzählte, daß diese darauf gewalttätig reagieren und vielleicht ihren Vater verlassen würde und somit die ganze Familie zerbrechen könnte. Sie hatte auch die Vorstellung, daß es ihren Eltern mit noch schlimmeren Rückwirkungen zu Ohren gekommen wäre, wenn sie jemand anderem davon erzählt hätte. Die Frage, wen sie schützen wollte, war offensichtlich sehr komplex. Zu einem späteren Zeitpunkt sprach sie von ihrer panischen Angst damals, daß es eine Explosion von so fürchterlichen Ausmaßen verursacht hätte, daß nichts mehr übrig geblieben wäre, nur eine „gewaltsame Leere, da wäre nichts mehr geblieben", wenn sie versucht hätte zu verhindern, daß ihr Vater sie sexuell mißbrauchte.

Ein anderer Aspekt ihres Dilemmas war die Dauer dieses Zustands: Je länger sie nicht protestierte und es nicht zur Sprache brachte, desto schwerer wurde es, dies in Angriff zu nehmen, weil sie jedesmal, wenn sie es geschehen ließ, nur „tiefer in die Sache hineinrutschte". Bis jetzt, wie sie auch in der Analyse betonte, hatte sie nie ausdrücklich „benannt", was geschehen war, nicht einmal sich selbst gegenüber. Sie benannte es nie, beschrieb es nie „deutlich in Gedanken" für sich selbst und sprach gewiß nie mit ihrem Vater darüber. Sie entwickelte „eine Fähigkeit, nicht zu sehen, was ich nicht sehen wollte".

Dieses Muster, zu wissen, daß etwas geschah, aber so zu tun, als ob nichts wäre, während es weiterging, und sich dagegen zu sträuben, dem ins Auge zu blicken, was geschah, dauerte während Junes ganzem Erwachsenenleben fort und wurde ihre charakteristische Art, mit allen möglichen Erfahrungen, nicht nur mit sexuellen, umzugehen.

Mit der Zeit konnte June erkennen, daß die Situation, erregt und nicht befriedigt zu werden, ihr nicht nur Schuldgefühle machte, sondern sie auch frustrierte. In ihrer Sicht litt sie unter einem „doppelten bösen Zauber", einer Art doppelter Gefährdung.

Sie erzählte auch, daß die Beziehung mit ihrem Vater endete, als sie beschloß, sich nicht länger schlafend zu stellen. Wenn ihr Vater bemerkte, daß sie wach war, als er ihr Zimmer betrat, ging er schnell wieder weg.

Ebenso wie andere weibliche Patienten beschrieb June, daß sie schließlich einen Punkt erreichte, an dem sie keinen sexuellen Genuß mehr dabei

194

spürte, daß es sie ausschaltete, zumachte. Das Abtrennen des Begehrens dehnte sich über das sexuelle Begehren hinaus auf Wünsche und Gefühle generell aus, sogar auf die intellektuelle Neugier und Entwicklung. Offenbar war Nicht-Begehren oder kein Begehren oder keinen sexuellen Genuß zu erleben und die latente Befürchtung, das Verhalten der Väter könnte eine Reaktion auf ihre eigenen Phantasien und Wünsche oder auf ihr verführerisches Verhalten gewesen sein, für diese Frauen ein Mittel, sich von Schuldgefühlen und Befürchtungen wegen ihres Begehrens und ihrer Macht zu befreien. Gleichzeitig wurden sie auf diese Weise davor geschützt, anfällig für die Annäherungsversuche von jemand anderem zu sein, und es schützte sie vor sexuellen Phantasien, die so aufregend und doch so beunruhigend waren.

Dieser Zustand – die Abtrennung von Gefühlen und der Mangel an Gefühlen –, den sie auf diese Weise entwickelt haben, dauert fort bis in das Erwachsenenleben, und am Ende hat er einen paradoxen Effekt: Anstatt als der Schutz zu dienen, wofür sie ihn anscheinend herausgebildet haben, macht er es möglich, daß diese Frauen Formen von Mißbrauch und Gewalt ertragen, die andernfalls unerträglich gewesen wären. June beschrieb eine Beziehung, in der sie von ihrem Freund häufig körperlich bedroht wurde, einmal mit einem Bügeleisen. Andere Patientinnen berichteten auch von sehr selbstdestruktiven Beziehungsmustern.

Schließlich wurde die „Taubheit", die von der Abtrennung der Gefühle herrührte, selbst zu einem grausamen Gefühl. Manche Patientinnen fingen an, Drogen zu nehmen.

Als June bemerkte, daß sie im Umgang mit anderen lebendiger war, wenn sie unter Alkoholeinfluß stand, verließ sie sich allmählich immer mehr auf den Alkohol. Trotzdem erreichte sie einen Punkt, an dem das Gefühl von Isolation ihr solche Angst einjagte, daß nicht einmal mehr der Alkohol ihr helfen konnte. Sie beschrieb Zustände von so starker „Verwirrung", daß es ihr nicht möglich war, „den Weg zurück zu finden".

In solchen Fällen werden die Gefühle von Derealisierung und Depersonalisierung furchterregend. Diese Gefühle beinhalten häufig Gefühle, nicht zu existieren, nicht in ihrem Körper zu sein, ohne Gespür für irgendeine Grenze oder Membran um ihren Körper, ein „furchtbar diffuser Zustand".

June beschrieb Vorstellungen von „Auflösung in winzige Einzelteile" und ein Gefühl, sich selbst zu verlieren und unfähig zu sein, unter ihrer Haut intakt zu bleiben. Sie hatte das Gefühl, im Raum zu fließen, losgelöst und ohne Anker zu sein. Sie sagte, es sei wie das Gegenteil der Vorstellung von einem Fötus, der durch seine Nabelschnur befestigt ist. Dieses Gefühl beinhaltete, völlig ohne Anker zu sein und in ein „größeres Ding ... mit sich auflösenden Grenzen" zu fließen.

Es gab Attacken mit heftigem Herzklopfen, Ängsten, sie würde an einem Herzinfarkt sterben, und sie mußte häufig in die Notaufnahme von Krankenhäusern gehen, wenn die Zustände zu intensiv wurden.

Dadurch daß wir uns auf unsere Interaktion konzentrierten, waren wir in der Lage, Junes Muster, ihre Emotionen „abzuschalten", wenn sie kamen, zu durchbrechen. In einer besonderen Serie von Sitzungen begann June, mich mit meinem Namen anzusprechen, während sie zu mir sprach. Jedesmal, wenn sie das tat, vibrierte es in mir auf so subtile Weise, daß ich es fast übersehen hätte. Als ich darüber nachdachte, hatte ich jedoch das Gefühl, daß dies einerseits ein Ausdruck von Intimität zu sein schien, beinahe in der Art, wie jemand den Namen des anderen im Augenblick der Leidenschaft ausspricht, und auf der anderen Seite schien es mir eine Art zu sein, die Bremse einzulegen gegen die aufkommende Intimität, eine Art von „Auftauchen, um nach Luft zu schnappen", wenn es anfing, sich zu intensiv anzufühlen.

Ich fragte, ob sie irgendeine Vorstellung davon hätte, warum sie nun meinen Namen auf diese Weise benutzte. Welcher Art war ihr Gefühl, wenn sie mit mir sprach? Empfand sie es in irgendeiner Weise als problematisch oder beängstigend? (Ich dachte darüber nach, fragte sie aber nicht, ob daran sexuelle Gefühle beteiligt sein könnten.)

Ich fragte sie explizit, ob sie dachte, es könnte eine Verbindung zwischen ihren Gefühlen jetzt und ihren Gefühlen während dieser sexuellen Begegnungen mit ihrem Vater damals geben. Mir war besonders in Erinnerung geblieben, wie sie beschrieben hatte, sie habe sich nicht unter Kontrolle gehabt, weil sie ihren Gefühlen von körperlichem Genuß mit ihrem Vater nachgegeben hatte, trotz ihrer Empfindung, daß das unrecht sei und sie dem widerstehen sollte. Spürte sie jetzt das Bedürfnis, den Fluß der Gefühle aufgrund irgendeiner Furcht zu kontrollieren?

Als ich untersuchen wollte, was es für sie bedeutete, mich mit meinem Namen anzusprechen, reagierte June, indem sie sagte, sie wolle mich sofort nach dieser Sitzung wegen einer Extra-Sitzung anrufen, was sie dann aber nicht tat. Es folgte eine Serie von Sitzungen, die von größter Intimität geprägt waren, mit lebendigen Erinnerungen an Einzelheiten von sexuellen Erlebnissen, die ihr vorher nicht zugänglich waren, und sie erlebte sehr emotional, wie sie eine große Einsicht über ihre eigene Beteiligung an diesen sexuellen Szenen gewann. Dies war der eigentliche Punkt, an dem sie die von ihr so genannte „göttliche Einsicht" hatte: daß sie den Inzest genauso gewollt hatte wie ihr Vater. Das Ergebnis dieser Sitzungen war, daß sie darum bat, die Häufigkeit ihrer Sitzungen zu erweitern von zwei auf drei pro Woche.

Schließlich konnte sie ihre Erfahrung wie folgt in Worte fassen:

„Ich erkannte, daß eher ich die Spielerin war und weniger diejenige, mit der gespielt wurde, eine Spielerin, die alle Karten in der Hand hatte. Aber das Traurige ist, daß ich es nicht verstand, und ich hätte dieses Spiel auch nicht spielen dürfen... Ich habe eine Vorstellung von mir als jemand, die einfach weitermacht, während die Welt untergeht. Heute glaube ich, daß ich damals etwas niederriß, ohne jedoch zu verstehen, daß dies der Fall war."

Einige Zeit später wurde auch deutlich, daß ihre Angst, Intimität in der analytischen Beziehung zu entwickeln, auf „einem tiefverwurzelten Glauben" beruhte, „daß Nähe den Charakter von Bedrohung und Ausbeutung hat".

Im Zusammenhang damit, daß sie all diese Dinge in Worte faßte, begann June, ihre Fähigkeit zurückzufordern, Begehren zu erleben. Die neue Einsicht befähigte sie auch, das defensive Bedürfnis zu durchbrechen, sich in einem Zustand von Verwirrung zu halten und sich von ihren Gefühlen abzuspalten.

Als June aufgrund der jeweils direkten Interaktion in der Analyse zunehmend erkennen konnte, daß es Verhaltensweisen und Reaktionen bei anderen gab – einschließlich Analytikerin und Vater –, für die sie nicht verantwortlich gemacht werden konnte, auch dann nicht, wenn sie sich mit ihren eigenen Phantasien decken würden, kam es zu einer erheblichen Linderung ihrer Angstsymptome, und sie konnte den Alkohol aufgeben.

Dann kamen intensive Erfahrungen von Wut, Kummer und Tränen. Es tauchte aber auch eine neue Gefühlsdimension auf: Sie hatte Mitleid wegen ihrer eigenen Beteiligung an der inzestuösen Beziehung und wegen des Pathos, der Pathologie und der Beschränkungen ihres Vaters und ihrer Mutter, die beide selbst Opfer von sexuellem Mißbrauch gewesen waren.

Sie beschrieb nun ein neues Empfinden von Klarheit darüber, daß sie sich während der Inzestphase in einem permanenten Zustand von Überstimulierung befunden hatte, ohne es zu erkennen. Sie stellte Spekulationen darüber an, daß ihr sexuelles Agieren und mehrere Schwangerschaften als Jugendliche vielleicht ein Mittel gewesen sein könnten, unbewußt die sexuelle Spannung zu entladen, die in ihrer körperlichen Beziehung mit ihrem Vater erzeugt worden war, und daß diese Schwangerschaften – auch wenn sie eine Art von Rebellion gegen ihren Vater waren und ein Mittel, in ihrem sozialen Umfeld, das der durchschnittlichen Mittelschicht entsprach, einen Skandal zu schaffen – auf einer anderen Ebene eine symbolische Erfüllung ihrer Beziehung mit ihrem Vater waren. Ihrer Ansicht nach waren die Babys in ihrer Vorstellung vielleicht seine Babys.

Sie erkannte auch, daß sie es irgendwie immer so empfunden hatte, daß ihr „reales" Ich jenes war, das am Sex beteiligt war und der Rest einfach nur eine Fassade. Sie begann allmählich ihr damaliges Verhalten als natürlich zu betrachten; sie sagte: „Was könnte ein Kind schon anderes machen?"

(Eine andere Patientin hatte eine ähnliche Erkenntnis bezüglich ihrer zwanghaften Masturbation als Kind: „Obwohl ich damals dachte, ich sei verdorben und pervers, begreife ich nun, daß es eine Reaktion auf Überstimulierung war und ich nie eine Chance hatte.")

Junes Wut konzentrierte sich jetzt auf das Versagen der Mutter, die sie nicht beschützt hatte, und zwar nicht nur nicht vor den Übergriffen des Vaters, sondern auch nicht vor ihrer eigenen Anfälligkeit.

Nachdem sie dies alles ausgesprochen hatte, erlebte June nun Phasen, in denen sie sich extrem verletzbar fühlte, und zwar in einer Art und Weise, wie sie es früher nie zugelassen hätte, sowohl in der Analyse als auch außerhalb. Ein Gefühl von Sehnsucht nach Kontakt zu Frauen ebenso wie zu Männern tauchte auf. Sie sah jetzt allmählich ihre Fähigkeit, offen und zugänglich zu sein, als Zeichen ihrer Stärke und Sensibilität und als Basis dafür, daß Intimität entstehen konnte. In gewissem Sinn waren ihre früheren Wahrnehmungen der Realität nun umgekrempelt.

Ebenso wie bei anderen Patientinnen wurde auch bei June eine noch intensivere Exploration möglich, als die Angstsymptome sich im Verlauf unserer Arbeit verringerten und als June in ihren Beziehungen – in der Analyse ebenso wie außerhalb – „präsenter" wurde. Während sie sich in der Vergangenheit immer so gefühlt hatte, als würde sie mit einem „Schleier, einer Art Vorhang" funktionieren, hatte sie nun Zugang zu dem Teil von sich, „was auch immer dies für ein Teil ist", der hinter dem Vorgang zu sein schien.

Interessanterweise war sie zu der Zeit besorgt, sie könnte „irreparabel fehlerhaft" sein, und gleichzeitig begriff sie, daß ihre Angst vor der Analyse identisch war mit der Angst, sie könnte sich nicht selbst „reparieren", daß sie also nicht geheilt werden könnte. Früher hatte sie immer angenommen, daß – was auch mit ihr nicht stimmen könnte –, es seinen Grund darin haben müsse, daß sie einen „Defekt" hatte. Zu dieser Zeit war sie sich über die „Defekte" ihrer Eltern im klaren und auch darüber, daß es notwendig war für sie, diese „Defekte" nicht wahrzunehmen. Sie hatte begriffen, daß es nicht „ihr Fehler" war und sie auch nicht verantwortlich dafür war, ihre Eltern zu heilen; ihr war auch klar geworden, welche Wirkung es auf sie gehabt hatte, daß sie sich früher dafür verantwortlich fühlte.

Mit der Zeit konnte sie allmählich erkennen, auf welche Weise es mit ihrem Innenleben zu tun hatte, daß sie sowohl im Bett als auch in jeder anderen möglichen Situation so wenig zugänglich war. Sie konnte sagen, wann dies eine Reaktion auf bestimmte Eigenschaften des anderen war und was in ihren Beziehungen vor sich ging (oder auch nicht). Dies schloß eine wachsende – und wichtige – Erkenntnis ein: Sie bemerkte ihre Neigung, wenn etwas schiefging, die Gründe bei dem sexuellen Mißbrauch in ihrer Kindheit zu suchen und anzunehmen, es läge an ihr. Dadurch entstand eine Blockade, sich wirklich damit zu konfrontieren, was der andere in der Gegenwart vielleicht tut oder nicht tut und was aus ganz anderen Gründen problematisch sein kann.

Im Hinblick auf das Dilemma der Gegenübertragung, wie der Analytiker damit umgehen kann, wenn er sich paralysiert und betäubt fühlt oder unfähig ist, engagiert zu arbeiten, wie es bei diesen Patienten häufiger geschehen kann, möchte ich anmerken, daß es Situationen gab, in denen es mir mit June so erging. Obwohl ich mich manchmal zu unbeweglich fühlte, irgend etwas zu tun oder zu sagen, gab es andere Momente, in denen ich – vielleicht aus Verzweiflung und vielleicht auch, um mich meiner eigenen Lebendigkeit zu vergewissern – begann, Einzelheiten aus dem Material, das sie gerade gebracht hatte, aufzugreifen, weil sie mich interessierten und nicht unbedingt, weil ich sie für analytisch bedeutsam hielt. Dies führte häufig zu sehr lebendigen und erfrischenden Diskussionen über Filme, Bücher, Restaurants, Rezepte, Spiele, Wissenschaft, aktuelle Ereignisse, Lyrik, Philosophie und sogar über Psychoanalyse. Diese Diskussionen waren zu meiner Überraschung anscheinend auf eine Weise wichtig, die ich nicht erwartet hatte.

Sie berichtete nach diesen Diskussionen zum Beispiel, sie habe ein wachsendes Gespür für ihre intellektuellen Fähigkeiten und ihren Kunstverstand entdeckt. Anscheinend war nicht nur die aufmunternde Wirkung dieser Konversation, sondern auch die Gelegenheit, ihre intellektuellen Fähigkeiten zu erfahren, für sie bedeutsam. Sie sagte, weil sie diese Fähigkeiten entdeckte, deren Vorhandensein ihr früher nicht bewußt gewesen waren, spüre sie, daß „ich zum erstenmal meinen eigenen Ideen Glauben schenken kann". Dies rief eine Art „Hochgefühl" bei ihr hervor, und sie ahnte, daß Dinge, die sie sich vorher nicht vorgestellt hatte, „möglich" sein könnten.

Die Gelegenheit zu entdecken, daß es möglich war, in einer Weise zu arbeiten, in der wir beide wirklich Freude aneinander hatten und in der es keinen Zwang für uns beide gab, die andere zu unterwerfen, war anscheinend ebenfalls wichtig für sie.

Wenn wir uns dann erst einmal auf diese Weise von dem paralytischen Moment befreit hatten und uns auf lebendige und gegenseitig präsente Weise aufeinander eingelassen hatten, konnten wir ansprechen, was vor sich gegangen war, als wir beide so „betäubt" oder „eingesperrt" waren.

Jede dieser Veränderungen machte jeweils eine andere Ebene analytischer Exploration möglich, in der Geschehnisse in Verbindung mit ihrer Mutter ebenso wie mit ihrem Vater auf neue Weise angesprochen werden konnten. Sie fing an, über die trianguläre Natur der inzestuösen Situation nachzudenken und sich mit ihren komplexen Gefühlen in bezug auf ihre Mutter auseinanderzusetzen.

An diesem günstigen Ausgangspunkt wurde deutlich, daß meine Weigerung, in einem paralysierten, abgetöteten Zustand zu verharren oder in die qualvolle Art von Interaktion eingesperrt zu sein, die sich entwickelt hatte, ebenso wie meine Fähigkeit, trotzdem einen Ausweg zu finden, sich nicht nur als Mittel herausstellte, einfach meinem eigenen Bedürfnis nachzugehen, sondern auch als ein äußerst wichtiger analytischer Schritt erwies. Wieder einmal war es beeindruckend zu erleben, wie eine neue Erfahrung in der analytischen Beziehung zum Ort des therapeutischen Handelns werden kann.

Es ist vielleicht von Interesse, daß es einige Jahre später eine sehr kraftvolle und bewegende nachträgliche Phase in meiner Arbeit mit June gab, in der wir beide zu Tränen gerührt waren und in der wir Sitzung für Sitzung buchstäblich Berge von Taschentüchern verbrauchten, als sie sich schließlich mit ihren Gefühlen in bezug auf die Schwangerschaft befaßte, als sie achtzehn war, und damit, wie man das damals gehandhabt hatte. Sie sprach auch über das Baby, das sie zur Adoption freigegeben hatte. Diese Arbeitsphase fand ihren Höhepunkt, als sie beschloß, ihr Kind zu suchen. Sie hatte große Angst, als sie schließlich die Suche organisierte, und die Erwartung, es zu finden oder nicht zu finden, löste viele Gefühle aus. Am Ende waren ihre Bemühungen erfolgreich. Dies führte zu einer Periode verzweifelten Ringens, ob sie sich ihrem Kind als Mutter zu erkennen geben sollte oder nicht. Es gab sehr viele gemeinsame Momente voll tiefen Gefühls und mit vielen Tränen, als die Frau, die anfangs so „abgestumpft", lange Zeit so unfähig zu sein schien, überhaupt etwas zu empfinden, nicht nur mit ihren Gefühlen kämpfte, weil sie ihr Kind wiedergefunden hatte, sondern auch mit ihren Gefühlen, was es bedeutete, sich selbst zurückzufordern.

CARL

Carl, ein attraktiver Mann Ende Zwanzig, der sich selbst als homosexuell bezeichnete, begann die Analyse auf einer Basis von einem Termin in der Woche. Er äußerte seine Befürchtungen, ich könnte versuchen, ihn zur Heterosexualität zu bekehren. In den ersten Monaten unserer Arbeit war ich deutlich im Prüfstand: Er beobachtete mich sehr genau und versuchte, mich einzuschätzen. Ich wiederum konzentrierte mich auf jede Nuance der Interaktion und versuchte ihm zu helfen, seine Ängste zu artikulieren und seine komplexen Gefühle anzuerkennen. Er sollte sich Klarheit darüber verschaffen, ob und wie er unsere Beziehung nutzen wollte. Mir war bewußt, daß er die Wahl treffen und ich seine Wünsche respektieren mußte. Daher wollte ich nicht, daß er mir mehr erzählte, als er wirklich wollte, wenngleich ich davon überzeugt war, daß es wichtig wäre, darüber zu sprechen, was er fühlte und warum er nicht darüber sprechen wollte, wenn dies der Fall wäre.

Es dauerte sechs Monate, bevor er mir genügend vertraute, bis er mir erzählte, er habe Angst, ich könnte so angewidert sein, daß ich ihn nie wieder sehen wollte, wenn er mir seine Phantasien erzählte. In diesem Zusammenhang beschloß er interessanterweise, daß er sie mir enthüllen wollte, um diese Chance zu nutzen. Er formulierte sie wie folgt:

Seine sexuellen Phantasien beinhalteten die Dominierung, Vergewaltigung, Erniedrigung, Versklavung, Entmenschlichung und das Töten von Männern. Er berichtete von Vorstellungen, sie ausgestopft und als Trophäen ausgestellt zu haben. Er hatte Angst, er könnte die Beherrschung verlieren und seine gewalttätigen Phantasien agieren.

„Man liest in der Zeitung über diese Typen, die solche grauenhaften Dinge tun, und die Nachbarn sagen: ‚Er war so ein netter Kerl.' Ich fürchte mich, daß ich eines Tages durchdrehe und wirklich so etwas mache, daß es wirlich so eine verrückte Seite von mir gibt."

Er sagte, er habe Angst gehabt, mich auch nur anzuschauen, als er mir all das erzählte, und trotzdem spüre er eine Art von Erleichterung. Er sagte auch, er habe nicht das Gefühl, seine Phantasien seien von ihm getrennt oder es gebe irgendeine Hoffnung, daß sich dies ändern könnte. Dann fügte er unter Tränen hinzu: „Ich habe vor langer Zeit aufgegeben zu glauben, es könnte eine andere Wahl geben. Ich akzeptierte, daß ich kaputt war und damit würde leben müssen."

In seinem alltäglichen Verhalten, einschließlich der Beziehung zu mir, beschrieb er sich selbst als scheuen Menschen, der Anerkennung brauchte und nicht „nein" sagen konnte. Das war demütigend für ihn. Im Gegensatz dazu hatte er in seinen Phantasien ein Gefühl von Macht.

Er erzählte auch, daß er, schon seit er etwa fünf Jahre alt war, Haar- und Lederfetische besaß und daß er häufig Sadomaso-Bars besuchte. Dort fand er Partner, mit denen er einige seiner Phantasien ausleben konnte. Für ihn hatten diese sadomasochistischen Beziehungen jedoch, weil sie auf beiderseitigem Einverständnis beruhten, nicht die Intensität, die entsteht, wenn der andere gezwungen wird, etwas gegen seinen Willen zu tun. Er beschrieb eine Reihe von Fällen, in denen er in gefährliche Situationen geraten war. Obwohl sie ihn extrem erregt hatten, waren sie so grauenvoll gewesen, daß er schließlich professionelle Hilfe gesucht hatte.

Er wies darauf hin, daß es noch nie einen Menschen gab, dem er von dieser Seite seines Lebens erzählen konnte, obwohl er schon zweimal in therapeutischer Behandlung gewesen war, bevor er zu mir kam; daß er in der Lage war, mir alles zu erzählen, bedeutete ihm viel. Es war ein großer Schritt für ihn.

In der Periode, die auf diesen Austausch folgte, berichtete er, er habe beschlossen, Schluß zu machen mit diesen gewalttätigen und gefährlichen Beziehungen, in die er sich vorher immer eingelassen hatte, und die sadomasochistische Beziehung mit dem Mann, mit dem er zusammenwohnte, zu beenden. (Als er später mit einigem Zeitabstand dieses Kapitel las, sagte er, daß diese Beziehung nicht mehr dieselbe Spannung für ihn hatte, nachdem er mir davon erzählt hatte und es kein Geheimnis mehr war.)

Damals befreite er sich nach Monaten des Streits und nach vielen gewalttätigen Szenen schließlich von dieser sehr destruktiven Beziehung. Danach ging er ungefähr ein Jahr lang sexuellen Beziehungen völlig aus dem Weg. Während dieser Zeit, in der wir immer noch einmal pro Woche arbeiteten, kämpfte er damit zu verstehen, warum seine Gewaltphantasien und -impulse so zwingend waren, und warum es für ihn immer noch so entsetzlich war, wenn er sich selbst behauptete – sowohl mir gegenüber als auch in bezug auf andere.

Zu dieser Zeit tauchte die Anspielung auf, daß er in einem gewissen Ausmaß „festsaß", weil er eine Anlage hatte, sich nicht zu verändern. In diesem Zusammenhang erhoben sich ernsthafte Fragen darüber, inwieweit er an seiner „Pathologie" als Beweis dafür festhielt, daß seine Mutter bei ihm versagt hatte, und inwieweit dies für ihn eine Möglichkeit war, sich in bezug auf sie in eine „Machtposition" zu bringen. (Sein Vater lebte nicht mehr.) Als er dies ausgesprochen hatte, konnte er erkennen, daß seine Wünsche, sie weiterhin zu verletzen, in Konflikt gerieten mit seinem Wunsch, seine Probleme zu lösen.

Während dieser Phase, in der ich ihn beharrlich immer wieder darauf hinwies, daß nur er entscheiden könne, was er wollte, fühlte er sich fast zu seiner eigenen Überraschung zu einer jungen Frau hingezogen, trotz großer Angst, ob sie überhaupt an so jemandem wie ihm Interesse haben könnte.

Sie ging auf seine äußerst vorsichtigen Bemühungen ein, eine Freundschaft mit ihr zu entwickeln, und mit der Zeit sprach er zunehmend offener über seine sexuelle Biographie mit ihr. Er fühlte sich so sehr von ihr akzeptiert, daß er versuchte, eine Liebesbeziehung mit ihr anzufangen, und sie ging darauf ein. Als diese Beziehung sich dann weiterentwickelte, obwohl er mit seinen alten sadaomasochistischen Phantasien kämpfte, merkte er, daß er allmählich heterosexuelle Neigungen entwickelte, und das hatte er sich nie vorstellen können.

Als sich diese Beziehung immer weiter entwickelte, hatte er einen Traum, den er wie folgt schilderte: „Mein Vater hat versucht, mich sexuell zu mißbrauchen, und er hatte jemanden umgebracht."

Zu der Zeit erklärte er, daß er davon überzeugt war, daß dies ein wichtiger Traum war, aber er konnte nicht viel damit anfangen. Ein Jahr und fünf Monate nach diesem Traum, zu einer Zeit, als er emotional und sexuell eine tiefe Beziehung mit der jungen Frau entwickelt hatte und gerade Pläne schmiedete, mit ihr zusammen in eine Wohnung zu ziehen, sprach er über die Erkenntnis, daß der sexuelle Mißbrauch vielleicht tatsächlich stattgefunden hatte und daß die ermordete Person in dem Traum möglicherweise er selbst war. Er berichtete, daß er, als er erkannte, daß es die Wahrheit war, glaubte: „Etwas im Innern von mir will zu mir sagen, daß ich mir das einbilde, daß ich verrückt bin, daß es nie geschah."

Er war außer sich vor Schmerz wegen dieser Erkenntnis, und er schluchzte ununterbrochen.

Nach dieser Szene konnte er beschreiben, wie wütend er auf seine Mutter war, weil sie ihn nicht beschützt hatte. Sie war tagsüber zur Arbeit gegangen und hatte ihn mit seinem Vater, der Alkoholiker war, alleingelassen. (Wenn sie zu Hause war, war sie oft auch nicht erreichbar für ihn, weil sie, wie ihm schien, eine Ewigkeit auf der Toilette verbrachte. Sie litt an so starker Kolitis, daß Carl sich Sorgen um sie machte und glaubte, er müsse sich um sie kümmern, statt umgekehrt.)

Es kamen Assoziationen zu seiner panischen Angst vor den Tobsuchtsanfällen seines Vaters. Er erinnerte sich auch, daß sein Vater ihn in Bars mitgenommen hatte und ihn dort allein sitzen ließ, während er sich sinnlos betrank.

Als wir diesen Erinnerungen nachgingen, wurde ihm klar, daß er, während er früher geglaubt hatte, seine homosexuellen Phantasien drehten sich im wesentlichen darum, andere zu depersonalisieren, um sie weniger bedrohlich erscheinen zu lassen, jetzt glaubte, daß der eigentliche Impuls mit dem Wunsch in Verbindung stand, jemanden zu töten, daß er seine Sexualpartner töten wollte, nachdem er sie gedemütigt und zum Sex gezwungen hatte. Er verstand nun, daß dies die Ursache seiner panischen Angst war, die Beherrschung zu verlieren, wenn er seinen Gefühlen oder Wünschen freien Lauf ließe oder auch nur darüber in der Analyse sprechen würde.

Sehr aufgewühlt erzählte er auch, damals, als er noch auf dem College war, sei er ein einziges Mal in seinem Leben offen wütend auf seinen Vater gewesen, und zwei Wochen später war dieser tot. Das überzeugte ihn, daß sein Zorn tödlich war, besonders seit er glaubte, daß er seinen Vater wirklich töten wollte.

Es kamen flüchtige, beunruhigende Gedanken, daß er vielleicht wirklich jemanden getötet haben könnte und es verdrängt hatte, obwohl er ganz sicher war, daß er niemanden getötet hatte.

Dann erzählte er, er habe so ein Gefühl, daß sein Vater vielleicht gedroht hatte, ihn umzubringen, wenn er jemandem von dem sexuellen Mißbrauch erzählen würde; dabei äußerte er wieder Zweifel, ob das alles wirklich stattgefunden hatte. Er hatte sogar jetzt panische Angst, weil er mir davon erzählte, und er hatte Angst, ich würde ihm nicht glauben, gerade so, wie er überzeugt war, daß seine Mutter ihm nicht geglaubt hätte, wenn er es ihr damals erzählt hätte.

Später wurde ihm klar, inwieweit seine phantasierten Szenarien und die Episoden mit seinen Sexualpartnern eigentlich seine eigenen Erlebnisse mit seinem Vater wiederholten, wobei er selbst sowohl in der Rolle des Täters wie auch des Opfer war. Und er beschrieb ein Gefühl, sein Vater könnte ihn an den Haaren gezogen haben; dies brachte er mit dem Haarfetisch in Verbindung, den er besaß.

Während dieser Periode, mehr als drei Jahre nach Beginn seiner Analyse, als er und seine Freundin kurz davor waren, zusammenzuziehen, berichtete Carl folgenden Traum: „Eine Atombombe sollte um 1.30 Uhr nachts explodieren. Ich war in einem Zustand grauenhafter Erwartung. Dann war 1.30 Uhr vorbei, und mir war klar, daß sie nicht mehr explodieren würde, wenn sie bis jetzt nicht losgegangen war. Ich war erleichtert und vor Freude außer mir, weil ich wußte, die Gefahr war vorbei!"

In einer der Sitzungen danach erinnerte sich Carl an einen häufig wiederkehrenden Alptraum, den er oft als Kind hatte:

„Ich war draußen in unserem Hinterhof... Damals muß ich fünf oder sechs Jahre alt gewesen sein... Etwas kam auf mich zu, und ich konnte nie richtig erkennen, was es war. In meiner Vorstellung war es ein Monster. Ich war gelähmt und konnte mich nicht bewegen. Ich schrie nach meiner Mutter. Sie sagte, sie sei gerade mit etwas beschäftigt und würde gleich kommen. Ich schrie und schrie, aber sie kam nicht. Das Ding kam her und berührte mich. Dann war ich ‚außerhalb von mir' und sah die Folgen. Ich war in die Buchstaben des Alphabets verwandelt worden, die auf dem Boden lagen und knisternd verbrannten... Und ich schaute zu."

Unter den Assoziationen hierzu war auch das Wiedererkennen einer Angst, ich könnte nicht da sein – wie seine Mutter in dem Traum –, wenn er damit beschäftigt war, Aspekte seiner Erfahrung zu ergründen, die vorher zu angsterregend waren, sie zu erkennen, sogar für ihn selbst.

Daraufhin wollte er die Frequenz seiner Sitzungen von einmal auf zweimal pro Woche erweitern. Einige Zeit später wollte er sich auf die Couch legen.

Carl und seine Freundin heirateten, nachdem sie zwei Jahre zusammengelebt hatten (es war das sechste Jahr unserer gemeinsamen Arbeit). Damals berichtete er, es sei viel intensiver, mit seiner Frau Sex zu haben, als alles, was er je mit einem Mann erlebt hatte, und daß ihn das häufig zu Tränen rührte.

Er sagte, daß er manchmal „Angst habe, mit meiner Frau zu schlafen wegen all dieser Gefühle... Ich habe Angst, ich könnte in eine homosexuelle Phantasie abgleiten, oder wenn ich präsent bleibe und die Gefühle kommen lasse, daß ich einen großen Kummer fühle, eine große Qual, es ist zu intensiv."

In diesem Zusammenhang erzählte er den folgenden Traum:

„Ich war mit diesem Mann unterwegs, ich wußte, daß ich eine sexuelle Beziehung mit ihm hatte, und er hatte Macht über mich. Ein Teil von mir hatte Angst vor ihm und wollte weggehen, und ein anderer Teil fühlte sich sehr hingezogen zu ihm und wollte nicht weggehen. Dann veränderte sich der Traum schlagartig, und er war nicht mehr da, und ich war im Grunde genommen dabei, einen Mann zu vergewaltigen. Ich hatte ihn mit dem Bauch auf dem Boden, griff ihm brutal ins Haar und redete roh auf ihn ein. Und ich hatte etwas wie ein kurzes Rohr in der Hand, das ich ihm in den Anus trieb und womit ich ihn im Prinzip vergewaltigte. Ich empfand nichts für diesen Mann, kein Mitgefühl, kein Gefühl dafür, was ich tat."

Und ein weiterer Traum, der ebenfalls beunruhigend war:

„Ich war oben auf einem Riff. Ich weiß nicht, was los war und warum ich es tat. Da waren ein Mann und eine Frau. Ich griff mir den Mann und warf ihn hinunter, um ihn zu töten. Nachdem ich das getan hatte und wußte, daß er tot war, tat ich mit der Frau dasselbe, nur, sie fiel ins Wasser und lebte noch. Deshalb ging ich hinunter und drückte ihren Kopf unter Wasser. Sie wehrte sich, bis ich sie ertränkt hatte. Ich ging weg und spürte keine Reue. Ich wußte, ich mußte das tun. Ich wußte nicht warum. Das einzige, was ich fühlte, war Angst, erwischt zu werden. Dann kam diese Flut, und ich war sehr erleichtert, weil ich wußte, die Körper würden weggeschwemmt und die Möglichkeit, erwischt zu werden, war viel geringer. Dann ging ich in eine Maschine, eine Art Entspannungsmaschine oder Sauna. Dann kam jemand und sagte, meine Zeit sei um. Ich kam heraus und sah all diese Leute, und ich wollte nicht erkannt werden. Ich schlüpfte heraus und hoffte, daß mich niemand bemerkte."

Seine Assoziationen:

„Der Mann, der Macht über mich hatte, war, glaube ich, mein Vater. Ich floh vor ihm, konnte aber nicht fliehen, weil ich letzten Endes im Geist tat, was er tat. Ich glaube, zum Teil habe ich vermieden, im Urlaub mit meiner Frau zu schlafen, weil Sie nicht in der Nähe waren. In meinen Träumen geschah all das Zeugs, und ich wollte mich nicht stärker öffnen, wenn ich Sie nicht in der Nähe habe, um darüber zu sprechen. Ich merke, wie mich jeder sexuelle Kontakt offen macht, weil dann meine Abwehr nicht funktioniert. Ich fühle mich so ungeschützt und habe Angst, wenn ich so intim

206

und verletzbar und nahe mit jemandem zusammen bin ... Ich glaube, da ist ein großer Kummer, der an die Oberfläche kommt."

Kurz darauf berichtete Carl in einer Sitzung, wie wichtig er es hatte, zu dieser Sitzung zu kommen und „auf dem Weg hierher hatte ich die Phantasie, Sie seien getötet worden und würden nicht hier sein". Er fing an zu weinen, als er fortfuhr: „Ich wurde ganz verzweifelt und fragte mich, zu wem ich gehen könnte, um darüber zu sprechen. All diese Gedanken gingen mir blitzartig durch den Kopf. Dann dachte ich, das sind verrückte Gedanken'."

Merkwürdigerweise (oder vielleicht hatte er etwas geahnt) wurde ich ziemlich krank und konnte daraufhin etwa sechs Wochen nicht arbeiten. Der Zeitpunkt hätte nicht schlimmer sein können.

Als ich die Arbeit wieder aufnahm und versuchte, seine Reaktion auf meine Krankheit und Abwesenheit zu ergründen, behauptete er hartnäckig, daß er damit hätte umgehen können, obwohl er sich große Sorgen um mich gemacht hätte. Es war außerdem eine Situation, in der der Sommerurlaub näherrückte, was eine weitere Unterbrechung bedeutete, diesmal für vier Wochen.

Während dieser Periode machten er und seine Frau Pläne, in eine andere Stadt zu ziehen; beide hatten diesen Umzug schon lange herbeigesehnt.

Wir besprachen, welche Verbindung der bevorstehende Umzug mit meiner Krankheit und Abwesenheit, mit den bevorstehenden Sommerferien und mit seiner Erfahrung, sich mit meiner Verletzbarkeit konfrontieren zu müssen, haben könnte. Er sagte, er könne einen gewissen Bezug zu seiner Entscheidung, fortzugehen aus New York, sehen, aber er blieb dabei, daß er seinen Plan ausführen und in etwa sechs Monaten umziehen wollte.

Wie sehr ich auch versuchte, seine Gefühle anzusprechen, er schien zu denken, das sei nun meine Sache und nicht seine. Er war besorgt, ich könnte versuchen, ihn zurückzuhalten. Er wollte mein Verständnis und meine Bestätigung. Er hatte beschlossen, auf das Ende der Analyse hinzuarbeiten. Ich empfand es als verfrüht, unsere Arbeit zu diesem Zeitpunkt abzubrechen. Wir schienen uns in einer Sackgasse zu befinden.

Einige Monate nach den Sommerferien spürte ich, daß wir trotz meiner fortgesetzten Bemühungen noch immer nicht in der Lage waren, angemessen mit dem Thema meiner Krankheit und ihrer Auswirkungen umzugehen. Die Tatsache, daß ich unmittelbar nach seiner Phantasie, ich sei tot, krank geworden war, schien mir besonders problematisch angesichts seiner

Besorgnis, daß sein Vater gestorben war, kurz nachdem er das einzige Mal offen wütend auf ihn gewesen war.

In diesem Zusammenhang überlegte ich, ob es sinnvoll sein könnte, zusammen mit ihm noch einmal die Träume anzuschauen, die er kurz vor meiner Krankheit erzählt hatte. Ich besprach diese Idee mit ihm und fragte, was er dazu meine. Dabei erwähnte ich, ich sei selbst nicht ganz sicher, ob dies eine gute Idee sei. Er sagte, er sei aufgeregt deswegen, aber er wolle seine Träume trotzdem noch einmal anschauen. Er wollte damit bis zur nächsten Sitzung warten, um sich darauf vorbereiten zu können. Ich war überzeugt, daß wir weiter darüber diskutieren sollten, und das taten wir in der nächsten Sitzung. Obwohl ich erwartet hatte, daß dies ein Thema war, über das wir eine ganze Zeitlang diskutieren würden, schien er davon sehr angetan, und er wollte sofort anfangen. An dieser Stelle schien es wichtig, seinen Wunsch zu respektieren, und ich gab ihm meine Notizen über diese Träume zu lesen.

Wie sich herausstellte, erinnerte er sich überhaupt nicht mehr an diese Träume. Der erste war der Traum, in dem er der Macht eines anderen Mannes ausgeliefert war, vor dem er Angst hatte und zu dem er sich gleichzeitig hingezogen fühlte. Dann vergewaltigte er den Mann mit dem Rohr, ohne etwas dabei zu empfinden. Der zweite war der Traum, in dem er den Mann und die Frau tötete, ohne Reue zu spüren. Diese Träume waren ihm sofort wieder präsent, als er sie las. Sie rührten viele Gefühle auf, und er sagte, sie seien „mächtig beunruhigend." Einige Sitzungen später erzählte er einen Traum:

„Ich war mit meiner Familie in einem Haus. Wir hatten gerade eine Art Familienfeier, und wir waren gut gelaunt. Dann wurde es spät, und alle beschlossen, schlafen zu gehen. Meine Brüder gingen die Treppe hinauf. Ich war gerade dabei, aufzustehen und zu Bett zu gehen. Ich sah, wie meine Mutter im angrenzenden Zimmer stand. Sie trug einen Bademantel und nichts darunter, und der Bademantel war weit geöffnet. Mein Blick ging direkt auf ihre Vagina. Schockiert sahen wir uns gegenseitig an. Dann ging sie weiter. Ich ging hinauf, um mich schlafen zu legen. Meine Brüder waren *high* von Drogen und drehten die Musik laut auf. Ich war wütend. Ich fühlte mich wie ein Trottel, weil ich nicht in der Lage war, für meine Bedürfnisse einzustehen. Ich war wütend und ärgerte mich, weil ich nichts sagte. Einen Moment dachte ich daran, zu meiner Mutter zu gehen und ihr zu erzählen, was sie da machten. Aber ich beschloß, es bleiben zu lassen. Am Ende des Traumes sprachen sie darüber, daß sie nach Europa gehen wollten. An der

Stelle wurde ich ein wenig aufgeregt wegen der Vorstellung und freute mich für sie."

Er fügte hinzu: „Das Bild meiner nackten Mutter, auf dem man ihre Vagina sehen konnte, war ziemlich unheimlich."

Er fuhr fort und sagte, daß er in den vergangenen zwei Tagen morgens mit einem starken Drang zu masturbieren aufgewacht war und daß er in den letzten Tagen zornig war. Ihn hatte das Gefühl durchzuckt, daß er eigentlich wütend auf mich sei, was ihn überraschte.

„Ich kann mich nicht einmal daran erinnern, was ich dachte. Ich vermute, ich bin immer noch etwas wütend auf Sie... Ich habe über den Traum aus Ihren Notizen nachgedacht, in dem es darum ging, daß ein Mann und eine Frau ohne Reuegefühl getötet wurden. Ich erinnere mich an eine Sitzung vor langer Zeit, als ich hereinkam und statt mich wie üblich auf die Couch zu legen, einen Stuhl nahm und ihn mit heftiger Bewegung einen Meter näher an Sie heranrückte und sagte, daß ich nahe sitzen müßte und Sie aus der Nähe sehen müßte, und ich beschimpfte Sie die ganze Stunde nur, und Sie sagten nichts.

Ich kam in die nächste Sitzung und machte Halt zwischen Stuhl und Couch, und als ich zögerte, sagten Sie: ‚Stuhl? Couch? Oder wollen Sie auf meinen Schoß kommen?' Dann lachte ich und legte mich auf die Couch. Es traf genau ins Schwarze, weil unter meinem ganzen Zorn die Bedürftigkeit steckt. Der Zorn rührt daher, daß man sich nicht genügend um mich kümmert.

Ich bin jetzt verwirrt. Normalerweise war klar, daß ich meinem Ärger Luft mache, damit er verraucht, aber jetzt glaube ich, daß es nicht damit getan ist, wenn ich meinem Ärger Luft verschaffe, wenn es eigentlich darum geht, daß ich mich bedürftig fühle und verletzbar, und wenn ich eigentlich möchte, daß man sich um mich kümmert. Ich denke gerade an einen Typen, den ich kenne, der eine Therapie machte und monatelang nur schimpfte, und nie ging es ihm besser. Er ließ niemanden an sich heran. Er wollte nicht verletzbar sein. Als ich gerade ‚verletzbar' sagte, fiel mir das Bild von meiner Mutter in meinem Traum wieder ein. Ich kann mir nichts Verletzenderes für sie vorstellen. Es wäre für sie das Allerschlimmste, wenn ihr Körper so den Blicken ausgesetzt wäre. Also habe ich sie in meinem Traum verletzbar gemacht."

Meine Intervention, bei der ich ihm meine Notizen über die Träume gezeigt hatte, die er kurz vor meiner Krankheit erzählt hatte und die er seitdem vergessen hatte, bewirkte eine deutliche und starke Reaktion. Es ist gut möglich, daß meine Kraft zu einem Zeitpunkt der entscheidende Faktor war, als er mit seinen Ängsten in bezug auf meine Schwäche und Verletzbarkeit zu kämpfen hatte. Ich erinnere mich an eine ähnliche Bemerkung von einem anderen Patienten, der Opfer von sexuellem Mißbrauch war: Dieser Patient glaubte, daß eine Art Lähmung, die ihn während seiner Sitzungen befiel, auf einen Zustand von „Selbstkastration" hindeutete, der ihn vor der Gefahr schützen sollte, mir gegenüber seinen Sadismus zu agieren. Bei solchen Patienten kann es entscheidend sein zu beweisen, daß man fähig ist, auf sich selbst aufzupassen. In manchen Fällen kann dies bedeutsamer sein als der Inhalt der jeweils aktuellen Diskussion, auch wenn es dem Analytiker und dem Patienten nicht klar ist.

Ein anderer Gesichtspunkt ist die Tatsache, daß ich bereit war, ein Risiko einzugehen, und wie ihn dies emotional berührte.

Im Gegensatz zu dem Gefühl, in einer Sackgasse zu sein, das so lange vorherrschend gewesen war, tauchte in den folgenden Monaten viel neues und affektiv besetztes Material auf. Er berichtete, daß er nicht nur von seinem Vater mißbraucht worden war, sondern auch von seinen Geschwistern. Sein Vater war meist betrunken gewesen, und die Mutter war fort zur Arbeit oder krank, und so waren die Geschwister häufig auf Gedeih und Verderb sich selbst überlassen. Er erinnerte sich an einen bestimmten Vorfall, bei dem sein Bruder gedroht hatte, er würde ihn töten; dies hatte eine panische Angst bei ihm ausgelöst.

Als die Vernachlässigung ins Blickfeld rückte, dachte ich natürlich darüber nach, ob er sich von mir nicht nur während meiner Abwesenheit, sondern auch *nachdem* ich wieder zu arbeiten begonnen hatte, vernachlässigt gefühlt hatte. Vielleicht war ich nicht beharrlich genug gewesen, als ich explorierte, was meine Krankheit bei ihm ausgelöst hatte, obwohl ich dachte, ich wäre sehr beharrlich gewesen. Als sich dieser Gedanke schließlich herauskristallisierte, erzählte ich ihm davon. Er sagte, er habe mir nicht zur Last fallen wollen, als ich krank war. Ich erwiderte, ich hätte mich damals genauso wie jetzt über seine Besorgnis und Fürsorge sehr gefreut, aber wenn ich ihm nicht wirksam hätte helfen können bei seinen Problemen, dann müsse ich ihn um Verzeihung bitten. Ich teilte ihm mit, daß ich darüber nachdachte, ob er es vielleicht so gewohnt war, vernachlässigt zu werden, daß er es nicht einmal registriert hatte, und ob es vielleicht zu meinem Bedürfnis gepaßt hätte, daß mir sein Dilemma nicht bewußt wurde, weil ich selbst so schwach war damals, als ich mich noch von meiner Krankheit erholte. Er war sehr bewegt und überrascht von meiner Bereitschaft, die Verantwortung dafür zu übernehmen, wenn ich ihn im Stich gelassen hätte, und weil es mir so viel ausmachte, daß ich mich entschuldigen wollte. Er sagte, in seiner Familie hätte nie jemand so reagiert.

An diesem Punkt erkannten wir beide, daß er häufig andere Menschen dazu brachte zu glauben, es gehe ihm gut, wenn dies gar nicht der Fall war, und inwieweit dies dazu führte, daß sich sein Gefühl, vernachlässigt zu werden, immer wieder bestätigte. Dies funktionierte bei seiner Frau genauso wie bei mir, aber *es war auch so, als er noch ein Kind war.* Er wollte gern, daß der andere wußte, daß etwas nicht stimmte und auf seine Bedürfnisse einging, ohne daß er ihm davon erzählen oder ihn darum bitten mußte. Es wurde zur Bestätigung seiner negativen Erwartung, wenn andere versäumten zu zeigen, daß er ihnen wichtig genug war, um das herauszufinden. Dann verharrte er in einem Zustand permanenter Wut und fühlte sich als unverstandenes Opfer.

In diesem Zusammenhang schilderte er eine Erkenntnis:

„Vielleicht halte ich an dem Zorn aus Selbstschutz fest. Ich war in letzter Zeit oft wütend auf meine Frau, besonders seit wir diese Gespräch darüber hatten, daß ich zu abwesend bin, und seit wir uns gegenseitig erzählt haben, was geschieht, während wir Sex haben. Wir haben seitdem nicht mehr miteinander geschlafen, und ich war wütend auf sie. Es ist wie der Schmerz. Als ich in der ersten Zeit zu Ihnen kam, hatte ich keine Ahnung, wie ich meinen Zorn zeigen könnte. Heute bin ich ganz gut darin, es jemandem zu sagen, wenn ich wütend bin, und wenn mich etwas ärgert, aber ich bin nicht richtig gut darin geworden, verletzbar zu sein und mich von anderen Leuten umsorgen zu lassen. Wut schützt mich. Solange ich zornig bin, können sie nicht dadurch, um zu mir zu gelangen... Ich habe diese Wutbarriere. Und wenn ich Phantasien über die Männer um mich herum habe, ist auch das eine Barriere, die mich davor bewahrt, mich mit anderen Menschen verbunden zu fühlen."

Danach stellte er aufgeregt fest, daß er glaubte, er habe eine weitere wichtige Einsicht: „Ich denke immer noch, daß ich diese ganze tobsüchtige Wut zeigen und mich ihr überlassen müßte, aber *vielleicht ist es das Gegenteil.* Ich will keine Nähe spüren oder mich verletzbar fühlen. Ich fühle mich betäubt, wenn ich zornig bin, und betäubt, wenn ich Phantasien hege." In der nächsten Sitzung erzählte er einige Träume der letzten Nacht:

„Ein Mann war tot. Aber er stand oder saß. Und sein Körper war versteinert oder verwest. Er war tiefgefroren, und er hielt ein Baby im Arm. Und das Baby war wohlauf. Ich ging hin und nahm ihm das Baby weg. Als nächstes wußte ich, daß ich am Strand auf dieser riesigen Plattform war. Plötzlich war mir schlecht. Ich erinnere mich, Ihnen vor einer Wochen einen Traum erzählt zu haben, in dem ich mich übergeben mußte. Ich hatte all dieses Zeug unten in meiner Kehle. Nun mußte ich mich auch in diesem Traum erbrechen. Als ich damit fertig war, kam da dieser Junge die Stufen zu der Plattform heraufgeklettert. Er sah aus, als hätte er eine schreckliche Krankheit. Ich wollte ihn nicht heraufkommen lassen. Ich wollte ihn nicht in meiner Nähe haben, weil ich die Krankheit nicht kriegen wollte. Er umkreiste das Deck und kotzte. Dann versuchte er, mich zu fangen, und ich rannte hinunter zum Strand und versuchte, ihm zu entkommen. Es wurde der Strand, an dem ich als Kind war. Ich wußte, ich war nicht so weit vom Haus meiner Großeltern weg. Ich wußte, ich wäre gerettet, wenn ich ihr Haus erreichen könnte."

Er berichtete, daß ein paar Jugendliche in dem Traum ihn dann daran hinderten, zum Haus seiner Großeltern zu laufen; an der Stelle wachte er auf und war körperlich völlig erschöpft.

„Dann hatte ich einen anderen Traum mit einem Baby. Ich erinnere mich, irgend etwas stimmte mit dem Baby nicht. Es war, als würde das Baby an etwas ersticken. Und ich hatte dieses lange Ding, das ich ihm in den Hals steckte, damit ich es retten konnte. Damit es atmen konnte. Ich hielt das Baby mit dem Kopf nach unten, aber ich schob ihm gleichzeitig dieses Ding in die Kehle."

Es kamen Assoziationen dazu, daß er diesen „Brechreiz" hatte und immer Lutschbonbons bei sich haben mußte, für den Fall, daß er eine Attacke bekam. (Er hatte diesen Brechreiz noch nie erwähnt.)

Dann fuhr er fort: „Mir gefällt das nicht, was ich in der letzten Sitzung darüber sagte, inwieweit das Festhalten an der Wut Nähe vermeidet. Seitdem fällt es mir sehr schwer, wütend zu sein, und in mir ist eine Menge Schmerz, der einfach *immerzu* da ist."

Er sprach darüber, daß er mit seiner Frau schlafen wollte, aber er wollte, daß sie die Initiative ergriff, ohne daß er darum bitten müßte, und er berichtete von seiner Entdeckung: *„Wenn ich nicht wütend bin und mit meinem Kummer in Berührung bin, funktioniert das Masturbieren zu den homosexuellen Phantasien nicht."*

Es kamen weitere Assoziationen dazu, wie schmerzhaft es war, Nähe, Intimität und Verletzbarkeit zu spüren. Er fuhr fort: „Ich spüre, wie meine Träume mir immer mehr mitteilen, was geschieht, und mir ist bewußt, daß es einen Teil von mir gibt, der sich immer noch nicht erinnern will."

Es kamen mehr Assoziationen zu den Träumen der letzten Nacht und zu den früheren Träumen über das Erbrechen und Ersticken.

„Ich habe panische Angst, wenn ich auch nur vermute, was all dieses Zeug mit der Kehle bedeuten könnte. Ich will darüber nicht nachdenken, ich will nichts vermuten, ich will überhaupt keine Vorstellung davon haben, weil es einfach zu grauenhaft ist ... Ich wehre mich sogar dagegen, indem ich zum Beispiel nicht zu intim mit meiner Frau bin, weil, nachdem nun die Wutbarriere gefallen ist, weiß ich, daß die alten Gefühle kommen werden in dem Moment, in dem ich ihr nahe bin und mit ihr schlafe. Ich würde ohne weiteres lieber keinen Sex mehr haben, als dieses Zeug zu fühlen."

In den folgenden Wochen berichtete Carl überrascht, er sei nun überzeugt, daß die alten sadomasochistischen homosexuellen Phantasien bei ihm nicht mehr funktionierten, und zwar nicht nur dann, wenn er mit seinem Kummer in Berührung war, wie er vorher bemerkt hatte. Er berichtete auch einen heterosexuellen Traum; es war der erste heterosexuelle Traum, den er seines Wissens je in seinem ganzen Leben gehabt hatte.

Er schilderte, wie er zunehmend besser in der Lage war, sich gegenüber Kollegen in der Arbeit zu behaupten, auch gegenüber seinem Chef. In diesem Zusammenhang stellte er fest, daß er jetzt das Gefühl hatte, er sei vielschichtiger, als er sich je hätte vorstellen können, und er spürte ein neues Gefühl von Hoffnung und sah, daß es viele Möglichkeiten gab, während er sich vorher als hoffnungslos von seinen Phantasien bestimmt gesehen hatte.

Einige Zeit später erzählte Carl den folgenden Traum:

„Ich stehe in einer Gruppe, die sich um ein Bett versammelt hat, in dem ein Baby liegt. Einer der Männer hatte eine Nadel und eine dicke Lederschnur, und er nähte die Zehen des Babys aneinander. Es war, als wären wir alle in Trance, während wir zuschauen, was da geschieht. Das Baby war ebenfalls in Trance, und es schien keinen Schmerz zu spüren. Dann fielen wir plötzlich alle gleichzeitig aus der Trance. Und das Baby fing an zu heulen und zu schreien, und wir alle waren entsetzt. Wir wußten, daß das Baby vom Teufel besessen war. Jemand beugte sich über es und versuchte, das Genähte an den Zehen zu lösen, aber es tat dem Baby so weh, daß er damit aufhörte. Dann begannen wir alle im Chor zu rufen: ‚Satan entweiche!', und wir versuchten, den Teufel auszutreiben. Der Traum veränderte sich schlagartig, und das Baby war ein Kleinkind, ein Junge. Jemand hatte ihn vor einer Toilette aufgestellt. Dann begann er zu erbrechen, scheißen, urinieren – alles auf einmal. Der Kot fiel auf den Boden. *Urplötzlich* begann

213

sein Penis zu wachsen. Er war erigiert. Er wuchs auf einen halben Meter an. Das brachte mich zum Ausflippen. Damit endete der Traum."

Der Traum war so entsetzlich, daß er danach nicht mehr schlafen konnte. Er stellte fest: „Ich glaube, daß das Symbol des wachsenden Penis ziemlich eindeutig ist. Es repräsentiert Sexualität, die erregt ist, und mein Erwachsenenselbst, das entsetzt ist und außer Kontrolle. Der Penis erigierte nicht einfach – er übernahm das Kommando. Er wurde überdimensional groß. Ich verstehe nicht, was es bedeutet, daß das Kind vom Teufel besessen war, außer daß ich das Kind in mir immer als böses Kind empfunden habe. Es bringt mich dazu, schlimme Sachen zu machen. Es bringt mich dazu, auf verrückte Phantasien zu masturbieren. Es ist, als sei ich von ihm besessen."

Carl stellte – beinahe in denselben Worten wie June – Überlegungen an, daß „für jemand, der so vernachlässigt wurde, wie ich als kleines Kind, sogar sexueller Mißbrauch erwünscht und tröstend sein kann, wenn man sonst völlig isoliert ist."

Dies schien der Wendepunkt zu sein; denn Carl begann sich mit seiner Erfahrung des sexuellen Mißbrauchs zu beschäftigen. Er schilderte, wie er sich von dieser Erfahrung überrannt gefühlt hatte und wie sehr er außer Kontrolle geraten war – sowohl was die äußere und innere Realität betraf als auch, was die Reaktion seines Körpers betraf.

Er erarbeitete dies getrennt von dem Gefühlswirrwarr, der damit zu tun hatte, daß er jetzt sehr verletzbar war. Es war extrem schwierig und qualvoll für ihn, sich mir gegenüber oder seiner Frau oder irgend jemand anderem – selbst Menschen, denen er vertraute – wirklich zu öffnen, weil er sich auch abgrundtief schämte, daß man ihn so kaputtgemacht hatte. Es war einfacher zu sagen: „Hau ab. Ich brauch dich nicht."

In den folgenden Sitzungen berichtete er, daß ihm intensive Schamgefühle bewußt wurden, weil er Eltern hatte, die selbst so „kaputt" waren, und gleichzeitig habe er das Gefühl, seine Eltern im Stich zu lassen, weil er versuchte, sich von ihnen abzuheben – sogar in der Abgeschiedenheit seiner Gedanken. In einer der folgenden Sitzungen beschrieb Carl, daß er zum erstenmal merkte, wie es ihn betrübte und wütend machte, wenn seine Frau am Wochenende arbeitete (wie seine Mutter).

„Dann habe ich Phantasien und masturbiere. Es macht mir solche Angst zu spüren, daß ich jemanden brauche. *Ich kann Gefühle der Sehnsucht, Bedürftigkeit und Einsamkeit nicht ertragen.* Ich rauche und trinke und masturbiere auf Phantasien, um von diesen Gefühlen loszukommen, und ich werde zwanghaft wegen all dieser Gefühle, damit ich die Sehnsucht

214

nicht mehr spüren muß. Wenn ich mich meiner Frau gegenüber öffne und mich abhängig fühle, spüre ich, wie diese Mauer auftaucht und sagt: ‚Was tust du, sei nicht verrückt, sei nicht verletzbar!' Es macht mir solche Angst, wie wichtig sie ist. *Ich glaube, ich lasse es nicht zu, daß ich spüre, wie wichtig Sie (die Analytikerin) für mich sind..., aber ich erkenne, daß ich es vielleicht leugne. Es macht zu viel Angst, mich von Ihnen abhängig zu fühlen.*"

Er fuhr fort: „Es geht nicht nur um meinen Vater, sondern auch um meine Mutter. Ich begreife, daß es nicht nur der sexuelle Mißbrauch ist, sondern auch die Vernachlässigung, und beides hat seine Wirkung. Es geht nicht nur darum, was getan wurde, sondern auch darum, was nicht."

Er sprach über seine Angst, seine Bedürfnisse könnten nicht erfüllt werden, und er schilderte, wie er sie wegstieß, damit er nicht wieder verletzt würde. Anscheinend konnte er in diesem Moment ausnahmsweise solche Gefühle zugeben und darüber sprechen.

Bei der Behandlung anderer männlicher Opfer von homosexuellem Kindsmißbrauch habe ich ebenso wie bei Carl beobachtet, daß die Identifizierung mit dem Aggressor sich aufzulösen begann, sobald sie deutlich wurde. Diese Patienten, die vorher so bedrohlich wirkten, schilderten dann ihre panische Angst, Verletzbarkeit und Erniedrigung.

Einige andere Patienten mit voyeuristischen und exhibitionistischen Verhaltensmustern, wie etwa in die Wohnungen anderer Leute zu spähen oder in Buchhandlungen oder an anderen öffentlichen Plätzen zu masturbieren, berichteten im Verlauf der Analyse, daß diese Verhaltensweisen ihnen nicht mehr denselben *Kick* brachten. Dasselbe gilt für Phantasien, Kinder zu belästigen oder gewalttätig zu werden, bis hin zu Mord. Die Hauptsache sei, wie einer von ihnen es formulierte, daß er jetzt begriffen habe, daß er die „Wahl" hatte, wer er war und wer er werden wollte, und daß er nicht dazu verdammt war, selbst so jemand zu werden, der andere sexuell mißbraucht, während er vorher mehr oder weniger resigniert hatte, und sich mit dem Glauben abgefunden hatte, er sei „ruiniert" und er könne nie ein normales Leben führen.

In Carls Analyse (und auch in den Analysen dieser anderen Patienten) waren meines Erachtens verschiedene Faktoren entscheidend. Die Tatsache, daß ich emotional präsent und sehr aufmerksam seine Sorgen in bezug auf mich und seine Angst wahrnahm, er könne von seinen Erlebnissen überflutet werden. Ich drang nicht in ihn ein, indem ich deutete oder viele Fragen stellte, sondern ich gab ihm eher das Gefühl, er bräuchte nur das enthüllen, was er wollte und wie er es wollte, und ich stellte ihm frei, auf seine Weise und nach seinem Zeitplan zu Einsichten zu gelangen. Diese Bedingungen stellten den geschützten Kontext her, den er brauchte, bevor er es wagen konnte, seine Erinnerung wiederzufinden und zu seinen Einsichten zu gelangen. Nach meiner Beobachtung ist dies weitverbreitet bei Patienten, die sexuell mißbraucht wurden, die zu größter Empfindlichkeit gegen jede Form des Eindringens, Aufdrängens und der Gewaltsamkeit oder der Verführung neigen – wie subtil dies auch geschehen könnte –, nicht nur durch den Analytiker, sondern auch durch ihr eigenes Erleben und ihre eigenen Gefühle. In dieser Hinsicht war es, glaube ich, von großer Bedeutung, daß ich seine Träume bewußt nicht gedeutet habe, weil ihm dies erlaubte, mit den Ereignissen in seinen Träumen fertig zu werden, bevor er bereit war, sie bewußt zu bearbeiten.

Aus meiner Sicht konnte Carl beginnen, sich mit der Art von potentiell desorganisierenden Gefühlen und Erinnerungen zu befassen, die er mit Hilfe der Identifizierung mit dem Aggressor offensichtlich abgewehrt hatte, als er mir vertrauen konnte, ich würde achtgeben, daß die Dinge nicht den Punkt überschreiten, wo sie nicht mehr handhabbar sein würden.

Für Carl war es heilend, integrativ und beruhigend, daß er sich für Affekte und Erinnerungen öffnen konnte, die ihn so sehr terrorisiert hatten, und daß er entdeckte, er konnte sie erleben, beherrschen und über solche Gefühle sprechen, ohne von ihnen überflutet zu werden und zu dekompensieren. Als Carl zunehmend in der Lage war, diese früher dissoziierten Aspekte seiner Erfahrung zusammenzuhalten, war er schließlich fähig, den Schmerz seiner Kindheit zu betrauern.

Diese Art von Prozeß, der stärkend war, weil er Carl befähigte zu entdecken, daß er nicht mehr von der panischen Angst gequält werden mußte, ihn könnten seine eigenen Erlebnisse überfluten, muß von einer Erfahrung der Dekompensation in der Gegenwart, die traumatisch und schwächend sein kann, unterschieden werden. Wenn wir unsere Patienten befähigen zu entdecken, daß sie mit diesen Aspekten ihrer Erfahrung aufgrund ihrer eigenen Stärke und aufgrund ihrer eigenen Entscheidung und in ihrem eigenen Tempo fertig werden können, statt von der Stärke und dem Zeitplan des Analytikers, der letztendlich die Arbeit voranbringen will, abhängig zu sein, ist dies die beruhigendste Erfahrung mit dem größten Heilungseffekt. Dies ist besonders wichtig bei Patienten, die sexuell mißbraucht wurden und die so oft genau dieser Erfahrung ihrer Souveränität beraubt wurden.

216

Viele Fragen bleiben unbeantwortet, und viele können noch neu hinzukommen, so etwa, was Carls deutliche und relativ plötzliche Veränderung seiner sexuellen Präferenz ausmachte. Obwohl ich glaube, daß das Durcharbeiten der Wut auf seine Mutter hier entscheidend war, ist es möglich, daß vollständigere Antworten erst später gegeben werden können.

Es wird niemanden überraschen, daß Carl und June sehr intensiv reagierten, als sie dieses Kapitel lasen. Diese emotionalen Reaktionen zu diskutieren wurde wiederum eine sehr produktive Erfahrung, die zu neuen Einsichten führte; beide fanden noch mehr Erinnerungen wieder und konnten auch neue Informationen mitteilen, die zu unangenehm waren, um sie mir zu einem früheren Zeitpunkt zu enthüllen oder sich selbst gegenüber zuzugeben.

June berichtete zum Beispiel zum erstenmal während dieses Prozesses, daß ihre Masturbationsphantasien häufig mit der Vorstellung von ihrem Vater und der Erinnerung an den Genuß seiner Berührung begannen. Carl berichtete, daß meine Abwesenheit, als ich krank war, weniger traumatisch für ihn war; schlimm war für ihn gewesen, wie ich aussah, als ich zurückkam. Für ihn war es leicht zu leugnen, daß ich vielleicht ernsthaft krank war, als ich nicht da war. Er erzählte, daß er jedoch, als ich zurückkam und er damit konfrontiert war, daß ich abgenommen hatte und noch entkräftet aussah, seine Leugnung nicht mehr aufrechterhalten konnte. Zu der Zeit war er so alarmiert, daß er glaubte, es sei wichtig, mich nicht mit seinen Sorgen zu belasten, trotz meiner Bemühungen, gerade diese Art von Material zu erhellen. (Die Ironie daran ist, daß ich damals den Gewichtsverlust als das einzig Positive an meiner Krankheit betrachtete und nicht bemerkte, daß genau dies für ihn so erschütternd war.)

Noch bedeutungsvoller scheint mir jedoch für Patienten, die oft zweifeln, ob ihre Erlebnisse wirklich stattgefunden haben oder nur eingebildet sind, die Erfahrung, das Material in geschriebener Form zu sehen; dadurch scheint es auf eine Weise greifbar zu werden, die fast schockierend ist. Dadurch wurden nochmals neue Weisen des Durcharbeitens möglich, die ich hier nur kurz berühren möchte.

June zum Beispiel sah sich konfrontiert damit, daß sie immer noch fähig war, ihre Erfahrungen zu einer Art Nichtrealität zu degradieren, und das machte sie hilflos. So erkannte sie, daß sie – auch wenn sie große Fortschritte gemacht hatte und sich heute auf eine Weise selbst behaupten konnte, wie sie es in der Vergangenheit nie gekonnt hätte –, wenn man ihr mit starkem Widerstand begegnete, immer noch „durcheinander" reagierte und sich fragte, ob es ihr Problem sei oder beschließen, daß es hoffnungslos sei, weiterzukämpfen. Sie begann wahrzunehmen, wie sie selbst es zuließ, daß man sie negierte und ignorierte und schließlich sich selbst in Frage stellte oder sich sogar innerlich „tot" fühlte – vieles, was sie in bezug auf ihren Vater erlebt hatte. Es kamen ihr jetzt viele Assoziationen in den Sinn zu der völligen Abhängigkeit – sowohl finanziell als auch emotional – von ihrem Vater damals, und zu Ängsten, die sie damals gehabt hatte, sie könne unfähig sein, eigenständig zu überleben, als ihr bewußt wurde, wie sehr manche dieser Ängste immer noch in der Gegenwart vorherrschten. Es gab auch die Erkenntnis, daß die Verleugnung ihrer Bedürfnisse und Gefühle wie auch ihrer realen Fähigkeiten über den sexuellen Schauplatz ihrer Familie hinausragte. Sie schilderte ihre gegenwärtige Einschätzung, daß – gleichgültig, welche Probleme ihre Eltern auch gehabt haben mögen – diese keine Entschuldigung dafür waren, was man mit ihr gemacht hatte, auch nicht dafür, daß sie sich selbst nicht „beherrschen" konnten und sie (June) nicht vor ihrer Pathologie (Eltern) geschützt haben. Sie fügte hinzu, daß das Argument, das ihr Mann kürzlich in einem Wortwechsel verwendet hatte, daß „ich eben so bin", einfach keine Entschuldigung für sein jetziges Benehmen sei, genauso wie es keine Entschuldigung für die Handlungen ihrer Eltern damals war.

Der Prozeß, der in Gang gesetzt wurde, als wir zusammen das Material nochmals anschauten, das ich aufgeschrieben hatte, war intensiv und äußerst produktiv – auch für alle anderen Patienten, die in diesem Buch vorgestellt wurden. Ich werde jedoch die weitere Diskussion des komplexen Einflusses der Schriften des Analytikers den Patienten, den Analytikern und dem Prozeß einer künftigen Zeit überlassen.

Ich habe versucht zu zeigen, wie eine spezielle Arbeitsweise, die auf der Aufmerksamkeit für die interaktive Natur des analytischen Feldes beruht, unsere Wahrnehmung schärft, damit wir das Potential unbeabsichtigten Auslebens und das affektive Geschehen zwischen Patient und Analytiker in unsere Arbeit einbeziehen können. Außerdem habe ich versucht zu zeigen, daß der Analytiker einen besonderen, geschützten Kontext schaffen muß, wenn er mit Patienten arbeitet, die sexuell mißbraucht wurden, damit sie in der Lage sind, sich mit sehr bedrohlichem Material zu befassen und damit in einer Weise umzugehen, die unter anderen Bedingungen wahrscheinlich nicht möglich wäre. Gleichzeitig habe ich versucht, etwas von dem mitzuteilen, was sowohl diese Patienten als auch ich über den Einfluß des sexuellen Mißbrauchs, über die komplexe Beziehung zwischen Mißbrauch und Begehren und darüber, was erreicht werden kann, wenn man auf diese Weise arbeitet, erfahren haben.

NACHWORT

Bei diesem Buch galten meine Bemühungen dem Versuch, den Leser in die Intimität meines Praxiszimmers einzulassen, um zu illustrieren, auf welche Weise die Erkenntnis der interaktiven Natur des analytischen Feldes tiefgreifende und radikale Auswirkungen auf unser Denken über die analytische Technik hat, gleichgültig welcher theoretischen Richtung wir uns verbunden fühlen.

In diesem Zusammenhang habe ich mich darauf konzentriert, wie uns die Unterscheidung zwischen der Theorie der Technik, die sich auf unser bewußtes, absichtsvolles Handeln bezieht, und der Theorie des therapeutischen Handelns, die sich damit befaßt, was heilend ist in der psychoanalytischen Interaktion – ob es nun von der „Technik" herrührt oder nicht – befähigen kann, die psychoanalytische Theorie zu verfeinern und auch uns selbst als deren Instrument weiterzuentwickeln, um die Grenzen dessen zu erweitern, was bei allen Patienten durch psychoanalytische Arbeit erreicht werden kann.

Indem ich die Wichtigkeit der affektiven Beziehungen und der unbewußten Formen der Kommunikation und des Auslebens betone, habe ich versucht zu zeigen, wie man die analytische Reichweite vergrößern und einen einzigartigen intimen und bewegenden Prozeß hervorbringen kann, wenn diese Dimensionen der Interaktion, die häufig nur über die Gegenübertragung zugänglich werden, allmählich explizit angenommen und angesprochen werden. Meiner Erfahrung nach kann man Bedingungen herstellen, die den Patienten befähigen, selbst zu Einsichten zu gelangen und Ressourcen und Fähigkeiten zu entwickeln, die ihm vorher vielleicht nicht bewußt waren, wenn man in dieser Weise in dem Bereich arbeitet, der im Prozeß der Arbeit dann zur intimen Grenze der Beziehung wird.

Das Material aus Psychoanalysen mit Opfern von sexuellem Mißbrauch, anorektischen Patienten, Kindern von Alkoholikern ebenso wie aus der Arbeit mit vielen anderen, die als unanalysierbar betrachtet werden könnten, zeigt, daß es sogar mit Patienten, die brutal behandelt und mißbraucht wurden, und für die Zynismus, Terror und Verzweiflung lange Zeit vorherrschend waren, möglich ist, mit dieser Arbeitsweise den psychoanalytischen Prozeß zu fördern. Dadurch werden die Patienten befähigt, genügend Hoffnung zu empfinden, damit sie ihr Leben in die Hand nehmen und die Erfahrung der tiefgreifenden Verletzbarkeit riskieren, die mit dem Erwachen des Begehrens einhergeht.

Indem ich die Wichtigkeit der konstruktiven Nutzung der Gegenübertragung, den Wert des spielerischen Umgangs und die Rolle der Begegnung im Prozeß des Durcharbeitens ins Blickfeld gerückt habe, habe ich auch versucht, spezielle förderliche Weisen zu illustrieren, wie wir uns selbst nutzen können. Die Betonung liegt darauf, wie potentielle Sackgassen durch die Erkenntnis einzigartiger Chancen des analytischen Augenblicks in analytische Gelegenheiten gewendet werden können.

Schließlich habe ich zu vermitteln versucht, daß die Fähigkeit, diese Art von Prozeß zu fördern, sowohl Privileg als auch Herausforderung bedeutet, weil er ein sehr persönlicher und individueller Prozeß ist, der die Beziehung zwischen jedem individuellen Patienten und jedem individuellen Analytiker widerspiegelt. Durch die besondere Art von Gegenseitigkeit, die der Arbeit auf diese Weise inhärent ist, wird dieser Prozeß unvermeidlich sowohl für den Analytiker als auch für den Patienten zum Medium für Wachstum.

BIBLIOGRAPHIE

Abelin, E. L. (1971). The role of the father in the separation-individuation Process. In J. B. McDevitt & C. F. Settlage (Eds.), Separation-individuation: Essays in honor of Margaret S. Mahler (pp. 229–253). New York: International Universities Press.

Abelin, E. L. (1975). Some further observations and comments on the earliest role of the father. International Journal of Psycho-Analysis, 56: 293–302.

Alexander, F. (1956). Psychoanalysis and psychotherapy. New York: Norton.

Bateson, G. (1972). A theory of play and fantasy. In G. Bateson, Steps to an ecology of mind (pp. 177–193). New York: Ballantine (dt.: Eine Theorie des Spiels und der Phantasie (S. 241–261). In: Ökologie des Geistes. Frankfurt/M.: Suhrkamp 1981.)

Becker, E. (1973). The denial of death. New York: Free Press (dt.: Dynamik des Todes: Die Überwindung der Todesfurcht, Ursprung der Kultur. Freiburg: Walter 1976).

Beres, D., & Arlow, J.A. (1974). Fantasy and identification in empathy. Psychoanalytic Quarterly, 43: 26–50.

Bion, W. R. (1967). Second thoughts. New York: Aronson.

Bion, W. R. (1983). Attention and interpretation. New York: Aronson.

Bird, B. (1972). Notes on transference: Universal phenomenon and hardest part of analysis. Journal of the American Psychoanalytic Association, 20: 267–301.

Bollas, C. (1983). Expressive uses of the countertransference: Notes to the patient from oneself. Contemporary Psychoanalysis, 19: 1–34.

Bollas, C. (1987). The shadow of the object. New York: Columbia University Press.

Breuer, Josef (1895). Beobachtung I. Frl. Anna O... In: S. Freud, Studienausgabe, Nachtragsband, S. 221-243. Frankfurt/M.: Fischer 1987.

Buber, Martin (1951). Urdistanz und Beziehung. Heidelberg: Lambert Schneider.

Buber Martin (1954). Elemente des Zwischenmenschlichen. In: Die

Schriften über das dialogische Prinzip. Heidelberg: Lambert Schneider 1973.

Buber, Martin (1954). Ich und Du. In: Die Schriften über das dialogische Prinzip. Heidelberg: Lambert Schneider 1973.

Ehrenberg, D. B. (1974). The „intimate edge" in therapeutic relatedness. Contemporary Psychoanalysis, 10: 423–437.

Ehrenberg, D. B. (1975). The quest for intimate relatedness. Contemporary Psychoanalysis, 11: 320–331.

Ehrenberg, D. B. (1976). The „intimate edge" and the „third area". Contemporary Psychoanalysis, 12: 489–496.

Ehrenberg, D. B. (1980). The repair of the unconscious. Contemporary Psychoanalysis, 16: 249–257.

Ehrenberg, D. B. (1982a). Psychoanalytic engagement: The transaction as primary data. Contemporary Psychoanalysis, 18: 535–555.

Ehrenberg, D. B. (1982b). Discussion on conference on approaches in psychotherapy. Contemporary Psychoanalysis, 18: 522–534.

Ehrenberg, D. B. (1984a). Psychoanalytic engagement II: Affective considerations. Contemporary Psychoanalysis, 20: 560–583.

Ehrenberg, D. B. (1984b). Reply to discussions of „Psychoanalytic engagement II". Contemporary Psychoanalysis, 20: 595–599.

Ehrenberg, D. B. (1985a). Countertransference resistance. Contemporary Psychoanalysis, 21: 563–576.

Ehrenberg, D. B. (1985b, August 24). The dialectics of desire. In „Illusion and desire: Lacan and the ethics of psychoanalysis". Panel discussion presented at the annual convention of the American Psychological Association, Div. 39, Los Angeles, CA.

Ehrenberg, D. B. (1987). Abuse and desire: A case of father-daughter incest. Contemporary Psychoanalysis, 23: 593–604.

Ehrenberg, D. B. (1990). Playfulness in the psychoanalytic relationship. Contemporary Psychoanalysis, 26: 74–95.

Fairbairn, W. R. D. (1958). On the nature and aims of psycho-analytical treatment. International Journal of Psycho-Analysis, 39: 374–385.

Farber, L. (1966). The ways of the will. New York: Basic Books.

Feiner, A. H. (1970). Toward an understanding of the experience of inauthenticity. Contemporary Psychoanalysis, 7: 64–83.

Feiner, A. H. (1979). Countertransference and the anxiety of influence. In: L. Epstein & A. H. Feiner (Eds.), Countertransference. New York: Aronson.

223

Feiner, A. H. (1983). On the facilitation of the therapeutic symbiosis. Contemporary Psychoanalysis, 19: 673–689.

Ferenczi, Sandor (1932). Sprachverwirrung zwischen dem Erwachsenen und dem Kind. In: Ferenczi, Sandor: Bausteine zur Psychoanalyse. Band III: Arbeiten aus den Jahren 1908–1933. Frankfurt/M., Berlin, Wien: Ullstein 1984.

Freud, S. (1900). Die Traumdeutung. GW II/III.

Freud, S. (1915a). Bemerkungen über die Übertragungsliebe. Weitere Ratschläge zur Technik der Psychoanalyse III. GW X.

Freud, S. (1915b). Das Unbewußte. GW X.

Fromm, E. (1941). Escape from freedom. New York: Holt, Rinehart & Winston. (dt.: Fromm, Erich (1945): Die Furcht vor der Freiheit. Zürich: Steinberg. Neue Ausgabe: München: dtv (4. Auflage) 1994.

Fromm-Reichmann, F. (1939). Transference problems in schizophrenics. Psychoanalytic Quarterly, 8: 4112–426.

Fromm-Reichmann, F. (1950). Principles of intensive psychotherapy. Chicago: University of Chicago Press (dt.: Intensive Psychotherapie. Grundzüge und Technik. Stuttgart Hippokrates 1959).

Fromm-Reichmann, F. (1952). Some aspects of psychoanalytic psychotherapy with schizophrenics. In E. B. Brody & C. F. Redlich (Eds.), Psychotherapy with schizophrenics. New York : International Universities Press.

Gill, M. (1979). The analysis of the transference. Journal of the American Psychoanalytic Association, 27: 267-288 (Supplement) (dt.: Die Analyse der Übertragung. In: Forum der Psychoanalyse, 1993, 9 (1), 46–61).

Gill, M. (1982a). Analysis of transference (vol. I). New York: International Universities Press.

Gill, M. (1982b). Merton Gill: An interview. Psychoanalytic Review, 69: 167–190.

Gill, M. (1983). The interpersonal paradigm and the degree of the therapist's involvement. Contemporary Psychoanalysis, 19: 200–237.

Gill, M. (1984). Psychoanalysis and psychotherapy: A revision. International Review of Psycho-Analysis, 2: 161–180.

Gill, M. (1985). The interactional aspect of transference: Range of application. In E. A. Schwaber (Ed.), The transference in psychotherapy: Clinical management. New York: International Universities Press.

Gill, M. (1991). Indirect suggestion: A response to Oremland's „Interpretation and interaction". In J. D. Oremland (Ed.), Interpretation and interaction: Psychoanalysis or psychotherapy. Hillsdale, NJ: Analytic Press.

Gitelson, M (1952). The emotional position of the analyst in the psychoanalytic situation. International Journal of Psycho-Analysis, 33: 1–10.

Gitelson, M. (1962). The curative factors in psychoanalysis. International Journal of Psycho-Analysis, 43: 194–205.

Grinberg, L. (1962). On a specific aspect of countertransference due to the patient's projective identification. International Journal of Psycho-Analysis, 43: 436–440.

Grinberg, L. (1979). Countertransference and projective counteridentification. In L. Epstein & A. Feiner (Eds.), Countertransference. New York: Aronson.

Grotstein, J. S. (1981). Splitting and projective identification. New York: Aronson.

Guntrip, H. (1969). Schizoid phenomena, object relations and the self. New York: International Universities Press.

Heimann, P. (1950). On Countertransfernce. International Journal of Psycho-Analysis, 31: 81–84.

Hoffman, I. Z. (1983). The patient as intrepreter of the analyst's experience. Contemporary Psychoanalysis, 19: 389–422.

Hoffman, I. Z. (1991). Discussion: Towards a social-constructivist view of the psychoanalytic situation. Dialogues, 1: 74–105.

Hoffman, I. Z. (1992). Expressive participation and psychoanalytic discipline. Contemporary Psychoanalysis, 28: 1–15.

Khan, M. (1969). On symbiotic omnipotence. In M. Khan (1974), The privacy of the self. New York: University Press.

Klauber, J. (1981). Difficulties in the analytic encounter. New York Aronson (dt.: Schwierigkeiten in der analytischen Begegnung. Frankfurt/Main: Suhrkamp 1980).

Lacan, J. (1953). Die Funktion und das Feld des Sprechens und der Sprache in der Psychoanalyse. In: Schriften I. Olten: Walter 1973.

Lacan J. (1958). Die Ausrichtung der Kur und die Prinzipien ihrer Macht. In: Schriften I. Olten: Walter 1973.

Laing, R. D. (1965). Mystification, confusion and conflict. In I. Boszormenyi-Nagy & J. L. Framo (Eds.), Intensive family therapy. New York: Harper & Row (dt.: Mystifizierung, Konfusion und Konflikt. In: G. Bateson: Schizophrenie und Familie. Frankfurt/M.: Suhrkamp 1972).

Langs, R. (1976). The bipersonal field. New York: Aronson.

225

Levenson, E. A. (1983). The ambiguity of change. New York: Basic Books.

Lipton, S. (1977a). The advantages of Freud's technique as shown in his analysis of the Rat Man. International Journal of Psycho-Analysis, 58: 255–274.

Lipton, S. (1977b). Clinical observations on resistance to the transference. International Journal of Psycho-Analysis, 58: 463–472.

Lipton, S. (1983). A critique of so-called standard psychoanalytic technique. Contemporary Psychoanalysis, 19: 35–46.

Little, M. (1951). Countertransference and the Patient's response to it. International Journal of Psycho-Analysis, 32: 32–40.

Little, M. (1957). „R" – The analyst's total response to his patient's needs. International Journal of Psycho-Analysis, 38: 240–254.

Loewald, H. (1960). On the therapeutic action of psychoanalysis. International Journal of Psycho-Analysis, 41: 16–33.

Mahler, M. S. (1967). On human symbiosis and the vicissitudes of individuation. Journal of the American Psychoanalytic Association, 15: 740–763.

Mahler, M. S., Pine, F. & Bergman, A. (1975). The psychological birth of the human infant. New York: Basic Books (dt.: Die psychische Geburt des Menschen. Symbiose und Individuation. Frankfurt: Fischer 1980).

Maldonado, J. L. (1987). Narcissism and unconscious communication. International Journal of Psycho-Analysis, 68: 379–387.

McDougall, J. (1979). Primitive communication and the use of countertransference. In L. Epstein & A. H. Feiner (Eds.), Countertransference. New York: Aronson.

Nacht, S. (1962). The curative factors in psychoanalysis. International Journal of Psycho-Analysis, 43: 206–211.

Nacht, S. (1975). Technical remarks on the handling of the transference neurosis. International Journal of Psycho-Analysis, 38: 196–203.

Ogden, T. (1979). On projective identification. International Journal of Psycho-Analysis, 60: 357–373 (dt.: Die projektive Identifikation. Forum der Psychoanalyse, 1988, 4 (1), 1–21).

Racker, H. (1957). The meaning and uses of contertransference. Psychoanalytic Quarterly, 26: 303–357.

Racker, H. (1968). Transference and countertransference. London: Hogarth Press (dt.: Übertragung und Gegenübertragung. Studien zur psychoanalytischen Technik. München: Reinhardt 1978).

Rank, O. (1929). Will therapy. New York: Norton, 1978.

Reich, A. (1951). On counter-transference. International Journal of Psycho-Analysis, 32: 25–31.

Reich, A. (1960). Further remarks on counter-transference. International Journal of Psycho-Analysis, 41: 389–395.

Rioch, J. M. (1943). The transference phenomenon in psychoanalytic therapy. Psychiatry, 6: 147–156.

Sandler, J. (1976). Countertransference and role responsiveness. International Review of Psycho-Analysis, 3: 43–47 (dt.: Gegenübertragung und Bereitschaft zur Rollenübernahme. In: Psyche 30, 4, 1976, 297–305).

Schachtel, E. G. (1959). Metamorphosis. New York: Basic Books.

Searles, H. (1965).Collected Papers on schizophrenia and related subjects. New York: International Universities Press (dt.: Der psychoanalytische Beitrag zur Schizophrenieforschung. München: Kindler 1974).

Searles, H. (1975). The patient as therapist to his analyst. In H. Searles (1979), Countertransference and related subjects. Selected papers. New York: International Universities Press.

Searles, H. (1979). Unconscious identification. In L. Boyer and P. Giovacchini (Eds.), Master clinicians: On treating the regressed patient. Northvale, NJ: Aronson.

Singer, E. (1965). Key concepts in psychotherapy. New York: Random House.

Singer, E. (1971). The patient aids the analyst: Some clinical and theoretical observations. In B. Landis & E. Tauber (Eds.), In the name of life. New York: Holt, Rinehart & Winston.

Singer, E. (1977). The fiction of analytic anonymity. In K. Frank (Ed.), The human dimension in psychoanalytic practice (pp. 181–192). New York: Grune & Stratton.

Stern, Daniel (1983). The early development of schemas of self, other and „self with others". In J. Lichtenberg & S. Kaplan (Eds.), Reflections on self psychology (pp. 49–84). Hillsdale, NJ: The Analytic Press.

Stern, Daniel (1985). The interpersonal world of the infant: A view from psychoanalysis and developmental psychology. New York: Basic Books (dt.: Die Lebenserfahrung des Säuglings. Stuttgart: Klett-Cotta, ²1992).

Stone, L. (1954). The widening scope of indications for psychoanalysis. Journal of the American Psychoanalytic Association, 2: 567–594.

Stone, L. (1961). The psychoanalytic situation. New York: International Universities Press (dt.: Die psychoanalytische Situation. Frankfurt/M.: Fischer 1973).

Sullivan, H. S. (1953). The interpersonal theory of psychiatry. New York: Norton (dt.: Interpersonale Theorie der Psychiatrie. Frankfurt/ Main: Fischer 1980).

Symington, N. (1983). The analyst's act of freedom as agent of therapeutic change. International Review of Psycho-Analysis, 10: 283–291.

Tauber, E. S. (1979). Countertransference re-examined. In L. Epstein & A. H. Feiner (Eds.), Countertransferecne. New York: Aronson.

Tower, L. (1956). Countertransference. Journal of the American Psychoanalytic Association, 4: 224–255.

Tustin, F. (1988). Psychotherapy with children who cannot play. International Review of Psycho-Analysis, 15: 93–106.

Widlocher, D. (1985). The wish for identification and structural effects in the work of Freud. The International Journal of Psycho-Analysis, 66: 31–47.

Winnicott, D. W. (1935). The manic defense. In D. W. Winnicott (1958), Collected papers: Through paediatrics to psycho-analysis. London: Tavistock Publications (dt.: Die manische Abwehr. In: Von der Kinderheilkunde zur Psychoanalyse. Frankfurt/Main: Fischer 1983).

Winnicott, D. W. (1949). Hate in the countertransference. In D. W. Winnicott (1958), Collected papers: Through paediatrics to psycho-analysis. London: Tavistock Publications (dt.: Haß in der Gegenübertragung. In: Von der Kinderheilkunde zur Psychoanalyse. Frankfurt/Main: Fischer 1983).

Winnicott, D. W. (1951). Transitional objects and transitional phenomena. In D. W. Winnicott (1958), Collected papers: Through paediatrics to psycho-analysis. London: Tavistock Publications (dt.: Übergangsobjekte und Übergangsphänomene. In: Von der Kinderheilkunde zur Psychoanalyse. Frankfurt/Main: Fischer 1983).

Winnicott, D. W. (1956). On transference. International Journal of Psycho-Analysis, 37: 386-388 (dt.: Klinische Varianten der Übertragung. In: Von der Kinderheilkunde zur Psychoanalyse. Frankfurt/Main: Fischer 1983).

Winnicott, D. W. (1963a). Dependence in infant-care, in child-care, and in the psychoanalytic setting. In D. W. Winnicott (1965), The maturational process and the facilitating environment. New York: International Universities Press. (dt.: Abhängigkeit in der Säuglingspflege, in der Kinderpflege und im psychoanalytischen Milieu. In: D. W. Winnicott: Reifungsprozesse und fördernde Umwelt. München: Kindler 1974.)

Winnicott, D. W. (1963b). The development of the capacity for concern. In

D. W. Winnicott (1965), The maturational process and the facilitating environment. New York: International Universities Press.(dt.: Reifungsprozesse und fördernde Umwelt. München: Kindler 1974.)

Winnicott, D. W. (1965) The maturational process and the facilitating environment. New York: International Universities Press. (dt.: Reifungsprozesse und fördernde Umwelt. München: Kindler 1974).

Winnicott, D. W. (1967). Mirror-role of mother and family in child development. In D. W. Winnicott (1971), Playing and reality. New York: Basic Books. (dt.: Die Spiegelfunktion von Mutter und Familie in der kindlichen Entwicklung. In: Vom Spiel zur Kreativität. Stuttgart: Klett-Cotta 1973.)

Winnicott, D. W. (1969). The use of an object and relating through identifications. In D. W. Winnicott (1971), Playing and reality. New York: Basic Books. (dt.: Objektverwendung und Identifizierung. In: Vom Spiel zur Kreativität. Stuttgart: Klett-Cotta 1973.)

Winnicott, D. W. (1971), Playing and reality. New York: Basic Books. (dt.: Vom Spiel zur Kreativität. Stuttgart: Klett-Cotta 1973.)

Wolstein, B. (1959). Countertransference. New York: Grund & Stratton.

Wolstein, B. (1971). Human psyche in psychoanalysis. Springfield, IL: Charles C. Thomas.

SACH- UND PERSONENREGISTER

1. Fallbeispiele

2. Allgemeines Register

231